Martin Faszbender

Geschafts- und Buchführung der Spar- und Darlehnskassen-Vereine

Martin Faszbender

Geschafts- und Buchführung der Spar- und Darlehnskassen-Vereine

ISBN/EAN: 9783743361423

Hergestellt in Europa, USA, Kanada, Australien, Japan

Cover: Foto ©Suzi / pixelio.de

Manufactured and distributed by brebook publishing software (www.brebook.com)

Martin Faszbender

Geschafts- und Buchführung der Spar- und Darlehnskassen-Vereine

Anleitung

zur

Geschäfts- und Buchführung

der

Spar- und Darlehnskassen-Vereine

(nach Raiffeisen's System der Neuwieder Organisation)

bearbeitet

von

Dr. Martin Faßbender.

Siebente verbesserte Auflage.

—⋈—

Neuwied am Rhein, 1896.

Druck und Verlag der Firma Raiffeisen & Consj.

F. W. Raiffeisen's

Spar- & Darlehnskassenvereine

als

Mittel zur Abhülfe der Noth der ländlichen Bevölkerung.

Im Auftrage

der General-Anwaltschaft ländlicher Genossenschaften für Deutschland

bearbeitet

von

Dr. Martin Faßbender.

· · ▪ · ·

II. Theil:

Anleitung zur Geschäfts- und Buchführung solcher Genossenschaften.

Neuwied am Rhein, 1896.

Druck und Verlag der Firma Raiffeisen & Conj.

Vorwort zur sechsten Auflage.

Es ist mir eine große Ehre, die für die Geschäfts- und Buchführung der ländlichen Spar- und Darlehnskassen-Vereine grundlegende Schrift Vater Raiffeisens neu herausgeben zu dürfen. Daß dieselbe bei dieser Gelegenheit einer vollständigen Umarbeitung in zeitgemäßer Form unterzogen werden mußte, liegt auf der Hand. Ein flüchtiger Blick in den Inhalt des Buches wird indessen lehren, daß von den von dem ursprünglichen Verfasser vorgezeichneten unübertrefflichen Grundlehren nichts preisgegeben, wie andererseits trotz strengen Festhaltens an den bewährten Grundlagen ein Fortschritt in der Ausgestaltung des Einzelnen nach Kräften angestrebt worden ist. Besonders hoffe ich, daß die vorliegende Auflage die verbessernde Hand nicht vermissen lassen wird bezüglich Vereinfachung der Formulare und Verringerung der von den Verwaltungsorganen zu leistenden Schreibarbeiten.

Die Raiffeisenvereine haben sich bekanntermaßen aus Darlehnskassenvereinen im Laufe der Zeit, durch die Bedürfnisse des Lebens gezwungen, zu a l l g e m e i - n e r e n W i r t h s c h a f t s g e n o s s e n s c h a f t e n entwickelt, welche die Beschaffung beinahe s ä m m t l i c h e r l a n d w i r t h s c h a f t l i c h e n B e t r i e b s m i t t e l sowie auch den Verkauf von Wirthschaftserzeugnissen in die Hand genommen haben. Sie sind in dieser Weise neben „D a r l e h n s k a s s e n" auch „S p a r - V e r e i n e" geworden nicht nur in dem Sinne, daß sie eine Sparkasse bilden, in welche Spareinlagen gemacht werden können und welche einen Stiftungsfond zur Förderung der Wirthschaftsverhältnisse der Vereinsgenossen ansammeln, sondern auch dadurch, daß sie für die Mitglieder direkte Ersparnisse herbeizuführen suchen durch gemeinschaftliche Bezüge von Wirthschaftsbedürfnissen wie Saatgut, Dünger- und Futtermittel ꝛc. in besonderer Güte, durch gemeinschaftlichen Absatz von Wirthschaftserzeugnissen wie Getreide, Kartoffeln, Obst und dergl. zu bessern Preisen, sowie durch Unterhaltung von Maschinen, Geräthen und Zuchtvieh ꝛc. auf gemeinschaftliche Rechnung zur Förderung des Gesammtbetriebes.

Alle diese Zweige der Vereinsthätigkeit haben sich in den verschiedenen Gegenden ohne äußere Beeinflussung durch die P r a x i s a u s d e m V e r e i n s - l e b e n selbst heraus gebildet, wurden aber bei der Geschäftsführung bislang meistens so behandelt, daß sie kein organisches Ganzes mit dem Darlehnskassen-Verein, sondern nur dessen Untergenossenschaften darstellten und demzufolge keine zusammenfassende, sondern nur eine in verschiedene Abtheilungen sich gliedernde Buchführung besaßen. Die daraus sich ergebende Schwerfälligkeit der Geschäftsführung wurde längst als Mangel von den Verwaltungsorganen empfunden. Bei dem Bestreben die bewährten Raiffeisenschen Grundsätze der Geschäfts- und Buchführung der Vereine zu einer möglichst einfachen und gemeinverständlichen, klaren und übersichtlichen Darstellung zu bringen, lag der Wunsch daher nahe, die sämmtlichen getrennten Buch= führungen nach einheitlichen Gesichtspunkten zu einem Ganzen zusammengefaßt zu sehen. Es war dies um so mehr der Fall, als bekanntlich auf dem Lande kein Ueberfluß an Persönlichkeiten vorhanden ist, welche zur Verwaltung und Geschäftsführung von Genossenschaften sich eignen und als in Folge dessen auch bei der Einrichtung verschiedener Genossenschaften für die einzelnen Zweige der Vereinsthätigkeit die Verwaltung derselben meistens in einer Hand liegen würde.

Der Versuch, jeden der genannten Zweige für sich und zugleich das Ergebniß derselben in der Gesammtheit zu übersichtlicher Darstellung zu bringen, ist endlich glücklich gelungen und unterbreiten wir denselben nachstehend der Beurtheilung weiterer Kreise. Es sind bei dieser Verbesserung in erster Linie die Vorschläge der Rechner und Vorsteher bestehender Vereine sowie der Genossenschaftsrevisoren und anderer Praktiker berücksichtigt und benutzt worden. Allen diesen Herren herzlichen Dank für die freundliche Unterstützung der guten Sache. In besonderer Weise aber fühle ich mich gedrungen, dem Herrn Ober= Inspektor Giesbert von der General Anwaltschaft ländlicher Genossenschaften in Neuwied meinen Dank auszusprechen für die sachverständige und liebens= würdige Beihülfe, womit er das Zustandekommen des Werkes gefördert hat. Und so möge das Buch denn wieder hinausgehen und neue Freunde der Raiff= eisensache werben zu den alten und unter Gottes Schutz seinen Theil beitragen zur Besserung der socialen Zustände auf dem Lande!

Ibbenbüren (Westfalen), den 15. März 1895.

Dr. Martin Faßbender.

Vorwort zur siebenten Auflage.

Es sind kaum elf Monate seit dem Erscheinen der zwei und einhalb tausend Exemplare starken sechsten Auflage dieses Buches verstrichen und schon macht sich das dringende Bedürfniß nach einem Neudruck desselben geltend. Grundlegendes zu verändern hat sich keine Nothwendigkeit gezeigt, da von allen Sachverständigen der Anlage des Buches Anerkennung gespendet worden ist. Dagegen sind bei dieser Auflage aber an zahlreichen Stellen mehr oder weniger bedeutende Zusätze und Ergänzungen angebracht worden, welche den Umfang eines Druckbogens erreicht haben und von dem geneigten Leser als schätzbare Verbesserungen hoffentlich werden angesehen werden.

Ibbenbüren (Westfalen), den 1. Februar 1896.

Dr. Martin Faßbender.

Inhalt.

(Die Ziffern bezeichnen die Seitenzahlen.)

Zweiter Theil.
Mit praktischen Beispielen ausgefüllte Formulare.

Einleitung.

Für die Wirksamkeit der ländlichen Spar= und Darlehnskassen=Vereine wie sie in der „Anleitung zur Gründung und Einrichtung" derselben dargelegt ist und deren Kenntniß hier vorausgesetzt werden muß, wird Jedermann, dem das Wohl der Landbevölkerung am Herzen liegt, sich begeistern können. Aber die wahre Be= geisterung muß sich in Thaten äußern. Mit schönen Worten über die Wichtig= keit der Vereinsbestrebungen und die Nothwendigkeit einer genossenschaftlichen Zusammenfassung aller Wohlgesinnten ist nicht viel geholfen. Wenn auch selbst verständlich ein warmes Herz und eine begeisterungsfähige Seele immer dazu gehören, ein solch' schönes Werk in's Leben zu rufen: die eigentliche Wirksamkeit beginnt erst n a ch der Gründung, denn es ist wohl zu bedenken, daß letztere nichts weiter als nur einen e rsten Schritt auf der langen, mühsamen Bahn zur Erreichung der Vereinszwecke darstellt. Soll etwas Großes geschaffen werden, dann muß eine g e w i ss e n h a f t e und a u s d a u e r n d e, z i e l b e w u ß t e und n a ch h a l t i g e Arbeit im Kleinen folgen.

Die Verwaltungsorgane müssen aber nicht nur den Mitgliedern der Ver= eine mit gutem Beispiele vorangehen, sie müssen das Wichtigste auch selbst thun. Wie vom Herzen aus der ganze Körper des Menschen mit Blut versorgt wird, so muß auch der Geist guter Gesinnung und gestaltender Thatkraft von den Verwaltungsorganen in alle Glieder der Genossenschaft ausströmen. Es ist in der That nicht zu viel gesagt: d a s S ch i ck s a l a l l e r V e r e i n e h ä n g t v o n d e r T ü ch t i g k e i t i h r e r V e r w a l t u n g s o r g a n e ab. Deshalb genügt es bei weitem nicht, wenn letztere sich darauf beschränken, maschinenmäßig die ihnen durch Gesetz und Statuten vorgeschriebenen Obliegenheiten zu erfüllen. Sie müssen sich vielmehr mit dem Geiste wahrer Nächstenliebe, wie er durch die lauteren Anschauungen des Christenthums vorgeschrieben ist, erfüllen, müssen ein wahres Verlangen in sich tragen, durch die Vereine recht viel Gutes zu wirken und müssen deshalb immer auf der Warte stehen und Ausschau halten, ob sich keine Gelegenheit biete, daß der Verein seine wohlthätige Wirkung in irgend einer Richtung entfalten könne. Die Mitglieder des Vorstandes und des Auf= sichtsrathes sollen deshalb nicht warten, bis einzelne ihrer Mitbürger in die Netze des Wuchers verstrickt sind, sondern sie sollen ihnen nachgehen, sie warnen vor dem Verkehr mit den Wucherern und sie auf die Hülfe im Vereine sowohl in Versammlungen als auch im Einzelverkehr hinweisen. Weiter sollen sie Prozesse unter den Vereinsmitgliedern zu verhindern und etwaige Streitigkeiten unter denselben auf gütlichem Wege beizulegen suchen. Endlich sind die Vereins verſammlungen beſonders dazu zu benutzen, nützliche Kenntniſſe über zweckmäßige Wirthſchaftsweiſe zu verbreiten, zu einem beſonnenen Fortſchritt im Betrieb anzuregen und üble Gewohnheiten und Mißbräuche in der Gemeinde auszurotten. Keine Verſammlung ſollte vorübergehen, in der nicht ein Vortrag über einen gemeinnützigen Gegenſtand gehalten wird. Beſonders iſt auch darauf hinzuwirken, daß eine gründliche Ausſprache über die angeregten Fragen unter den Theilnehmern der Verſammlungen erfolgt.

Die Stellen in der Verwaltung der Vereine ſind unbeſoldete Ehrenſtellen. Aber es iſt nicht genug, ſolche Stellen bereitwillig anzunehmen — keine Würde ohne Bürde —, es ſind damit auch Pflichten verbunden, und wer ſeine Pflichten nicht erfüllt, unterläßt nicht nur, was er ſelbſt thun ſollte und könnte, ſondern dadurch, daß er die Stelle einnimmt, die ein anderer gut ausfüllen würde, verhindert er zugleich, was ſonſt von anderer Seite geſchehen möchte. Deshalb iſt es von Wichtigkeit, daß jeder, welcher ſich in die Verwaltung eines Vereins wählen läßt, eine möglichſt hohe Anſchauung von den ihm bevorſtehenden Aufgaben mitbringt. Aber nicht die Begeiſterung und auch nicht das Arbeiten für die gute Sache allein genügen, es muß alles auch in ordnungsmäßiger Weiſe geſchehen. Und das iſt der Zweck, den dieſes Buch verfolgt: den Verwaltungsorganen der ländlichen Spar- und Darlehnskaſſen-Vereine eine Anleitung zur ordnungsmäßigen Geſchäftsführung zu geben. Geiſt und Leben dem todten Buchſtaben einzuhauchen, muß den Einzelnen überlaſſen bleiben. Nur iſt noch darauf hinzuweiſen, daß es ſich wohl empfehlen möchte, jedem Vorſtands- und Aufſichtsrathsmitgliede und dem Vereinsrechner ein gedrucktes Exemplar dieſer Anleitung in die Hand zu geben, damit ſich alle mit der äußeren Form der Verwaltung recht vertraut machen können. Wenigſtens ſollten aber da, wo dieſer Vorſchlag nicht zur Ausführung kommt, die Mitglieder des Vorſtandes und des Aufſichtsrathes in der erſten Zeit nach Gründung des Vereins in getrennten Sitzungen etwa wöchentlich ſich verſammeln, um gemeinſam durch Vorleſen die erforderliche Kenntniß von dem Inhalt gegenwärtiger Anleitung ſich zu verſchaffen.

Nachſtehend wird im

I. Theil eine überſichtliche Darſtellung der Aufgaben ſämmtlicher Verwaltungsorgane und zwar

A des Vorſtandes,

B des Rechners,

C des Aufſichtsrathes und

D der General-Verſammlung und im

II. Theil eine Sammlung ſämmtlicher für die Geſchäfts- und Buchführung erforderlichen Formulare, mit Beiſpielen nach dem Leben ausgefüllt und in einer durch langjährige Praxis bewährten Form, geboten werden.

Erster Theil.

Uebersichtliche Darstellung der Aufgaben sämmtlicher Vereinsorgane.

A) Die Leitung der Vereinsangelegenheiten durch den Vorstand.

I. Obliegenheiten des Gesammtvorstandes.

Der Vorstand hat nach Maßgabe des Genossenschaftsgesetzes, der Vereinsstatuten und der Beschlüsse der Generalversammlung die gesammten Geschäfte
des Vereins zu leiten.

Das Genossenschaftsgesetz enthält in den §§ 24—33 bezüglich des Vorstandes
im wesentlichen folgende Bestimmungen:

§ 24. Die Genossenschaft wird durch den Vorstand gerichtlich
und außergerichtlich vertreten. Die Bestellung der Vorstandsmitglieder
ist zu jeder Zeit widerruflich, unbeschadet der Entschädigungsansprüche
aus bestehenden Verträgen.

§ 25. Der Vorstand hat in der durch das Statut bestimmten
Form seine Willenserklärungen kundzugeben und für die Genossenschaft zu zeichnen. Ist nichts darüber bestimmt, so muß die Erklärung
und Zeichnung durch sämmtliche Mitglieder des Vorstandes erfolgen.

Die Zeichnung geschieht in der Weise, daß die Zeichnenden zu
der Firma der Genossenschaft oder zu der Benennung des Vorstandes
ihre Namensunterschrift beifügen.

§ 26. Die Genossenschaft wird durch die von dem Vorstande
in ihrem Namen geschlossenen Rechtsgeschäfte berechtigt und verpflichtet; es ist gleichgültig, ob das Geschäft ausdrücklich im Namen
der Genossenschaft geschlossen worden ist oder ob die Umstände ergeben,
daß es nach dem Willen der Vertragschließenden für die Genossenschaft
geschlossen werden sollte.

Zur Legitimation des Vorstandes Behörden gegenüber genügt
eine Bescheinigung des Gerichtes, daß die darin zu bezeichnenden
Personen als Mitglieder des Vorstandes in das Genossenschaftsregister
eingetragen sind.

§ 27. Der Vorstand ist der Genossenschaft gegenüber verpflichtet,
die Beschränkungen einzuhalten, welche für den Umfang seiner Befugniß, die Genossenschaft zu vertreten, durch das Statut oder durch
Beschlüsse der Generalversammlung festgesetzt sind.

Gegen dritte Personen hat eine Beschränkung der Befugniß des
Vorstandes, die Genossenschaft zu vertreten, keine rechtliche Wirkung.

Dies gilt insbesondere für den Fall, daß die Vertretung sich nur auf gewisse Geschäfte oder Arten von Geschäften erstrecken oder nur unter gewissen Umständen oder für eine gewisse Zeit oder an einzelnen Orten stattfinden soll oder daß die Zustimmung der Generalversammlung, des Aufsichtsrathes oder eines anderen Organs der Genossenschaft für einzelne Geschäfte erfordert ist.

§ 28. Jede Aenderung in der Zusammensetzung des Vorstandes sowie eine Wiederwahl oder eine Beendigung der Vollmacht von Mitgliedern desselben muß ohne Verzug zur Eintragung in das Genossenschaftsregister angemeldet werden. Zugleich haben neue Mitglieder ihre Unterschrift vor dem Gerichte zu zeichnen oder die Zeichnung in beglaubigter Form einzureichen. Eine Abschrift der Urkunden über ihre Bestellung oder über die Beendigung ihrer Vollmacht ist der Anmeldung beizufügen und bleibt in der Verwahrung des Gerichtes. Soweit eine Wiederwahl von Vorstandsmitgliedern erfolgt ist, unterbleibt die Veröffentlichung der Eintragung.

§ 29. Die Aenderung in dem Vorstand oder Beendigung der Vollmacht eines Mitgliedes und eine Aenderung des Statuts rücksichtlich der Form für Willenserklärungen des Vorstandes kann, so lange sie nicht in das Genossenschaftsregister eingetragen und öffentlich bekannt gemacht ist, einem Dritten von der Genossenschaft nur entgegen gesetzt werden, wenn letztere beweist, daß derselbe beim Abschlusse des Geschäfts von der Aenderung oder Beendigung Kenntniß hatte.

Nach geschehener Eintragung und Bekanntmachung muß der Dritte, sofern nicht durch die Umstände die Annahme begründet wird, daß er beim Abschlusse des Geschäfts die Aenderung oder Beendigung weder gekannt habe noch habe kennen müssen, dieselbe gegen sich gelten lassen.

§ 30. Der Vorstand hat ein Verzeichniß der Genossen zu führen und dasselbe mit der Liste in Uebereinstimmung zu halten.

§ 31. Der Vorstand ist verpflichtet, Sorge zu tragen, daß die erforderlichen Bücher der Genossenschaft geführt werden.

Er muß binnen sechs Monaten nach Ablauf jedes Geschäftsjahres die Bilanz desselben, die Zahl der im Laufe des Jahres eingetretenen oder ausgeschiedenen sowie die Zahl der am Jahresschlusse der Genossenschaft angehörigen Genossen veröffentlichen. Die Bekanntmachung ist zu dem Genossenschaftsregister einzureichen.

§ 32. Die Mitglieder des Vorstandes haben die Sorgfalt eines ordentlichen Geschäftsmannes anzuwenden.

Mitglieder, welche ihre Obliegenheiten verletzen, haften der Genossenschaft persönlich und solidarisch für den dadurch entstandenen Schaden.

Die Ansprüche auf Grund der vorstehenden Bestimmungen ver
jähren in fünf Jahren.

§ 33. Die für Mitglieder des Vorstandes gegebenen Vorschriften
gelten auch für Stellvertreter von Mitgliedern.

Der Vorstand übt seine Thätigkeit in den regelmäßigen und außerordent
lichen Sitzungen aus. Die regelmäßigen Sitzungen finden an bestimmten, von
den Vorstandsmitgliedern unter sich zu vereinbarenden Tagen (vielleicht jeden
Sonntag nach Beendigung des Hauptgottesdienstes) statt, so daß es zu diesen
keiner besonderen Einladung bedarf. Zu den außerordentlichen Sitzungen hat
der Vereinsvorsteher unter Mittheilung der Tagesordnung einzuladen.

Die Thätigkeit bezw. Entscheidung und Beschlußfassung des Vorstandes
hat sich nach dem Statut vorzüglich auf folgende Punkte zu erstrecken:

1. Zulassung zur Mitgliedschaft und Ausschließung von derselben, sowie
   freiwilligen Austritt aus dem Verein,
2. Beschaffung des nöthigen Betriebskapitals,
3. Bewilligung der Darlehn,
4. Uebernahme von Verkaufsprotokollen und sonstiger Cessionen, sowie
   Erwerbung und Wiederveräußerung ganzer Güter,
5. Eröffnung laufender Rechnungen,
6. Sicherstellung der Darlehn und Credite,
7. Bezug landwirthschaftlicher Verbrauchsgegenstände und Beschaffung
   von Mobilien (Geräthen, Maschinen), Zuchtvieh u. s. w.,
8. Verkauf von Wirthschaftserzeugnissen,
9. Beaufsichtigung des Kassen- und Rechnungswesens,
10. Verkehr mit dem Gericht.

1. Zulassung zur Mitgliedschaft und Ausschließung von derselben.
Freiwilliger Austritt von Mitgliedern.

1. Der Verein soll allen, besonders auch den ärmeren Einwohnern
des Vereinsbezirkes, soweit als immer möglich, Hülfe leisten. Da diese Hülfe
indessen nur Mitgliedern des Vereins gewährt werden darf, ist mit der Zu
lassung zur Mitgliedscheit nicht zu ängstlich zu verfahren. Dieselbe kann nun
so unbedenklicher beschlossen werden, als die Mitgliedschaft an sich noch nicht
zur Forderung eines Darlehns berechtigt und zudem im Nothfalle auch die Aus
schließung jederzeit wieder erfolgen kann. Es steht demnach nichts im Wege,
daß alle Leute Aufnahme finden, welche in dem statutenmäßig festgesetzten
Vereinsbezirke wohnen, im Genusse der bürgerlichen Ehrenrechte sich befinden,
ihr Vermögen verwalten und durch Verträge sich verpflichten zu können berech
tigt, sowie endlich als fleißig, nüchtern und sparsam zu betrachten sind.

Der Beitretende hat eine Beitrittserklärung in nachstehender Form zu
unterzeichnen.

Laufende Nummer   (Formular 29)
175   Beitrittserklärung.
der Liste der Genossen.

Ich erkläre hiermit durch meine Unterschrift, daß ich dem
Kirchberger Spar und Darlehnskassen Verein,
eingetragene Genossenschaft mit unbeschränkter Haftpflicht, zu *Kirchberg,*
als Genossenschafter beitrete, und verpflichte mich, für die Verbindlichkeiten
der Genossenschaft dieser sowie auch unmittelbar den Gläubigern derselben
nach Maßgabe des Gesetzes mit meinem ganzen Vermögen zu haften.

Kirchberg, den 3. *November* 1894.

Gottfried Klinker, Landwirth.

Die vorstehende Erklärung ist zweifach auszufertigen. Nachdem der Vor
stand sodann in ordnungsmäßiger Sitzung die Aufnahme beschlossen und diesen
Beschluß in das Protokollbuch eingetragen hat, erfolgt die Einsendung des
einen Exemplars der Beitrittserklärung an das Gericht in der Seite 26 bezeich
neten Weise.

2. Ist Jemand Mitglied einer anderen auf unbeschränkter Haftpflicht oder
unbeschränkter Nachschußpflicht beruhenden Creditgenossenschaft, so muß er diese
Mitgliedschaft aufgeben, bevor er Aufnahme finden kann. Als Aufgabe der
Mitgliedschaft gilt die bei der andern Genossenschaft erfolgte Austrittserklärung
der betreffenden Person. Betheiligt sich Jemand, nachdem er in den Verein
aufgenommen worden ist, an einem gleichen oder ähnlichen Zwecken dienenden
Unternehmen, so ist er unverzüglich aufzufordern, diese Betheiligung aufzu
geben. Weigert er sich, dieses zu thun, so hat der Vorstand seine Ausschließung
vorzunehmen. Letztere hat außerdem noch zu erfolgen, wenn ein Mitglied
seine Zahlungsfähigkeit oder die Fähigkeit zur selbständigen Vermögensver
waltung einbüßt oder die bürgerlichen Ehrenrechte verliert, oder länger als sechs
Monate mit den pflichtmäßigen Einzahlungen auf den Geschäftsantheil im
Rückstande bleibt, oder wegen Rückzahlung erhaltener Darlehn bezw. Zahlung
schuldiger Zinsen es zum Zwangsverfahren kommen läßt, oder endlich mit Leuten,
welche der Vorstand für Wucherer hält, einen Verbindlichkeiten gegen letztere
nach sich ziehenden geschäftlichen Verkehr unterhält. Der bezügliche Beschluß
des Vorstandes ist dem ausgeschlossenen Mitgliede ohne Verzug mittelst einge
schriebenen Briefes mitzutheilen; gleichzeitig ist das Mitglied von dem Zeitpunkte
der Absendung des Briefes ab von den Generalversammlungen und, soweit es
sich um Mitglieder des Vorstandes und Aufsichtsrathes handelt, auch von den
Sitzungen dieser Körperschaften fernzuhalten. Das Schreiben an den Aus
geschlossenen ist nach folgendem Wortlaut abzufassen und eine Abschrift desselben
zu den Akten zu nehmen:

(Formular 30)   *Kirchberg,* den 6. *November* 1894.

An

Herrn Jos. Schmitt

zu *Kirchberg.*

Wir benachrichtigen Sie hierdurch, daß Sie laut Beschluß des Vor
standes zum Schluße des Geschäftsjahres aus unserer Genossenschaft aus
geschlossen worden sind und theilen Ihnen in Gemäßheit unseres Vereins

ſtatuts nachſtehend den erwähnten Beſchluß mit. Derſelbe lautet: (folgt Abſchrift des Beſchluſſes aus dem Protokollbuch z. B.: Da Joſ. Schmitt zu Kirchberg trotz wiederholter Aufforderung ſich weigert, die Mitglied ſchaft bei der auf unbeſchränkter Haftpflicht beruhenden Volksbank zu N. N. aufzugeben, wird derſelbe hierdurch nach Maßgabe unſeres Statuts und der geſetzlichen Beſtimmungen aus dem Vereine ausgeſchloſſen.) Sie verlieren damit das Recht an den Generalverſammlungen theilnehmen zu können.

Das eingezahlte Geſchäftsguthaben von 10 Mark ſteht Ihnen gegen Quittung bei der Vereinskaſſe binnen 6 Monaten nach Schluß des laufen den Geſchäftsjahres zur Verfügung.

Kirchberger Spar und Darlehnskaſſen Verein,
eingetragene Genoſſenſchaft mit unbeſchränkter Haftpflicht.
Gross. Fuchs. Klincker.

Erſt nachdem der Ausgeſchloſſene ſich bei dem Beſchluſſe beruhigt hat oder die Berufungsfriſt verſtrichen iſt, hat der Vorſtand den Ausſchluß dem Gerichte anzuzeigen, worüber das Nähere Seite 29 zu ſehen iſt.

3. Verzieht ein Mitglied aus dem Vereinsbezirk, ſo hat der Vorſtand darauf zu halten, daß das betreffende Mitglied eine Erklärung folgenden In haltes abgibt und die darin bezeichnete Beſcheinigung der Behörde beibringt:

Laufende Nummer   (Formular 31)
98
der Liſte der Genoſſen.   A u s t r i t t s e r k l ä r u n g
wegen Aufgabe des Wohnſitzes in dem Vereinsbezirk.

Ich erkläre hierdurch zum Schluſſe des Geſchäftsjahres 1894 meinen Austritt aus dem
Kirchberger Spar und Darlehnskaſſen Verein,
eingetragene Genoſſenſchaft mit unbeſchränkter Haftpflicht zu *Kirchberg*, wegen Aufgabe des Wohnſitzes in dem Vereinsbezirk.
Die Beſcheinigung einer öffentlichen Behörde über die Aufgabe des Wohnſitzes iſt beigefügt.*)
Kirchberg, den 4. Dezember 1894.
Friedrich Schulz, Schreiner.

Es iſt empfehlenswerth, ſich die ſchriftliche Austrittserklärung in zwei Aus fertigungen geben zu laſſen, von denen die eine bei den Akten der Genoſſen ſchaft aufzubewahren, die andere dem Gerichte einzureichen iſt. (Vergl. Seite 28).

Unterläßt es der aus dem Vereinsbezirke Wegziehende, vorſtehende Erklärung abzugeben, ſo hat der Vorſtand an denſelben ein Schreiben folgenden Inhalts zu richten:

(Formular 32)   *Kirchberg*, den 18. Dezember 1894.
An

Herrn Friedrich Schulz
zu *Kirchberg*.

Nach Vorſchrift unſeres Statuts erklären wir Ihnen, daß Ihre Mit-

___

*) Bei Austrittserklärungen wegen Aufgabe des Wohnſitzes in dem Vereinsbezirk, welche bis zum 1. Oktober erfolgen, bedarf es Angabe des Grundes bezw. Beifügung der Beſcheini gung über die Aufgabe des Wohnſitzes nicht. In dieſen Fällen iſt Formular 33 („Auskün digung") zu benutzen.

gliedschaft bei unserer Genossenschaft wegen Verzugs aus dem Vereinsbezirke zum Schlusse des Geschäftsjahres auf Grund der gegenwärtigen
Mittheilung und der an das zuständige Gericht erstatteten Anzeige
erlischt.

Das eingezahlte Geschäftsguthaben von 10 Mark steht Ihnen gegen
Quittung bei der Vereinskasse binnen 6 Monaten nach Schluß des laufenden Geschäftsjahres zur Verfügung.

Kirchberger Spar- und Darlehnskassen-Verein,
eingetragene Genossenschaft mit unbeschränkter Haftpflicht.

Gross.   Fuchs.   Klinker.

Von diesem Schreiben sind zwei Abschriften anzufertigen, von denen die
eine zu den Akten des Vereins zu nehmen, die andere dem Gerichte zugleich
mit der Bescheinigung einer öffentlichen Behörde über den Wegzug in der Seite
28 angegebenen Weise einzureichen ist.

4. Will ein Mitglied freiwillig aus dem Verein austreten, so hat der
Vorstand dafür Sorge zu tragen, daß dasselbe folgende Aufkündigung in zwei
Ausfertigungen unterzeichnet:

Laufende Nummer   (Formular 33)
75   A u f k ü n d i g u n g.
der Liste der Genossen.

Ich erkläre hierdurch meinen Austritt aus dem

Kirchberger Spar- und Darlehnskassen-Verein,
eingetragene Genossenschaft mit unbeschränkter Haftpflicht zu Kirchberg,
zum Schlusse des laufenden Geschäftsjahres.

Kirchberg, den 1. Dezember 1894.

Landwirth Christian Schwarz.

Nachdem die Kündigung beim Vorstande eingegangen ist, muß dieselbe
zunächst daraufhin geprüft werden, ob sie den gesetzlichen und etwaigen hierfür
durch das Statut vorgesehenen Bestimmungen entspricht: in jedem Falle kann
dieselbe nur schriftlich, zum Schlusse des Geschäftsjahres das Ausscheiden begehrend, und mindestens drei Monate vor Schluß des Geschäftsjahres geschehen. Die eine der Austrittserklärungen ist bei den Akten der
Genossenschaft zu behalten, die andere dem Gerichte in der Seite 28 angegebenen Weise einzureichen.

2. Beschaffung des Betriebskapitals.

1. Unter Betriebskapital ist die Gesammtheit der von dem Vereine an-
geliehenen Gelder, also die Summe der Einlagen (Anlehn), Geschäftsantheile
und Einlagen in laufender Rechnung zu verstehen. Der Vorstand hat bezüglich
der Gesammthöhe dieser Gelder sich innerhalb der von der Generalversammlung
festgesetzten Grenze zu halten.

2. Der Verein kann von Mitgliedern und Nichtmitgliedern Einlagen annehmen. Der Vorstand soll sich aber bemühen, das erforderliche Betriebskapital
aus dem Vereinsbezirk zu erhalten. Wo letzterer mehrere Ortschaften umfaßt,
wird man zweckmäßig auch mehrere Annahmestellen für Sparkassengelder er-

— 11 —

richten. Mit der Verwaltung derselben kann ein in dem betreffenden Bezirke wohnendes Vorstands- oder Aufsichtsrathsmitglied oder unter Umständen auch irgend ein anderes vertrauenswürdiges Vereinsmitglied beauftragt werden. Eine besondere Buchführung ist in solchem Falle nicht erforderlich, es bedarf nur der Benützung der Einnahmecontrolle nach Formular 2. Die an den Nebenstellen vereinnahmten Sparkassengelder können bei Gelegenheit der monatlichen Vorstandssitzungen an den Rechner zur endgültigen Gutschrift und zur Quittung im Sparkassenbuch abgeliefert werden. Da weiter die Vereine Anregung zur Sparsamkeit für Dienstboten, Tagelöhner, überhaupt für die unbemittelte Volksklasse geben sollen, sind möglichst viele kleine Beträge heranzuziehen. Die Höhe des anzunehmenden Mindestbetrages wird durch Beschluß der Generalversammlung festgesetzt. In den meisten Vereinen werden schon Beträge von einer Mark angenommen.*)

3. Der Vorstand kann dem Rechner gestatten, jederzeit bei Angebot kleinere Spareinlagen anzunehmen gegen vorläufige Ausstellung einer Quittung nach Formular 2. Die eigentliche Vereinsquittung hat sodann der Vorstand in der nächsten Sitzung auszustellen. Dieselbe ist von so vielen Vorstandsmitgliedern zu unterzeichnen, als nach dem Statut zur gültigen Zeichnung erforderlich ist.

3. Bewilligung von Darlehn.

1. Zur leichteren Abwickelung der Geschäfte empfiehlt es sich, den Mitgliedern des Vereins freizustellen, daß sie sich mit Anträgen auf Bewilligung eines Darlehns an jedes beliebige Vorstandsmitglied wenden dürfen. Die Vorstandsmitglieder haben sich zu diesem Zwecke mit Notizbüchern zu versehen, in welche das Datum des Antrages, Namen und Wohnort der Antragsteller, Höhe des beantragten Darlehns, die gewünschte Rückzahlungsfrist sowie die beabsichtigte Verwendung des Geldes, die Art der Sicherstellung, (Namen und Wohnort der Bürgen, Objekt der Hypotheken) und endlich Bemerkungen über Creditfähigkeit und Creditwürdigkeit der Darlehnsucher sowie Zahlungsfähigkeit der Bürgen einzutragen sind. Das Vorstandsmitglied, welches um die Vermittelung des Antrages bei der Vereinsverwaltung angesprochen worden ist, hat das Gesuch in der nächsten Vorstandssitzung zur Besprechung und Entscheidung vorzutragen.

2. Nur Mitglieder des Vereins können Darlehn erhalten. Kommt es vor, daß Leute in kurzsichtiger Weise den Beitritt zum Verein so lange aufschieben, bis sie eines Darlehns benöthigt sind und demnach zugleich mit der Anmeldung ihrer Mitgliedschaft auch den Antrag auf Bewilligung eines Darlehns stellen, so muß zuerst die Mitgliedschaft beschlossen und zum Genossen-

---

*) In einzelnen Vereinen hat man auch die Einrichtung sog. „Pfennigsparkassen" beschlossen. Die Zweckmäßigkeit derselben hängt von den örtlichen Verhältnissen ab. Für den Fall, daß die Absicht besteht, solche Einrichtung zu treffen, wende man sich an die „General-Anwaltschaft ländlicher Genossenschaften für Deutschland in Neuwied", welche eine zweckmäßige Anleitung zur Behandlung der Pfennigsparkasse senden wird.

ſchaftsregiſter beim Gerichte angemeldet ſein, und erſt dann kann von der Bewilligung eines Darlehns die Rede ſein. Bezüglich der Höhe der einem Mitgliede zu bewilligenden Darlehn muß die Grenze eingehalten werden, welche von der Generalverſammlung feſtgeſetzt iſt. Ueber höhere Beträge hat der Auf= ſichtsrath mit dem Vorſtande zu entſcheiden. Wenn ein Mitglied des Vorſtandes oder der Rechner ein Darlehn beanſpruchen oder für ein anderes Mitglied Bürg= ſchaft übernehmen wollen, muß der Vorſtand zuerſt die Genehmigung des Aufſichts= rathes einholen.

3. Vor der Bewilligung eines Darlehns ſind die moraliſchen Eigenſchaften des Darlehnsſuchers in Betracht zu ziehen, ſowie die beabſichtigte Verwendung des Darlehns feſtzuſtellen. Es ſollen Darlehn nur zu wirthſchaftlich be= rechtigten Zwecken und nur an ſtrebſame, fleißige und nüchterne Mitglieder gewährt werden. Auch iſt darauf zu achten, daß die Darlehnsſucher in ihrem Vermögen und in ihrer Perſon die nöthigen Garantien für pünktliche Einhaltung der zu übernehmenden Verpflichtungen bieten. Wo dies nicht zweifellos der Fall iſt, muß außerdem noch auf eine anderweitige Sicherſtellung Bedacht genommen werden. Es bedarf nun wohl kaum der Erwähnung, daß den wohlhabenderen und ſittlich tadelloſen Mitgliedern Darlehn ohne beſondere Sicherſtellung unter Berückſichtigung ihrer Geſammtverhältniſſe, aus rein perſönlichem Vertrauen gewährt werden könnten, ohne daß für den Verein die Gefahr eines Verluſtes entſtände. Man hat z. B. vorgeſchlagen, am Anfange jedes Jahres eine Einſchätzung ſämmtlicher Mitglieder vorzunehmen bezüglich der Höhe, bis zu welcher jedes derſelben ohne weitere Sicherſtellung ein Darlehn beanſpruchen dürfe und hiernach die Bewilligung vorzunehmen. Wenn unter Zugrundelegung dieſes Verfahrens in jedem einzelnen Falle außer= dem die beabſichtigte Verwendung des Darlehns und der ſittliche Charakter des Darlehnsſuchers in Betracht gezogen werden, ſo iſt dagegen wenig zu ſagen. Indeſſen ſcheint es dem Geiſte der Vereine entſprechender, alle Mitglieder gleichmäßig zu behandeln, und für alle Darlehn, alſo auch bei wohl= habenden Schuldnern eine beſondere Sicherſtellung zu verlangen, um ſo mehr, als ſich die Grenze ſchwer feſtſtellen läßt, bei welcher unbedingt Sicherſtellung verlangt werden muß und daher bei dem Einſchätzungsverfahren leicht Zwiſt und Streitigkeiten entſtehen. Die bei den Vereinen gebräuchlichen Formen der Sicherſtellung finden ſich Seite 16 ff. behandelt.

4. Bei allen Bewilligungen von Darlehn ſind ſofort bei der Bewil= ligung die Friſten feſtzuſetzen, innerhalb welcher Rückzahlung zu erfolgen hat und zwar ſind dieſelben ſo zu beſtimmen, daß nach genauer Erwägung aller Verhältniſſe vorausſichtlich die Einhaltung derſelben den Schuldnern mit Leichtigkeit möglich iſt. Dabei iſt es empfehlenswerth, daß ſich der Vorſtand viel mehr von ſeiner eigenen Beurtheilung der Vermögensverhältniſſe als den Angaben der Darlehnsſucher leiten läßt, da es vorkommen kann, daß die letzteren ſich ſelbſt für leiſtungsfähiger halten, als ſie es in Wirklichkeit ſind. Die Be=

willigungen können sodann erfolgen mit einer Rückzahlungsfrist von einigen
Monaten oder von einem Jahre oder von einer Reihe von Jahren. Es wird
ja immer vorkommen, daß unter den Vereinsmitgliedern sich solche finden, welche
von den sog. „öffentlichen Realkredit-Anstalten" (z. B. Landschaften u. dergl.)
keine Darlehn erhalten können und sich daher auch den lang befristeten Credit
genossenschaftlich verschaffen müssen. Für die auf längere Zeit als ein Jahr
gewährten Darlehn kann die Form der Rückzahlung entweder in der
Weise gewählt werden, daß die ganze geliehene Summe in gleichmäßigen
Beträgen auf die für die Abtragung der Schuld in Aussicht genommenen
Jahre vertheilt wird und jährlich die Zinsen von dem rückständigen Kapital
zu zahlen sind, daß also die Leistungen der Schuldner an Kapital
und Zinsen zusammen von Termin zu Termin sich verringern — Beispiel: Es erhält Jemand 500 Mark geliehen auf 10 Jahre,
so hat er jährlich 50 Mark Kapital und im ersten Jahre die Zinsen von 500,
im letzten von 50 Mark zu zahlen — oder es kann die Tilgung der Schuld
auch in der Form geschehen, daß jährlich ein bestimmter Prozentsatz für Zinsen
und ein bestimmter Prozentsatz für Rückzahlung zu leisten ist, daß also die Verpflichtungen der Schuldner von vorneherein für Kapital und
Zinsen zusammen auf die Reihe der Jahre gleichmäßig vertheilt
werden — Beispiel: Es erhält Jemand 1000 Mark geliehen unter der Bedingung,
daß er jährlich 4 Prozent Zinsen und 2 Prozent als Kapitalabtragung zahlt.
Welches Verfahren in jedem einzelnen Falle zu wählen ist, hängt von den jeweiligen Verhältnissen ab. Jedenfalls müssen aber mindestens jährliche
Rückzahlungen erfolgen, und weiter müssen die Tilgungen der Darlehn längstens
in etwa dreißig Jahren vor sich gehen, was einer jährlichen Abtragung von
ungefähr 2 % entsprechen wird. Dabei kann es jedoch den Schuldnern gestattet werden, die festgesetzten Jahresraten in öfteren kleineren Stückzahlungen
abzutragen, sowie beliebige Zahlungen über die festgesetzten Jahresraten hinaus
zu leisten. Die Rückzahlungstermine werden am besten auf den 31. Dezember
festgesetzt, indem auf diese Weise die Stückzinsen vermieden werden. Es ist
dabei als Regel festzuhalten, daß bei den nach dem 1. Juli gewährten Darlehn
die Fälligkeit am 31. Dezember des kommenden Jahres und bei denjenigen,
welche vor dem 1. Juli bewilligt werden, die Fälligkeit am 31. Dezember des
laufenden Jahres eintritt. Natürlich hat der Vorstand das Recht, frühere Theilzahlungen, zum Beispiel auf den 1. November, sowie solche in monatlichen oder
wöchentlichen Beträgen zu verlangen, wenn ihm dieses im Interesse des Vereins und der Schuldner nöthig erscheint. Die auf kürzere Zeit   bis zu
einem Jahre — gewährten Darlehn können eine Verlängerung der Rückzahlungsfrist erfahren. Es muß bei der Verlängerung aber von neuem ein Beitrag
zu den Verwaltungskosten (Provision) berechnet werden. In den Fällen, wo
die Rückzahlung eines Darlehns vor der festgesetzten Zeit in einem Betrage

14

oder in wenigen größeren Beträgen erfolgt, kann ein entsprechender Theil der Provision zurückgezahlt werden.

5. Der Vorstand hat mindestens jedes Vierteljahr, unter Umständen aber auch öfter, die sämmtlichen ausstehenden Forderungen auf ihre Sicherheit und zugleich auch die Creditwürdigkeit der Schuldner zu prüfen sowie auch gewissenhaft darauf zu achten, daß die festgesetzten Rückzahlungsfristen innegehalten werden, da eine einmal eingerissene Nachlässigkeit sehr schwer zu beseitigen ist. Nur ganz ausnahmsweise darf sich der Vorstand dazu herbeilassen, eine Stundung der einmal bestimmten Rückzahlungstermine zu gestatten. Säumige Schuldner müssen zuerst gemahnt und wenn diese Mahnung fruchtlos sich erweisen sollte, durch gerichtlichen Zahlungsbefehl aufgefordert und wenn auch das nicht helfen sollte, durch gerichtlichen Vollstreckungsbefehl zur Zahlung gezwungen werden. Läßt ein Mitglied es wiederholt zu gerichtlichen Zwangsmaßregeln kommen, so ist zur Kündigung des Darlehns und zur Ausschließung des betreffenden Mitgliedes aus dem Verein zu schreiten.

4. Uebernahme von Verkaufsprotokollen und sonstigen Cessionen. Erwerbung und Wiederveräußerung ganzer Güter.

1. In einzelnen Gegenden, besonders solchen mit freier Theilbarkeit des Grund und Bodens, ist es gebräuchlich, daß ländliche Anwesen in Parzellen auf öffentlicher Versteigerung an die Meistbietenden gegen jährliche Theilzahlungen verkauft werden. Der Verkäufer möchte aber meistens gerne in den sofortigen Besitz der ganzen Kaufsumme gelangen. Zu dem Ende überträgt er als Cedent seine Forderungen an eine dritte Person als Cessionar, welch' letzterer den Betrag sofort auszuzahlen bereit ist, wofür der Cedent dem Cessionar einen Rabatt von mehreren Prozenten gewährt. Gegen solches Verfahren ist rechtlich nichts zu erinnern. Eine mißliche Sache bleibt es jedoch, daß stellenweise gerade des Wuchers verdächtige Persönlichkeiten sich mit der Erwerbung solcher Forderungen befassen. Daß die Erwerber derselben oft einen ganz unverhältnißmäßigen Rabatt beanspruchen, ist nicht das Schlimmste, aber geradezu verhängnißvoll wird häufig der Umstand, daß die einzelnen Käufer auf eine Reihe von Jahren, nämlich bis zur Abtragung der sämmtlichen Theilzahlungen, mit solchen gefährlichen Menschen in Verbindung bleiben und vielfach sich nicht wieder von ihnen befreien können. Um solches zu verhüten, empfiehlt es sich für den Vorstand eines Spar- und Darlehnskassen-Vereins, die Erwerbung der Forderungen aus Gutsverkäufen im Vereinsbezirk (Verkaufsprotokollen, Steigerungsgelder, Güterzieler, Zielfristen, Güterauschillinge, Cessionen oder wie die Namen in den einzelnen Gegenden lauten mögen) zu unternehmen, so lange vollständige Sicherheit für den Eingang der Kaufgelder vorhanden ist.

2. Wenn der Verein Versteigerungsprotokolle übernimmt, so ist zunächst festzustellen, ob die betr. Verkaufsobjekte nicht zu sehr mit hypothekarischen Ein-

tragungen belastet sind und ist zu diesem Zwecke stets vorher ein Hypotheken-
auszug zu beschaffen. Uebersteigt die Hypothekenlast den Kauf<del></del>erlös, so ist,
wenn nicht anderweitige absolute Sicherheit von dem Cedenten gestellt werden
kann, von der Uebernahme des Protokolls Abstand zu nehmen. Die Sicherstellung für den Verein wird in erster Linie durch hypothekarische Eintragung
der Grundstücke herbeigeführt. Außerdem wird Sicherheit durch die Käufer und
nicht selten auch durch die von letzteren noch besonders zu stellenden Bürgen
geboten. Erscheint trotzdem die Sicherheit dem Vereinsvorstande noch nicht
genügend, so ist der Verkäufer (Cedent) noch besonders für den Eingang der Gelder
haftbar zu machen und hat, wenn erforderlich, auch noch einen Bürgen zu stellen.

3. Ueberhaupt können Uebertragungen (Cessionen) guter Forderungen vom
Verein gegen entsprechende Vergütung für Baarzahlung angenommen werden,
wobei es sich aber der Sicherheit wegen empfiehlt, die betreffende Verhandlung
gerichtlich oder notariell anzunehmen zu lassen. Es ist jedoch auch hier wieder
in erster Linie darauf zu achten, daß die Forderungen an und für sich gut
sind, und außerdem die Sicherstellung derselben durch den Cedenten eine
zweifellose genügende ist.

4. Um den wucherischen Ausbeutungen der sog. „Güterschlächter" zu be-
gegnen, kann ein Verein auch ganze, innerhalb des Vereinsbezirkes liegende
Besitzungen, welche auf öffentlicher Versteigerung demnächst veräußert werden
sollen und für welche Käufer zweifellos vorhanden sind, erwerben, und dann
ganz oder in kleineren Theilen auf fünf- oder sechsjährige Fristen versteigern
lassen. Der dabei etwa erzielte Mehrerlös wird dem früheren Eigenthümer
nach Abzug einer angemessenen Provision zur Verfügung gestellt. Auf diese
Weise ist beiden Theilen geholfen, indem sowohl die Käufer wie auch der Verkäufer vor Uebervortheilung geschützt werden. Vor dem Ankauf der Güter ist
aber eine Generalversammlung zu berufen, in welcher einerseits der Werth und
andererseits der Höchstbetrag, bis zu welchem der Vorstand zur Abgabe von
Geboten ermächtigt werden soll, festzustellen sind.

5. Eröffnung laufender Rechnungen.

Denjenigen Vereinsmitgliedern, welche einen regeren Geldumsatz haben,
z. B. solchen, welche landwirthschaftliche Nebengewerbe oder andere Zweige
ihres Geschäftes nach kaufmännischen Grundsätzen betreiben und in Folge dessen
zeitweise an Geldüberfluß, zeitweise an Geldmangel leiden, kann der Verkehr
mit dem Spar- und Darlehnskassen-Verein durch Eröffnung einer laufenden
Rechnung erleichtert werden. Es kann dies in der Weise geschehen, daß der
betreffende Conto-Inhaber Einlagen macht und dabei das Recht erhält, darüber
innerhalb eines möglichst kurzen Zeitraumes verfügen, also dieselben innerhalb einer zwischen Verein und Contoinhaber näher zu vereinbarenden Frist
ganz oder theilweise zurückziehen zu können, oder der Contoinhaber stellt für
eine bestimmte Summe Sicherheit gemäß den nachstehend angeführten Grund-

fäßen über Sicherstellung, und erhält damit das Recht, nicht nur in der bezeich=
neten Frist über seine Einlagen verfügen, sondern auch innerhalb des ihm be=
willigten Credits Vorschüsse erheben und jederzeit wieder zurückzahlen zu können.
Die einmal in der Form von Bürgschaft oder sonst gestellte Sicherheit
behält sodann ihre Gültigkeit, bis sie widerrufen wird. Tritt ein Still=
stand in der Beweglichkeit des Umsatzes bei einer einmal eröffneten laufen=
den Rechnung ein, so hat der Vorstand dafür Sorge zu tragen, daß die
in laufender Rechnung erhobenen Vorschüsse gekündigt und in Darlehn auf
Rückzahlung in bestimmten Raten umgeschrieben werden. Als Stillstand in
der Beweglichkeit des Umsatzes dürfte anzusehen sein, wenn von den entnommenen
Geldern nicht mindestens ein Viertel oder ein Fünftel zurückgezahlt wird.
Einer Umschreibung aus laufender Rechnung in Darlehn hat eine Mahnung
seitens des Vorstandes voranzugehen und bei Entnahme des betreffenden Be=
trages als Darlehn ist die hierfür übliche Provision zu erheben.

6. Sicherstellung der Darlehn und Credite.

1. Die Formen der Sicherstellung für Darlehn und Credite in laufender
Rechnung sind Bürgschaft oder Hypothek oder Hinterlegung von Faustpfand
(Werthpapiere u. s. w.) Die einfachste und am wenigsten kostspielige Form
der Sicherstellung ist Bürgschaft, indem eine oder mehrere Personen für den
Creditnehmer gut sagen und für den Fall, daß letzterer seine Zahlungsfähigkeit
einbüßen sollte, als Selbstschuldner für die geliehene Summe einzutreten ver=
sprechen und sich verpflichten.

2. Bei der Annahme von Bürgen ist darauf zu sehen, daß dieselben für
die übernommenen Verpflichtungen hinreichend leistungsfähig sind. Der Vorstand
soll aber niemals ein Darlehn bewilligen nur aus Rücksicht auf den Bürgen
und in der klaren Voraussicht, daß letzterer dafür bestimmt in Anspruch ge=
nommen werden muß. Es ist wohl zu bedenken, daß der Bürge dem Verein
gegenüber die Rolle des Selbstschuldners einnimmt, nicht nur bis zum Ablauf
der auf dem Schuldscheine bezeichneten Rückzahlungstermine, sondern so lange,
bis das ganze Darlehn, für welches die Bürgschaft übernommen, wirklich
zurückgezahlt ist. Es bleibt aber immer eine unerquickliche Sache, gegen einen
Bürgen vorgehen zu müssen. Natürlich darf der Verein nicht zu Schaden kommen
und wird man im Nothfalle also auch davor nicht zurückschrecken dürfen, den
Bürgen direkt in Anspruch zu nehmen, wenn das Zwangsverfahren gegen den
Hauptschuldner voraussichtlich erfolglos bleiben sollte. Liegen aber die Ver=
hältnisse derartig, daß einem Mitgliede geholfen werden muß, welches selbst
sehr wenig leistungsfähig erscheint, so ist es empfehlenswerth, mehrere Bürgen
dafür haften zu lassen. Auch ist bei der Annahme von Bürgen darauf zu
achten, daß eine Person mit nicht zu vielen Bürgschaften belastet wird. Sobald
ein Schuldner sich in der Abtragung der fälligen Raten säumig zeigt, mache
man dem Bürgen davon Mittheilung, damit dieser den Schuldner zur Erfüllung

seiner Verpflichtungen anhält. In einzelnen Landestheilen besteht die Ein=
richtung, daß die Bürgschaftsleistung vor Gericht gethätigt werden muß. Um
diese Weitläufigkeiten zu verhüten, kann der Schuldschein dahin geändert werden,
daß neben dem eigentlichen Schuldner der Bürge auch als Schuldner
unterzeichnet.

3. Wenn es einem Mitgliede schwer fallen sollte, einen passenden Bürgen
zu finden oder wenn Darlehn auf längere Zeit bewilligt werden, ist es empfehlens=
werth, die Form der hypothekarischen Sicherstellung zu wählen, indem bestimmte
Immobilien, welche zwar im Besitz und Gebrauch des Schuldners bleiben,
durch Verschreibung im Hypotheken= oder Grundbuch aber zu Gunsten des
Vereins für den Betrag des Darlehns verpfändet werden. Es muß alsdann
jedoch das zu bewilligende Darlehn durch den Werth der zu verpfändenden Gegen=
stände nach Abzug etwa darauf schon ruhender Schulden mindestens zweifach
sichergestellt sein. Es ist also zuerst der unzweifelhaft stets erzielbare Werth
der zu verpfändenden Grundstücke und Gebäude nach verständiger Taxe und
gleichzeitig die Höhe der darauf schon eingetragenen Lasten nach einem gericht=
lichen Hypotheken= oder Grundbuchs-Auszug festzustellen. Nachdem sodann die
vorhandenen Schulden von dem Werthe in Abzug gebracht sind, kann die Hälfte
des auf solche Weise sich ergebenden Betrages als Darlehn bewilligt werden.
Bei Beleihung von Gebäuden ist auch auf die genügende Versicherung gegen
Brandschaden zu achten. Die Auszahlung des Darlehns darf nicht eher erfolgen,
bis die gerichtliche Eintragung in das Hypotheken= oder Grundbuch und zwar
an erster oder zweiter Stelle, wie der Vorstand es wünscht, stattgefunden
hat und der Hypothekenbrief dem Vorstande übergeben ist. Wo
das Grundbuch angelegt ist, muß der Schuldner sich zu dem zuständigen Amts=
gerichte oder einem Notar mit einer Abschrift der Grundbuchtabelle begeben.
Der Kostenersparniß halber ist es rathsam, sich direkt an das Amtsgericht zu
wenden. In der aufzunehmenden Schulderklärung müssen die Höhe des Darlehns,
der Zinsfuß, der Anfangstag der Verzinsung und die Bedingungen der Rückzahlung genau angeführt und die zu verpfändenden Grundstücke nach Flur
und Nummer bezeichnet werden. In Gegenden, wo das Stockbuch gilt,
muß der Schuldner sich zum Ortsbürgermeister begeben, der das weitere besorgt.

4. Um ein Mitglied aus den Händen eines Wucherers zu befreien oder um
eine Schuld, welche ein Mitglied bei irgend einem anderen Gläubiger als dauernd
in derselben Höhe bleibend angenommen hat, in eine bei dem Vereine
allmählich abtragbare zu verwandeln, können, wie bereits bemerkt, auch Cessionen
(Uebertragungen) von anderweitigen älteren Hypothekenforderungen durch den
Vorstand erworben werden. Die Cession von Hypotheken, welche am besten
auf den Hypothekenbrief aufgesetzt wird, muß in Gegenden, in denen das Grund=
buch gilt, lauten:

"ich cedire die vorstehende Forderung nebst Zinsen seit . . . .
an . . . . und bewillige die Eintragung der Abtretung im Grundbuch."

Die Unterschrift des Gläubigers unter dieser Cession muß von dem Amts gericht oder von einem Notar beglaubigt werden. Die Eintragung der Cession ins Grundbuch erfolgt auf Antrag des Vereinsvorstandes, welcher Hypotheken= brief und Cession dem Amtsgericht einreichen muß. Da, wo das Stockbuch gilt, erfolgt die Cession vor dem Ortsbürgermeister.

5. Als Faustpfand können nur pupillarisch sichere Werthpapiere in Betracht kommen. Als solche haben zu gelten:

a. Schuldverschreibungen, welche von dem Deutschen Reiche oder von einem deutschen Bundesstaate mit gesetzlicher Ermächtigung ausgestellt sind oder deren Verzinsung von dem Deutschen Reiche oder von einem deutschen Bundesstaate gesetzlich garantirt ist,

b. Rentenbriefe der zur Vermittelung der Ablösung von Renten be= stehenden Rentenbanken,

c. Schuldverschreibungen, welche von deutschen communalen Corporationen (Provinzen, Kreisen, Gemeinden u. s. w.) oder von deren Credit= anstalten ausgestellt und entweder seitens der Inhaber kündbar sind oder einer regelmäßigen Amortisation unterliegen,

d. Pfandbriefe und diesen gleichartige Schuldverschreibungen solcher Creditinstitute, welche durch Vereinigung von Gutsbesitzern gebildet, mit Corporationsrechten versehen sind und nach ihren Statuten die Beleihung von Grundstücken nach zuverlässig zu erachtender Taxe vornehmen (Landschaften),

nicht aber ausländische und Industriepapiere.

Die Werthpapiere werden bei dem Vereine hinterlegt, bleiben aber Eigen= thum des Schuldners. Der Vorstand hat sich bei Annahme derselben und außer= dem von Zeit zu Zeit zu vergewissern, daß die Werthpapiere auch noch cours= fähig sind. Eine Beleihung von Werthpapieren darf in jedem Falle nur bis höchstens zwei Drittel des Courswerthes stattfinden. Bei Hinterlegung (Ver= pfändung) von Sparkassenbüchern sind die für die Verpfändung von „körperlichen Sachen" bestehenden landesrechtlichen Vorschriften zu beobachten.

7. Bezug landwirthschaftlicher Verbrauchsgegenstände und Beschaffung von Mobilien, Zuchtvieh etc.

1. Wenn die Mitglieder eines Vereins, um bessere Waaren zu billigen Preisen zu bekommen, gemeinschaftlich Wirthschaftsgegenstände wie Dünger, Futtermittel, Sämereien, Kohlen u. s. w. beziehen wollen, so ist dies sehr zu begrüßen. Dagegen sind Colonial= und Manufakturwaaren u. dergl. von den gemeinschaftlichen Bezügen grundsätzlich auszuschließen. Bei den Bezügen wird in der Weise verfahren, daß die benöthigten Waaren Quan titäten vom Vorstande festgestellt und bei der „General Anwaltschaft ländlicher Genossenschaften (Abtheilung für gemeinschaftliche Bezüge) in Neuwied" oder, wo eine Nebenstelle (Filiale) dieser Abtheilung der General Anwaltschaft besteht, an diese in Auftrag gegeben werden durch ein Anschreiben in folgender Form:

19

(Formular 34.)

Der unterzeichnete *Kirchberger* Spar= und Darlehnskassen Verein, eingetragene Genossenschaft mit unbeschränkter Haftpflicht, beauftragt hier durch die General Anwaltschaft ländlicher Genossenschaften für Deutschland, Abtheilung für gemeinschaftliche Bezüge, zu Neuwied zum Ankaufe von
200 *Centner Chilisalpeter*.

Die Waare ist zu liefern am *15. Januar* 1895 unter der Adresse:
Vereinsvorsteher Carl Gross zu *Kirchberg*,
Bahnstation *Kirchberg*.

Briefe sind zu adressiren an: *Vereinsvorsteher Carl Gross*
zu *Kirchberg*, Post *Kirchberg*.

Der Verein haftet als Selbstschuldner mit alleiniger Zahlungsverbind= lichkeit für alle aus diesem Ankaufe erwachsenden Verpflichtungen sowohl bezüglich der Berechnung der Waare als auch bezüglich der sich ergebenden Kosten.

Kirchberg, den 10. *Juli* 1894.
Kirchberger Spar= und Darlehnskassen=Verein,
eingetragene Genossenschaft mit unbeschränkter Haftpflicht.
Gross.   Fuchs.   Klinker.

Die Feststellung des benöthigten Waarenquantums geschieht am besten, indem Bestelllisten nach folgendem Entwurf im Vereinsbezirke unter den Mit= gliedern in Umlauf gesetzt werden.

(Formular 35)

Bestellliste.

Die unterzeichneten Mitglieder des *Kirchberger* Spar= und Darlehns= kassen Vereins unterwerfen sich für den gemeinsamen Bezug von *Ammoniak- Superphosphat* den nachstehenden Bedingungen und bestellen die nachbezeichneten Mengen:

1. Die nicht pünktliche Abholung der eingegangenen Waare verpflichtet den schuldigen Theil zum Ersatz aller dem Verein daraus erwachsenden Unkosten und Schäden. Bestellte, aber nicht rechtzeitig abgeholte Waaren ist der Vereins= vorstand berechtigt, auf Kosten des Bestellers sogleich anderweitig zu verwerthen bezw. freihändig zu verkaufen. Bestellungen von in der Abnahme säumig ge= wesenen Mitgliedern ist der Vorstand fernerhin anzunehmen nicht verpflichtet.

2. Mitglieder, welche die vom Vereine bezogenen Consumgegenstände an andere Personen, als an Mitglieder verkaufen, verschenken oder verleihen, ohne dem Vereinsvorstand hiervon sofort Kenntniß zu geben, sind für jeden einzelnen Fall in eine Geldstrafe von *fünfzig* (50) Mark zu nehmen, welcher Betrag in den Stiftungsfonds des Vereins fließt.

3. Jeder Besteller erhält zu Bezahlung der bezogenen Waaren *zwei Monate* Frist vom Tage des Empfanges der bestellten Waaren an gerechnet, falls nicht eine längere Frist ausdrücklich bei der Bestellung ausbedungen ist. Ver= säumt Besteller diese Frist, so muß er vor Ablauf derselben beim Vorstand um Verlängerung der Zahlungsfrist nachsuchen. Für die verlängerte Frist hat er 4 Prozent von dem Werth der Waare an Zins zu zahlen. Läßt ein Besteller die Frist verstreichen, ohne die Waaren zu bezahlen oder um Verlängerung einzukommen, so ist der Vorstand berechtigt, sofort den schuldigen Betrag ge= richtlich einzuklagen.

2*

Namen und Wohnort	Der Bestellung		Unterschrift des Be-stellers zur Anerkennung der Bestellung
	Datum	Quantum	

Zur Ersparniß der Fracht sind die zu bestellenden Quantitäten auf Waggon-ladungen abzurunden. Sollte dieses im einzelnen Verein sich nicht ermög-lichen lassen, so dürfte das Zusammengehen mit einem benachbarten Vereine am Platze sein.

2. Wenn der Verein ein ständiges Lager der verschiedenen Bedarfsgegen-stände unterhalten will, so ist ein eigener Lagerhalter anzustellen. Es steht nichts im Wege, daß dieser zugleich der Rechner des Vereins ist. Der Lagerhalter ist für die Waarenvorräthe und deren Abgabe verantwortlich zu machen und hat dem Verein dafür entsprechende Sicherheit durch Bürgschaft, Hypothek oder in sonst geeignet erscheinender Form zu stellen, worüber ein Vertrag aufzunehmen ist. Die Preise für die abzugebenden Waaren werden von Zeit zu Zeit unter Zugrundelegung der örtlichen Tagespreise festgesetzt, so daß sich für den Verein möglichst immer ein Gewinn ergibt.

3. Bei Abgabe der Waaren an die Mitglieder ist genau darauf zu achten, daß keine Verluste entstehen und die schuldigen Beträge immer bis zum Jahresschlusse bezahlt werden. Ausnahmsweise kann durch die Aufnahme von Darlehn in der Höhe der Waarenschuld in entsprechender Weise geholfen werden. Es empfiehlt sich als sehr zweckmäßig, bei Beginn eines neuen Geschäftsjahres eine Creditliste der Mitglieder aufzustellen, wonach die Waarenabgabe vorgenommen werden kann. Die Creditliste ist aber von Zeit zu Zeit auf die zu bewilligende Höhe der einzelnen Beträge zu prüfen, damit die Sicherheit auf jeden Fall gewahrt bleibt. Die Sicherstellung der empfangenen Waaren geschieht sodann durch Ausfertigung eines Formulars nach Formular 15 b.

4. Der Vorstand hat in jedem Falle vor der Ausführung der Bestellungen zu prüfen

a) ob die Bestellungen dem wirthschaftlichen Bedarf des Mitgliedes wirk-lich entsprechen,

b) ob etwa seitens des Bestellers der Credit der Genossenschaft bereits in einer Höhe in Anspruch genommen ist, daß bei nicht rechtzeitigem Ein-gange der Bezahlung der zulässige Credit überhaupt überschritten wird, oder

c) ob die Interessen des Vereins ohne ausreichende Sicherheitsunter-lagen sonstwie gefährdet erscheinen.

Sollten irgend welche Bedenken der Ausführung einer Bestellung entgegen-stehen, dann ist der Besteller hiervon seitens des Vorstandes schriftlich inner-halb dreier Tage nach der Vorstandssitzung, in welcher über den Waarenbezug verhandelt wurde, in Kenntniß zu setzen und aufzufordern, vor der Ausführung der Bestellung die erforderliche Sicherheit zu beschaffen. Sofern eilige Nach-bestellungen vorliegen, kann der Vereinsvorsteher über die Ausführung allein bestimmen, hat aber hiervon dem Vorstande sodann in der nächsten Sitzung Kenntniß zu geben. Von dem Eingang der bestellten Waaren ist dem Besteller ungesäumt Mittheilung zu machen. Den Empfang der Benachrichtigung läßt sich der Vorstand durch Namensunterschrift am besten anerkennen.

5. Wenn die Generalversammlung eines Vereins die Beschaffung von Mobilien, landwirthschaftlichen Geräthen und Maschinen (z. B. Fruchtreinigungsmaschinen, Dreschmaschinen, Säemaschinen, Wieseneggen u. dergl.) oder von Zuchtthieren (wie z. B. Zuchtstiere, Zuchteber u. s. w.), welche in das ständige Eigenthum des Vereins übergehen sollen, beschließt, so hat der Vorstand für den Bezug derselben in guter Qualität und zu angemessenen Preisen zu sorgen sowie über die Aufbewahrung und sorgfältige Instandhaltung derselben zu wachen. Der Betrag für den Ankauf der einzelnen Gegenstände ist aus der Vereinskasse vorzulegen. Für die Benutzung derselben ist sodann eine Gebühr zu erheben, welche von der Generalversammlung in der Höhe festzusetzen ist, daß die Zinsen des Anlagekapitals und die allmähliche Tilgung desselben damit bestritten werden können. Der Tilgungsbetrag ist nach der Zeit zu bemessen, in welcher der betreffende Gegenstand voraussichtlich verbraucht sein wird, z. B. bei 10 Jahren 10%, bei 20 Jahren 5% u. s. w. Um Streitigkeiten und Irrthümern vorzubeugen, empfiehlt es sich, daß von der Generalversammlung auch Bestimmungen getroffen werden, wie die einzelnen Gegenstände von den Mitgliedern zu benutzen sind.

8. Vertrieb von Wirthschaftserzeugnissen.

1. Wenn ein Verein einzelne Wirthschaftserzeugnisse seiner Mitglieder, wie z. B. Heu, Stroh, Kartoffeln, Hafer, Roggen, Weizen u. s. w. auf gemeinschaftliche Rechnung verkaufen will, so ist zunächst die von den Vereinsmitgliedern zur Verfügung gestellte Menge durch in Umlauf zu setzende Lieferungslisten nach folgendem Muster festzustellen:

Lieferungsliste. (Formular 36.)

Die unterzeichneten Mitglieder des *Kirchberger* Spar- und Darlehnskassen-Vereins verpflichten sich, an dem gemeinschaftlichen Absatz von *Kartoffeln* (magnum bonum) mit dem nachbezeichneten Quantitäten sich zu betheiligen mit der Maßgabe, daß nur eigene Erzeugnisse in reiner Waare und guter Beschaffenheit zur Ablieferung gelangen dürfen und falls bei dem Verkaufe ein Verlust entstehen sollte, dieser von den an der Lieferung betheiligten Mitgliedern nach Verhältniß der gelieferten Waare getragen werden muß.

Namen, Wohnort	Der Lieferung		Unterschrift der Mitglieder als Anerkennung der vollständigen u. rechtzeitigen Lieferung nebenbezeichneten Quantums.
	Quantum	Datum	

Alsdann wird das betreffende Quantum zum Verkaufe im „Landwirthschaftlichen Genossenschaftsblatte" oder sonstigen geeigneten Blättern ausgeschrieben.

Nach erfolgtem Verkauf der fraglichen Gegenstände werden die einzelnen Mitglieder zur Lieferung mit Angabe des Ortes, Tages und der Stunde durch ein Anschreiben nach folgendem Muster ersucht:

(Formular 37.) *Kirchberg*, den *10. September* 1894.

Unter Bezugnahme auf Ihre Offerte vom *20. v. Mts.* wollen Sie 50 Centner *Roggen* franko Eisenbahnstation_N. N. am *15. September* 10 Uhr Vor (Nach)mittags liefern.

Der Vereinsvorsteher:

Gross.

2. Sollte das von den einzelnen Mitgliedern zur Verfügung gestellte Quantum nicht vollständig zum Absatz gelangen, so ist es Sache des Vereinsvorstehers, die einzelnen Mitglieder im Verhältniß der von ihnen angebotenen Mengen an dem Verkauf theilnehmen zu lassen. Bei der Abnahme der Produkte ist strenge darauf zu achten, daß nur gute Waare zum Versandt gelangt, damit seitens des Empfängers bezw. Käufers keine Schwierigkeiten entstehen.

9. Beaufsichtigung des Kassen- und Rechnungswesens.

1. Der Vorstand muß von Allem, was für den Verein und in dem Verein geschieht, Kenntniß erhalten. Derselbe hat sich deshalb von der pünktlichen Ausführung der dem Vorsteher sowie dem Rechner übertragenen Verpflichtungen in jeder ihm geeignet erscheinenden Weise zu überzeugen. Er hat besonders die Richtigkeit der Angaben festzustellen, welche ihm durch den Vorsteher bezüglich der Ergebnisse der monatlichen und außergewöhnlich abzuhaltenden Revisionen gemacht werden. Wenn es ihm nöthig erscheint, hat er auch seinerseits außerordentliche Prüfungen der Geschäftsführung des Vorstehers sowie des Rechners vorzunehmen. Mindestens einmal jährlich muß eine außerordentliche Kassenprüfung stattfinden. Wenn bei entdeckten Unregelmäßigkeiten dem Vereine Nachtheile drohen sollten, so ist sofort dem Vorsitzenden des Aufsichtsrathes Anzeige zu machen.

2. Das Wichtigste bei der Beaufsichtigung der Kasse seitens des Vorstandes ist, daß letzterer auf Grund der Einnahmekontrolle (Formular 2) prüft, ob die dort verzeichneten Einnahmen auch in das Journal richtig gebucht sind. Um die Aufsicht möglichst vollkommen durchzuführen, hat der Vorstand in den Generalversammlungen die Mitglieder darauf aufmerksam zu machen, daß nur die nach dem zgedruckten Vereinsformular unter Beidrückung des Vereinssiegels ausgestellten Quittungen vom Verein als gültig anerkannt werden, sowie daß jeder Zahler den von ihm in die Vereinskasse eingezahlten Betrag auf dem mit der Quittung bezüglich der Höhe des Betrages und der Nummer gleichlautenden Coupon (Formular 2) zu bescheinigen hat. Weiter hat der Vorstand von Zeit zu Zeit den Kassenbestand auf Grund des Journalabschlusses zu prüfen. Dabei sind die Gesammt-Einnahmen und Gesammt-Ausgaben festzustellen und letztere von ersteren abzuziehen. Der sich alsdann ergebende Betrag bildet den Soll-Kassenbestand und muß mit dem Baar-

vorrath der Kasse übereinstimmen. Das Ergebniß der Kassenprüfung ist in das Protokollbuch des Vorstandes niederzuschreiben etwa in folgender Form:

Kirchberg, den 14. Oktober 1891.*)

Bei der heute vorgenommenen Revision der Kassen und Buchführung fanden sich in der Kasse baar vor:

an Papiergeld Mark 5,—
„ Gold „ 100,—
„ Silber „ 37,—
„ Scheidemünze „ 1.02

Summa Mark 143.02

Nach dem Journal beträgt die Einnahme Mark 20315,93
die Ausgabe „ 20172,91

mithin Sollkassenbestand Mark 143.02

Also in der Kasse zu viel Mark —,
„ „ „ „ wenig „ —,

worüber der Rechner folgende Erklärung abgab: . . . .

Bei der Vergleichung der Eintragungen des Journals mit denen der Vorstandsprotokolle und der Einnahmekontrolle ergab sich Uebereinstimmung (betreffendenfalls sind die bezüglichen Abweichungen anzugeben).

Der Vereinsvorsteher: Der Rechner:
Groß.   Schultz.

Auch hat der Vorstand darauf zu achten, daß der gesetzlich vorgeschriebene Stempel zu allen Schuldurkunden ꝛc. verwendet wird (vgl. Anhang II dieser Schrift) und ebenso hat er zu sorgen, daß die überflüssigen Kassenbestände sicher und verzinslich angelegt werden.

3. Bezüglich der Consumbezüge hat der Vorstand darüber zu wachen, daß keine Ungehörigkeiten in der Geschäftsführung durch den Vereinsvorsteher, Rechner und Lagerhalter vorkommen, und namentlich auch die Sicherstellung der verabfolgten Waarenquantitäten in solcher Weise erfolgt, daß kein Verlust für den Verein entstehen kann. Falls der Verein ein Lager von Consumgegenständen unterhält, hat der Vereinsvorsteher in jedem Monate mit dem Rechner und Lagerhalter das Abrechnungsbuch für Consumbezüge (Formular 17) abzuschließen und die Uebereinstimmung des Sollbestandes mit dem wirklichen Bestande zu prüfen. Diese Prüfung ist auch vom Gesammtvorstande von Zeit zu Zeit zu bewerkstelligen und der Befund in das Protokollbuch einzutragen. Auch ist es Sache des Vorstandes, darauf zu halten, daß der etwaige Mindervorrath an Waaren von dem Lagerhalter ersetzt wird, es sei denn, daß jener unzweifelhaft ohne Schuld des Lagerhalters (z. B. durch Schwund u. dgl.) entstanden ist.

4. Die Jahresrechnung und die Bilanz sammt den Belägen hat der Vorstand vor dem 20. April genau zu prüfen auf Grund der Eintragungen in die

---

*) Alle Protokolle sind auf gebrochene Bogen zu schreiben. Auf der linken Seite sind sämmtliche Anwesende mit vollständigem Vor- und Zunamen, Stand und Wohnort anzuführen und zwar zunächst die Vorstandsmitglieder unter Bezeichnung des Vorstehers oder dessen Stellvertreters; rechts folgt sodann das Protokoll, welches von sämmtlichen Anwesenden zu unterzeichnen ist.

Bücher und der bezüglichen Beläge. Die Revisionsbemerkungen sind in das Protokollbuch einzutragen, und außerdem ist eine diese Revisionsbemerkungen enthaltende Verhandlung aufzunehmen, welche der Rechnung beizufügen ist.

5. Der Vorstand hat endlich auch die Kassenübergabe von einem aus= tretenden an einen neugewählten Rechner zu bewirken. Zu dem Ende hat der austretende Rechner bis zu dem Tage seines Austrittes, selbst wenn letzterer auch nicht mit dem Jahresschlusse zusammenfallen sollte, vollständige Rechnung mit allen dazu gehörigen Belägen aufzustellen und ein Verzeichniß anzufertigen, welches sämmtliche dem Vereine zugehörigen Immobilien und Mobilien, darunter auch den baaren Kassenbestand, Geschäftsbücher, die noch nicht verbrauchten Druck= sachen, Schreibmaterialien, Briefmarken ꝛc. enthält. Beide, die Rechnung sowie das Verzeichniß, sind vom Vorstande zu prüfen, vom Aufsichtsrathe festzustellen, und die Generalversammlung hat dann bezüglich der Entlastung zu beschließen. Solches Verfahren ist nöthig, um die Verantwortlichkeit des abgehenden sowie des neu eintretenden Rechners genau abzugrenzen. Die Uebergabe selbst kann indessen schon vor Fertigstellung der Rechnung und des Verzeichnisses über die dem Vereine gehörigen Gegenstände vorgenommen werden und wird in den meisten Fällen sogar vorher stattfinden müssen. Es wird dann bei der vor= läufigen Uebergabe das Journal abgeschlossen und das vorerwähnte Verzeichniß angefertigt. Demnach ist etwa folgende Verhandlung aufzunehmen:

Kirchberg, den 17. September 1894.

Durch den Vorstand des Kirchberger Spar= und Darlehnskassen-Ver= eins, eing. Genossenschaft mit unbeschr. Haftpflicht fand heute die Kassenübergabe von dem abtretenden Rechner (den Erben des verstorbenen Rechners [folgt Vor= und Zuname, Stand und Wohnort]) an den neu gewählten Rechner (Vor= und Zuname, Stand und Wohnort) statt. Es wurden zu dem Ende nach vorheriger bestmöglicher Berichtigung die Journale abgeschlossen und dabei festgestellt:

Die Einnahme auf	Mark	19241.35
„ Ausgabe „	„	19102.03
Der Sollbestand „ . . . . ,	„	139.32
„ in der Kasse vorgefundene Baarbestand betrug	„	139.32

Sodann wurde ein Inventar über die vorhandenen Immobilien und Mobilien aufgestellt, von allen Anwesenden unterzeichnet und dem gegenwärtigen Protokolle angeheftet. Dem abgehenden Rechner (den Erben des verstorbenen Rechners) wurde aufgegeben, innerhalb längstens 4 Wochen vollständige Rech= nung nebst den dazu gehörigen vorschriftsmäßigen Belägen, von der letzten als richtig genehmigten Rechnung ab gerechnet, aufzustellen und an den Vorsteher des Vereins abzuliefern. Der Generalversammlung bleibt Beschluß über die Entlastung des abgehenden Rechners (der erwähnten Erben), namentlich auch bezüglich des zur Sicherheit gestellten Unterpfandes vorbehalten. Bis zu dem Zeitpunkte der ertheilten Entlastung bleibt der Rechner (bleiben die Erben) dem Vereine für die Geschäftsführung während der ganzen Amtsperiode verantwortlich.

(Folgen die Unterschriften, zunächst des Vereinsvorstandes mit Bezeichnung der Firma des Vereins, sodann der übrigen Anwesenden).

Im Falle der Baarbestand mit dem Sollbestande nicht übereinstimmt, ist dies anzugeben, und wenn ein Fehlbetrag sich ergeben sollte, ist sofortige Einzahlung oder Sicherstellung desselben zu veranlassen sowie im Protokolle anzugeben, was in dieser Beziehung geschehen ist.

10. Der Verkehr mit dem Gerichte.

1. Der Verkehr mit dem Gericht hat durch den Vorstand zu erfolgen und sind daher alle für das Gericht bestimmten Schriftstücke vom **Vorstande,** und nicht vom Rechner, zu unterzeichnen. Es empfiehlt sich, von allen Schreiben an das Gericht eine Abschrift zurückzubehalten. Alle Schreiben an das und von dem Gericht sind sorgsam aufzubewahren und in Aktendeckel zu heften. Der Vorstand kann sich folgende Aktenhefte für den Verkehr mit dem Gerichte anlegen:

a. Statut und Vorstand, enthaltend:
1. Das Statut,
2. Anmeldung desselben,
3. Anmeldung von Statutenänderung,
4. Anmeldung von Vorstandswahlen,
5. Benachrichtigung über die Eintragung des Statuts, der Statutenänderungen, der Vorstandswahlen, u. s. w.

b) Genossen, enthaltend:
1. Verzeichniß der Genossen,
2. Beitrittserklärungen,
3. Aufkündigungen,
4. Austrittserklärungen,
5. Todesanzeigen,
6. Anmeldungen von Beitritt oder Ausscheiden der Genossen,
7. Benachrichtigungen über die Eintragungen in die Liste der Genossen.

c) Bilanz und Revision, enthaltend:
1. Einreichungen der Bekanntmachungen über den Vermögensstand (Bilanz),
2. Revisionsbescheinigungen,
3. Einreichung der Revisionsbescheinigungen u. s. w.

d) Bekanntmachungen, enthaltend:
je einen Zeitungsausschnitt der sämmtlichen auf den Verein bezüglichen Bekanntmachungen des Gerichtes über die Eintragungen in das Genossenschaftsregister und in die Liste der Genossen, u. s. w.

2. Nach § 30 des Genossenschaftsgesetzes hat der Vorstand ein **Ver-zeichniß der Genossen** zu führen und dasselbe mit der Liste der Ge-nossen, welche das Gericht führt, in Uebereinstimmung zu halten. Sogleich nach der Gründung und vor der Anmeldung des Vereins bei dem Gericht ist eine Liste der Genossen nach folgendem Formular anzu-fertigen:

Verzeichniß der Genossen   (Formular 38.)

für

den *Kirchberger* Spar- und Darlehnskassen-Verein, e. G. m. u. H.

Das Geschäftsjahr beginnt am 1. Januar und endigt am 31. Dezember.

(Das Ausscheiden der Genossen findet zum Schlusse des Geschäftsjahres statt.)

Laufende Nummer	der Genossen			Datum				Datum			Zeitpunkt der Endigung		Bemerkungen (besondere Ursache des Ausscheidens)
1	2	3	4	5	6	7	8	9	10	11	12	13	14
	Namen	Beruf	Wohnort	der Beitritts-erklärung	des Einnahme-beschlusses	der Einreichung der Beitritts-erklärung zur gerichtlichen Liste	der Eintragung in die gericht. Liste	der Austritts-erklärung	des Ausschlusses, oder des Todes	der Anmeldung des Ausscheidens zur gericht. Liste	der Löschung in der gericht. Liste	der Mitglied-schaft	der Haft-pflicht	

Die Ergänzungen und Abänderungen in den entsprechenden Spalten 8 und 11 sind erst dann vorzunehmen, nachdem der Vorstand vom Gerichte eine schriftliche Benachrichtigung darüber erhalten hat, was in die Liste eingetragen ist, sowie unter welcher Nummer und an welchem Tage.

3. Nach § 15 des Genossenschaftsgesetzes hat der Vorstand die **Beitritts-erklärung** eines neu aufgenommenen Mitgliedes behufs Eintragung derselben in die Liste der Genossen dem Gerichte einzureichen. Die Anmeldung zur Liste der Genossen beim Gericht hat in der Weise zu erfolgen, daß der Vorstand in beide (nach Maßgabe des Seite 8 mitgetheilten Entwurfes) angefertigte Bei-trittserklärungen die betreffende laufende Nummer seiner Liste der Genossen einträgt und das eine Stück der Beitrittserklärung in die Akte „Genossen" einheftet und das andere Stück dem Gerichte mit einem Begleitschreiben in folgender Form einsendet, wobei zu bemerken ist, daß mit einem Schreiben eine Reihe Beitrittserklärungen eingereicht werden können:

(Formular 39.)

Kirchberg, den 19. September 1894.

An

das   gericht

zu . . . .

Durch Gegenwärtiges beehren wir uns die ergebenste Mittheilung zu machen, daß die nachbenannten Personen sich als Mitglieder bei unserer Genossenschaft angemeldet haben und daß der Vorstand die Aufnahme derselben beschlossen hat. Wir reichen beifolgend die Beitrittserklärungen behufs Eintragung in die Liste der Genossen ein und bitten auf Grund des § 15 Absatz 2 und 4 des Genossenschaftsgesetzes von der erfolgten Eintragung die betreffenden Genossen und uns zu benachrichtigen.

Es wurde beschlossen, als Mitglied aufzunehmen:

Nro. der Liste der Genossen	Zu- und Vorname	Stand oder Beruf	Wohnort

Kirchberger Spar- und Darlehnskassen-Verein,
eingetragene Genossenschaft mit unbeschränkter Haftpflicht.

Folgen die Unterschriften von so vielen Vorstandsmitgliedern, als nach dem Statut zur gültigen Zeichnung erforderlich sind. Beglaubigung der Unterschriften ist nicht erforderlich.

Da die Mitgliedschaft nur durch die **wirklich stattgefundene Eintragung in die gerichtliche Liste der Genossen** entsteht und so lange diese nicht stattgefunden hat, die Mitgliedschaft **trotz Beitrittserklärung nicht erworben** werden kann, muß der Vorstand darauf achten, daß er die **Benachrichtigung** über erfolgte Eintragung vom Gerichte baldigst erhält. Geht dieselbe innerhalb 14 Tagen nicht ein, so richtet der Vorstand ein Schreiben in folgender Form an das Gericht:

(Formular 40.) *Kirchberg*, den 19. Oktober 1894.

An

das . . . . gericht

zu . . . .

Am (folgt Datum) reichten wir dem . . . . Gerichte die Erklärung des Beitritts d . . . neuen Mitglied . . . (Namen, Beruf, Wohnort) behufs Eintragung unter Nro. . . . in die Liste der Genossen ein, indem wir zugleich um Benachrichtigung von der erfolgten Eintragung baten. Wir erlauben uns, unsere Bitte um baldgefällige Benachrichtigung höflichst zu wiederholen.

(Folgen die Unterschriften der Vorstandsmitglieder, wie bei dem vorhergehenden Schriftstück.)

Die gerichtliche Benachrichtigung ist aufzubewahren und der betreffende Vermerk in Spalte 8 der Liste der Genossen einzutragen.

4. Ueber das **Ausscheiden** von Genossen **in Folge Aufkündigung** oder **Aufgabe des bisherigen Wohnsitzes** handeln die §§ 63—65 und 67 70 des Genossenschaftsgesetzes. Erklärt ein Genosse seinen Austritt aus dem Verein, so hat er nach Seite 10 eine Austrittserklärung in zweifacher Ausfertigung zu unterzeichnen, von denen das eine Exemplar bei den Akten bleibt, das andere mit einem Begleitschreiben dem Gerichte einzusenden ist. Das Begleitschreiben kann in folgender Form abgefaßt werden:

(Formular 41.) *Kirchberg,* den 27. *Juli* 1894.

An

das . . . . gericht

zu . . . .

In der Anlage erlauben wir uns die Aufkündigung de . . unter Nro . . . in die Liste der Genossen eingetragenen (Namen, Beruf, Wohnort des Ausscheidenden) zur Liste der Genossen einzureichen und geben zugleich die Versicherung ab, daß die Aufkündigung rechtzeitig stattgefunden hat. Wir bitten von der Eintragung den ausscheidenden Genossen und uns zu benachrichtigen.

Kirchberger Spar- und Darlehnskassen-Verein, eingetragene Genossenschaft mit unbeschränkter Haftpflicht.

(Folgen Unterschriften von so vielen Vorstandsmitgliedern, als nach dem Statut zur gültigen Zeichnung erforderlich sind. Beglaubigung der Unterschriften ist nicht erforderlich.)

Erklärt ein Mitglied wegen Aufgabe des Wohnortes seinen Austritt, so ist das eine Exemplar der nach Seite 9 angefertigten Austrittserklärung sammt der Bescheinigung einer öffentlichen Behörde über die Aufgabe des Wohnsitzes an das Gericht zu senden mit folgender Zuschrift:

(Formular 42.) *Kirchberg,* den 3. *November* 1894.

An

das . . . . gericht

zu . . . .

Wir reichen in der Anlage ergebenst die Austrittserklärung des unter Nro . . . in die Liste der Genossen eingetragenen (Namen, Beruf, Wohnsitz des Ausscheidenden) zur Liste der Genossen ein, indem wir die Bescheinigung einer öffentlichen Behörde über die Aufgabe des Wohnsitzes beifügen und bitten zugleich, den austretenden Genossen und uns von der Eintragung zu benachrichtigen.

Kirchberger Spar- und Darlehnskassen-Verein, eingetragene Genossenschaft mit unbeschränkter Haftpflicht.

(Folgen Unterschriften von so vielen Vorstandsmitgliedern, als nach dem Statut zur gültigen Zeichnung erforderlich sind. Beglaubigung der Unterschriften ist nicht erforderlich.)

Hat der aus dem Vereinsbezirk verzogene Genosse es unterlassen, seinen Austritt zu erklären, und hat deshalb der Vereinsvorstand ihm gemäß Seite 9 die Erklärung zugehen lassen, daß er auszuscheiden habe, so ist eine Abschrift dieses an den Genossen gerichteten Schreibens bei den Akten zu behalten und eine zweite Abschrift zugleich mit der Bescheinigung einer öffentlichen Behörde über den Verzug dem Gerichte einzusenden mit einem Begleitschreiben in nachstehender Form:

(Formular 42a.) *Kirchberg, den 5. November 1894.*

An

das . . . . gericht

zu . . . .

In der Anlage beehren wir uns eine Abschrift unserer Erklärung an den unter Nr. . . . in die Liste der Genossen eingetragenen (Name, Beruf, Wohnort), daß derselbe wegen Aufgabe des Wohnsitzes im Bezirke des *Kirchberger* Spar= und Darlehnskassen=Vereins zum Schlusse des Geschäftsjahres 189 . . auszuscheiden habe, zur Liste der Genossen einzureichen, indem wir die Bescheinigung einer öffentlichen Behörde über die Aufgabe seines Wohnsitzes beifügen. Wir bitten, von der Eintragung den Genossen und uns benachrichtigen zu wollen.

Kirchberger Spar= und Darlehnskassen=Verein,
eingetragene Genossenschaft mit unbeschränkter Haftpflicht.

(Folgen Unterschriften von so vielen Vorstandsmitgliedern, als statutenmäßig zur gültigen Zeichnung erforderlich sind. Beglaubigung der Unterschriften ist nicht erforderlich.)

5. Für den **Ausschluß von Genossen** haben die §§ 66 und 67—70 des Genossenschaftsgesetzes Bedeutung. Wird ein Mitglied aus dem Verein ausgeschlossen, so ist das Seite 9 erwähnte Schreiben an das ausgeschlossene Mitglied in Abschrift bei den Akten zu behalten. Außerdem ist eine Abschrift des Beschlusses über die Ausschließung nach dem Protokollbuch mit folgendem Anschreiben an das Gericht zu senden:

(Formular 43.) *Kirchberg, den 7. November 1894.*

An

das . . . . gericht

zu . . . .

Anliegend beehren wir uns Abschrift des Beschlusses über den Ausschluß des unter Nro. . . . in die Liste der Genossen eingetragenen (Name, Beruf, Wohnort des Ausgeschlossenen) zur Liste der Genossen einzureichen, indem wir zugleich bemerken, daß dem ausgeschlossenen Genossen der betreffende Beschluß mittelst eingeschriebenen Briefes sofort mitgetheilt worden ist. Wir bitten, von der Eintragung des betreffenden Vermerkes den Genossen und uns zu benachrichtigen.

Kirchberger Spar= und Darlehnskassen=Verein,
eingetragene Genossenschaft mit unbeschränkter Haftpflicht.

(Folgen Unterschriften von so vielen Vorstandsmitgliedern, als statutenmäßig zur gültigen Zeichnung erforderlich sind. Beglaubigung der Unterschriften ist nicht erforderlich.)

6. Ueber das **Ausscheiden von Genossen durch den Tod** handelt der § 75 des Genossenschaftsgesetzes. Hat der Verein ein Mitglied durch den Tod verloren, so hat der Vorstand unverzüglich entweder die in irgend einer

Zeitung veröffentlichte Todesanzeige oder die von den Hinterbliebenen dem Verein erstattete Anzeige dem Gerichte einzusenden, oder, falls der Vorstand nicht im Besitze der einen oder anderen Anzeige ist, dem Gerichte nur die Erklärung abzugeben, daß der Todesfall eingetreten ist. Für die Anmeldung des Todes eines Mitgliedes beim Gerichte kann folgende Form in Anwendung kommen:

(Formular 44.) *Kirchberg,* den *10. November 1894.*

An

das . . . . gericht

zu . . . .

Hierdurch erlauben wir uns die Anzeige von dem Tode des unter Nro. . . der Liste der Genossen eingetragenen (Name, Beruf, Wohnort des Verstorbenen) zur Liste der Genossen einzureichen, indem wir die Erklärung abgeben, daß der Tod am (Tag und Datum) eingetreten ist. Wir bitten daher um Löschung in der Liste der Genossen. Als Erbe des Verstorbenen ist (Name, Stand und Wohnort des Erben) anzusehen.

Kirchberger Spar- und Darlehnskassen-Verein,
eingetragene Genossenschaft mit unbeschränkter Haftpflicht.

(Folgen Unterschriften von so vielen Vorstandsmitgliedern, als statutenmäßig zur gültigen Zeichnung erforderlich sind. Beglaubigung der Unterschriften ist nicht erforderlich).

7. Gemäß den §§ 28 und 29 des Genossenschaftsgesetzes ist **jede Aenderung in der Zusammensetzung des Vorstandes** durch Neuwahl und Ersatzwahl, sowie auch jede **Wiederwahl von Vorstandsmitgliedern** zur Eintragung ins Genossenschaftsregister beim Gerichte anzumelden, mag es sich nun um den statutenmäßigen Ablauf der Wahlperiode handeln oder darum, daß ein Vorstandsmitglied in Folge von Tod oder Austritt aus der Genossenschaft oder aus einem anderen Grunde aus dem Vorstande ausgeschieden ist. Diese Anmeldung erfolgt in der Weise, daß zuerst eine genaue Abschrift des Wahlprotokolls (Auszug aus dem Protokoll der Generalversammlung, in welcher die Wahlen vorgenommen wurden) angefertigt wird. Diese Abschrift ist sodann dem Gerichte mit folgendem Begleitschreiben einzusenden:

Formular 45 *Kirchberg,* den *12. November 1894.*

An

das . . . . gericht

zu . . . .

Gemäß § 28 des Genossenschaftsgesetzes beehren wir uns ergebenst anzuzeigen, daß laut beifolgendem Auszug aus dem Generalversammlungs-Protokoll vom *13. Oktober 1894.*

1 . . . .   zu . . . .
als . . . . Stelle
. . . . zu . . .
2. . . . . zu . . . .
als . . . . an Stelle
. . - . . . . zu . . .
3. . . . . zu . . .
als . . . . an Stelle . . . .
. . . . zu . . .
4. . . . . zu . . .
als . . . . an Stelle . .
. . . . zu . . . ,
5. . . . . zu . . .
als , ... an Stelle . . . .
. . . . zu . . .
gewählt bezw. wiedergewählt wurde . . .

Die neugewählten Vorstandsmitglieder zeichnen für die Genossenschaft wie folgt:

1. . . . . *)
2. . . . .
3. . . . .
4. . . . .
5. . . . .

Kirchberger Spar- und Darlehnskassen-Verein,
eingetragene Genossenschaft mit unbeschränkter Haftpflicht.
(Folgen Unterschriften **aller** Vorstandsmitglieder.)
Die Richtigkeit vorstehender Unterschriften beglaubigt
Kirchberg, den *13. November* 1894.
(Folgt zur Beglaubigung Unterschrift der Polizeibehörde oder des Gemeindevorstehers.**)

Von diesem Schreiben ist eine Abschrift anzufertigen und zugleich mit der
Benachrichtigung des Gerichtes über die erfolgte Eintragung bei den Akten
der Genossenschaft aufzubewahren. Auch hat der Vorstand darauf zu achten,
daß die Veröffentlichung der Neuwahl durch die dafür durch das Statut festgesetzte Zeitung geschieht, und es empfiehlt sich, die betreffende Bekanntmachung
ebenfalls bei den Vereinsakten aufzubewahren. Bei Wiederwahl von Vorstandsmitgliedern u n t e r b l e i b t die V e r ö f f e n t l i c h u n g der Eintragung.

8. Nach § 31 des Genossenschaftsgesetzes muß b i n n e n s e c h s M o n a t e n
nach Ablauf jedes Geschäftsjahres die **Bilanz** desselben, **die Zahl** der im
Laufe des Jahres **eingetretenen** oder **ausgeschiedenen,** sowie **die Zahl
der am Jahresschlusse der Genossenschaft angehörigen Genossen** veröffentlicht werden. Diese Veröffentlichung hat zu erfolgen in dem durch das
Statut bestimmten Blatte bezw. den Blättern. Es kann dazu folgendes Muster
benutzt werden:

---

*) Hier zeichnen die Neugewählten.
**) In Preußen ist die Beglaubigung mit einem Stempel von 1,50 Mark zu versehen.

Bilanz des *Kirchberger* Spar- und Darlehnskassen-Vereins, e. G. m. u. H.

Attiva	Mt. *20919,25*	Mitgliederzahl	Ende 1892	*33*
Passiva	„ *20492,40*	Zugang	pro 1893	*3*
Gewinn(Verlust) pro 1893 Mt.	*426,—*	Abgang	pro 1893	*1*

Der Stiftungsfonds beträgt Mark *468,57*   Mithin Mitgliederzahl Ende 1893   *35*
Der Reservefonds „ „ *33,47*

Kirchberger Spar- und Darlehnskassen-Verein,
eingetragene Genossenschaft mit unbeschränkter Haftpflicht.

(Folgen Unterschriften von so vielen Vorstandsmitgliedern, als statutenmäßig zur gültigen Zeichnung erforderlich sind.*)

Von dem Blatte oder den Blättern, in welchen diese Bilanz veröffentlicht ist, hat der Vorstand je zwei Stück sich zu beschaffen. Von diesen ist das eine bei den Akten der Genossenschaft aufzubewahren, das andere aber an das Gericht mit einem Begleitschreiben nach folgendem Wortlaut einzusenden:

Formular 46.)   *Kirchberg,* den *4. März* 1894.

An

Das . . . . gericht

in . . . .

In der Anlage beehren wir uns, auf Grund des § 31 des Genossenschaftsgesetzes, die Bekanntmachung der Bilanz pro 189 . . . zu dem Genossenschaftsregister einzureichen.

Kirchberger Spar- und Darlehnskassen-Verein,
eingetragene Genossenschaft mit unbeschränkter Haftpflicht.

(Folgen Unterschriften von so vielen Vorstandsmitgliedern, als statutenmäßig zur gültigen Zeichnung erforderlich sind. Beglaubigung der Unterschriften ist nicht erforderlich.)

Von diesem Schreiben ist auch eine Abschrift bei den Vereinsakten aufzubewahren.

9. Nach den §§ 51 und 61 des Genossenschaftsgesetzes hat der Vorstand in jedem **z w e i t e n** J a h r e dem Gerichte **die Bescheinigung** eines der Genossenschaft nicht angehörigen **sachverständigen Revisors** darüber einzureichen, daß die Geschäfts- und Buchführung des Vereins revidirt worden ist. Bei den Vereinen, welche sich dem „General-Anwaltschaftsverbande ländlicher Genossenschaften für Deutschland" angeschlossen haben, wird die Revision durch die Verbandsrevisoren ausgeübt. Die Bescheinigung des Revisors ist dem Gericht mit etwa folgendem Begleitschreiben einzusenden:

(Formular 47.)   *Kirchberg,* den *18. August* 1895.

An

Das . . . . gericht

zu . . . .

Wir beehren uns, hierbei Bescheinigung über die nach § 61 des Genossenschaftsgesetzes vorgeschriebene Revision, welche seitens des General-

---

* Für Bayern sind zur gültigen Zeichnung **3** Unterschriften nothwendig.

Anwaltschaftsverbandes ländlicher Genossenschaften für Deutschland statt gefunden hat, ergebenst einzureichen.

Kirchberger Spar- und Darlehnskassen Verein,
eingetragene Genossenschaft mit unbeschränkter Haftpflicht.

(Folgen Unterschriften von so vielen Vorstandsmitgliedern, als statutenmäßig zur gültigen Zeichnung erforderlich sind. Beglaubigung der Unterschriften ist nicht erforderlich.)

10. Nach § 16 des Genossenschaftsgesetzes muß **jede Aenderung des Statuts,** welche in ordnungsmäßiger Weise von der Generalversammlung beschlossen ist, beim Gerichte angemeldet werden. Zu dem Ende sind z w e i Abschriften der betreffenden Stelle des Generalversammlungsprotokolles (passus concernens) anzufertigen und b e i d e mit einem Begleitschreiben in nachstehender Form dem Gerichte einzusenden:

(Formular 48.) *Kirchberg,* den *16. September* 1894.

An

das . . . . gericht

zu . . . .

Hiermit beehren wir uns, den Beschluß der Generalversammlung vom (Datum), betreffend Abänderung des Statuts unter Beifügung zweier Abschriften dieses Beschlusses behufs Eintragung in das Genossenschaftsregister anzumelden.

Kirchberger Spar- und Darlehnskassen-Verein,
eingetragene Genossenschaft mit unbeschränkter Haftpflicht.

(Folgt Unterschrift s ä m m t l i c h e r Vorstandsmitglieder.)
Die Richtigkeit vorstehender Unterschriften wird beglaubigt.
(Ort und Datum).
(Folgt Unterschrift der Polizeibehörde oder des Gemeindevorstehers.*)

Von diesem Schreiben ist ebenfalls eine Abschrift bei den Akten zurückzu behalten. Von dem Gerichte erhält der Vorstand eine Benachrichtigung über die erfolgte Eintragung, sowie das eine Exemplar der eingesandten Abschriften des Generalversammlungsprotokolles zurück. Der Vorstand hat darauf zu achten, daß die zurückgesandte Abschrift des Beschlusses vom Gericht beglaubigt und mit einer Bescheinigung über die erfolgte Eintragung versehen ist. Fehlt das eine oder andere, so ist die Abschrift dem Gerichte mit einem neuen Begleitschreiben in folgender Fassung zurückzureichen:

Kirchberg, den *27. September* 1894.

An

das . . . . gericht

zu . . . .

Die übersandte Abschrift des Beschlusses über Abänderung des Statuts erlauben wir uns mit dem ergebenen Ersuchen zurückzureichen,

---

*) In Preußen ist die Beglaubigung mit Stempel von 1,50 Mark zu versehen.

daſſelbe gemäß § 11 des Genoſſenſchaftsgeſetzes beglaubigt und mit einer Beſcheinigung über die erfolgte Eintragung verſehen, uns wieder zurück ſenden zu wollen.

Kirchberger Spar= und Darlehnskaſſen Verein,
eingetragene Genoſſenſchaft mit unbeſchränkter Haftpflicht.

(Folgen Unterſchriften von ſo vielen Vorſtandsmitgliedern, als zur gültigen Zeichnung ſtatutenmäßig erforderlich ſind.

Die vom Gericht beglaubigte Abſchrift des Beſchluſſes, ſowie die Benach richtigung über die erfolgte Eintragung ſind vom Vorſtande bei den Vereins akten aufzubewahren. Der Vorſtand hat auch darüber zu wachen, daß, wenn die Aenderung des Statuts einen der im § 12 des Genoſſenſchaftsgeſetzes bezeichneten Punkte betrifft, eine Veröffentlichung durch das Gericht in der Preſſe erfolgt und hat eine Zeitung, welche die Veröffentlichung enthält, bei den Akten zu bewahren.

11. Sollte einmal nach § 49 des Genoſſenſchaftsgeſetzes ein **Beſchluß der Generalverſammlung** als geſetzlich oder ſtatutariſch ungültig **im Wege der Klage angefochten** werden, ſo iſt die Erhebung der Klage, ſowie der Termin zur mündlichen Verhandlung ohne Verzug vom Vorſtande in dem für die Bekannt machungen der Genoſſenſchaft beſtimmten Blatt zu veröffentlichen. Wenn durch ein rechtskräftiges Urtheil ein Beſchluß, welcher in das Genoſſenſchaftsregiſter eingetragen war, für ungültig erklärt iſt, ſo iſt das betreffende Urtheil dem Gerichte behufs Eintragung in das Genoſſenſchaftsregiſter vom Vorſtande ein zureichen.

Für Zuwiderhandlungen gegen vorſtehende Beſtimmungen oder Unter laſſungen der durch dieſelben auferlegten Pflichten werden durchweg nach § 152 des Genoſſenſchaftsgeſetzes die Mitglieder des Vorſtandes mit Ordnungsſtrafen von 20 bis 600 Mark belegt.

II. Beſondere Obliegenheiten des Vereinsvorſtehers.

Der Vereinsvorſteher hat darüber zu wachen, daß der Vorſtand alle Pflichten, welche vorſtehend unter den Obliegenheiten des Geſammtvorſtandes aufgeführt ſind, ordnungsmäßig erfüllt. Insbeſondere hat der Vereinsvorſteher dafür Sorge zu tragen, daß

1. die Anmeldungen über Beitritt, Aufkündigung, Verlegung des Wohn ſitzes, Ausſchließung und Tod von Mitgliedern rechtzeitig bei dem Gericht erfolgen;

2. ein Verzeichniß der Genoſſen geführt und daſſelbe mit der Liſte des Gerichtes in Uebereinſtimmung gehalten wird;

3. eine die Einnahmen und Ausgaben des Vereins enthaltende Aufſtellung (Jahresrechnung) und eine den Gewinn und Verluſt enthaltende Berechnung (Bilanz) von dem Rechner bis ſpäteſtens den 10. April abgeliefert, bis zum 20. April vom Vorſtande geprüft und an den Vorſitzenden des Aufſichtsrathes zur endgültigen Feſtſtellung abgegeben, ſowie endlich mindeſtens eine Woche vor der Frühjahrs Generalverſammlung in dem Geſchäftslokale der Genoſſen-

ſchaft oder an einer anderen durch den Vorſtand bekannt zu machenden, geeigneten Stelle zur Einſicht der Genoſſen ausgelegt oder ſonſt denſelben zur Kenntniß gebracht, ſowie auch Abſchrift der Rechnung und Bilanz der General Anwaltſchaft ländlicher Genoſſenſchaften für Deutſchland in Neuwied ein gereicht wird;

4. die Bilanz des verfloſſenen Geſchäftsjahres, die Zahl der ſeit der vorig jährigen Bekanntmachung aufgenommenen oder ausgeſchiedenen ſowie die Zahl der zur Zeit dem Vereine angehörigen Mitglieder ſpäteſtens innerhalb der erſten ſechs Monate jeden Jahres nach Vorſchrift des Statuts veröffentlicht wird;

5. mindeſtens in jedem zweiten Jahre eine Reviſionsbeſcheinigung dem Gerichte eingeſandt, und der Bericht über die Reviſion bei der Berufung der nächſten Generalverſammlung als Gegenſtand der Verhandlung angekündigt wird;

6. jede Aenderung in der Zuſammenſetzung des Vorſtandes ſowie jede Wiederwahl oder eine Beendigung der Vollmacht von Mitgliedern deſſelben ohne Verzug zur Eintragung in das Genoſſenſchaftsregiſter angemeldet wird;

7. über jede Statuten-Abänderung zweifache Abſchrift des Generalverſammlungsbeſchluſſes angefertigt und die Anmeldung bei dem Genoſſenſchaftsregiſter unter Vorlage dieſer Abſchriften bewirkt wird.

Weiter hat der Vereinsvorſteher:

8. die Vereinscorreſpondenzen, ſoweit es ſich nicht um einzugehende Verbindlichkeiten für den Verein handelt, zu unterzeichnen und das Vereinsſiegel aufzubewahren;

9. ſich mit dem Kaſſen= und Rechnungsweſen, wie es nachſtehend unter B in der Anleitung zur „Beſorgung der Vereinsgeſchäfte durch den Rechner" dargeſtellt iſt, vertraut zu machen und das ganze Kaſſen= und Rechnungsweſen zu beaufſichtigen, beſonders am 1. jeden Monats und ſo oft er es für nöthig hält, die Vereinskaſſe zu revidiren und in der nächſten Vorſtandsſitzung über die ſtattgehabte Reviſion Mittheilung zu machen. Es iſt hierbei beſonders darauf zu achten, daß die Eintragungen des Journals mit den Beſchlüſſen des Vorſtandes und der Einnahmecontrolle (Formular 2) übereinſtimmen. Weiter iſt bei den Reviſionen vom letzten Abſchluſſe ab zu prüfen, ob die Eintragungen in die Spalten ſowie die von dem Rechner zu bewirkenden Summirungen im Journal richtig erfolgt ſind. Erſt wenn dies feſtgeſtellt iſt und nöthigenfalls in den erwähnten Beziehungen Berichtigung ſtattgefunden hat, iſt abzuſchließen. Auch iſt der Sollbeſtand mit dem wirklichen Kaſſenvorrath zu vergleichen und der Befund niederzuſchreiben;

10. in den regelmäßigen Frühjahrs Generalverſammlungen einen überſichtlichen Bericht über den Stand der Vereinsangelegenheiten zu erſtatten;

11. zu den Sitzungen des Vorſtandes und der Generalverſammlung die Einladungen zu erlaſſen;

12. in den Sitzungen des Vorſtandes und der Generalverſammlung den Vorſitz zu führen, ſowie die Protokollführer und Stimmzähler zu ernennen;

13. über alle Beschlüsse, welche in den regelmäßigen und außerordentlichen Vorstandssitzungen gefaßt werden, Protokolle in das Protokollbuch eintragen und unterzeichnen zu lassen nach dem Muster des nachstehenden Entwurfes.*)

. . . . den 189

In der heutigen (regelmäßigen oder auf vorschriftsmäßige Einladung stattgehabten außerordentlichen) Sitzung wurde beschlossen, und zwar bezüglich:

I. der Mitgliedschaft:

a) folgende Personen als Mitglieder aufzunehmen:
(folgen unter 1, 2 u. s. w. die Vor- und Zunamen, sowie der Stand und Wohnort der aufgenommenen Mitglieder),

b) von der Mitgliedschaft zu entbinden:
(folgen der Reihe nach, wie zuvor angegeben, unter 1, 2 u. s. w. die etwa ausgeschlossenen oder ausgetretenen Personen, mit Angabe der Gründe der Ausschließung),

c) die beantragte Aufnahme abzulehnen: (folgen Namen der abgewiesenen Aufnahmesucher).

II. der Anlehn, und zwar:

a) von den bei der Central Darlehnskasse befindlichen Depositen zurückzuziehen . . . . . . Mark. (Quittung vom (Datum),

b) von der Central-Darlehnskasse als Anlehn zu beziehen . . . . Mark (Quittung vom (Datum).

III. der Darlehn, und zwar:

a) der neuen Bewilligungen:
1) K. A. in M. unter Bürgschaft des N. C in M.   Mark auf . . . Jahre zum Ankauf einer Kuh.
(folgen die übrigen Eintragungen, jedesmal unter genauer Bezeichnung des Vor- und Zunamens, des Wohnorts, des Betrages, der Zeitdauer, der Sicherstellung und des Zweckes, wofür das Geld bewilligt worden ist.)

b) der Verlängerung von Darlehn auf kürzere Fristen:
1) das G. H. in J. auf . . . Monate bewilligte Darlehn wird auf . Monate verlängert:
(folgen die etwaigen sonstigen Verlängerungen unter fortlaufender Nummer in gleicher Weise);

c) der Mahnungen:
1) Der Rechner ist angewiesen, H. M. in M. auf Grund der Restantenliste nachdrücklichst zu mahnen.

*) Das eigentliche Protokoll wird auf die rechte Seite des gebrochenen Blattes geschrieben; auf der linken Seite werden sowohl die Namen der anwesenden als diejenigen der fehlenden Vorstandsmitglieder aufgeführt. Bei letzteren muß außerdem der Grund der Abwesenheit angegeben werden. Die Beschlüsse des Vorstandes sind nur gültig, wenn sie in gemeinschaftlicher Sitzung von einer beschlußfähigen Anzahl von Vorstandsmitgliedern in vorschriftsmäßiger Weise gefaßt und unterzeichnet worden sind. Beschlüsse, welche durch gelegentliche Besprechung oder durch Cirkulare oder auf andere Weise zu Stande gekommen sind, haben keine Gültigkeit, und die Vorstandsmitglieder, welche solche Beschlüsse ausführen, sind für alle dem Verein daraus erwachsenden Nachtheile verantwortlich. Sind Vorstandsmitglieder mit einzelnen Beschlüssen nicht einverstanden, so haben sie das Recht, ihre Einwendungen in das betreffende Protokoll eintragen zu lassen.

IV. der Eröffnung von laufenden Rechnungen:

a) der Firma . . . . einen Credit von . . . . Mark gegen Hinterlegung von Werthpapieren (Hypothek) zu eröffnen.

(folgen weitere Bewilligungen von laufenden Rechnungen.)

V. der gemeinschaftlichen Bezüge von landwirthschaftlichen Verbrauchsgegenständen:

a) bei der General Anwaltschaft ländlicher Genossenschaften in Neuwied . . . . . Centner Thomasmehl zu bestellen.

VI. des Absatzes von Wirthschaftserzeugnissen:

a) an den . . . . Spar= und Darlehnskassen Verein . . . . . Centner Saathafer zu verkaufen.

VII. der Beschaffung von Geräthen auf gemeinschaftliche Rechnung:

a) gemäß Generalversammlungsbeschluß vom . . . . eine Saatreinigungsmaschine durch die Centralstelle in Neuwied zu beziehen.

VIII. der Kosten für Verwaltung:

a) für Bücher und Druckformulare an die Firma Raiffeisen u. Conf. laut Rechnung vom (Datum) . . . . . Mark zu zahlen.

IX. der Kassenrevisionen:

Von dem Vorsteher wird das Kassen Revisions=Ergebniß vom 1. ds. Mts. vorgetragen, wogegen sich nichts zu erinnern ergab.

(Folgen die übrigen Eintragungen in ähnlicher Weise.)

Vorgelesen, genehmigt, unterschrieben.

(Folgen die Unterschriften der Vorstandsmitglieder.)

Zum Schlusse sei an dieser Stelle noch darauf hingewiesen, daß sich der Vereinsvorsteher besonders auch die Pflege der Generalversammlungen unter Beachtung des später unter D) Gesagten angelegen sein lassen soll, da die Versammlungen, in richtiger Weise abgehalten, mannigfachen Segen zu stiften im Stande sind.

B. Die Besorgung der Vereinsgeschäfte durch den Rechner.

I. Allgemeine Obliegenheiten.

Der Rechner kann statutarisch nicht Mitglied des Vorstandes sein und somit an der Vertretung des Vereins im Sinne des Gesetzes keinen Theil nehmen. Der Grund liegt darin, daß die Leitung der Vereinsangelegenheiten durch den Vorstand unentgeltlich stattfinden soll. Will man an diesem Grundsatze aber festhalten, dann muß dem Vorstande eine Persönlichkeit zur Seite stehen, welche die Arbeiten besorgt und dafür eine Vergütung erhält. Diese Persönlichkeit ist der Rechner. Wenn letzterer aber auch nicht zum Vorstande gehört, so ist er doch verpflichtet, das Vereinsinteresse zu wahren, sich namentlich um die Erlangung von Spareinlagen zu möglichst billigem Zinsfuße und mit langen Kündigungsfristen zu bemühen und bei der Bewilligung von Darlehn (auch in laufender Rechnung), Uebernahme von Versteigerungsprotokollen und Abgabe von Consumartikeln mit darauf zu halten, daß nur gegen ausreichende Sicherheit und im Sinne der Statuten sowie der Geschäftsanweisung gehandelt und überhaupt jeder Vortheil des Vereins wahrgenommen wird. In allen von dem

Verein auszustellenden Quittungsbüchern, Sparkassenbüchern und anderen Schuld urkunden hat außer der erforderlichen Zahl von Vorstandsmitgliedern der Rechner den Empfang zu bescheinigen, aber stets seiner Namensunterschrift den Zusatz „Rechner" beizufügen. Soweit nicht anders bestimmt ist, hat der Rechner zu allen Handlungen die Zustimmung bezw. den Beschluß des Vorstandes einzu holen. Etwa von ihm ausgestellte Interimsquittungen sind spätestens innerhalb vier Wochen durch vorschriftsmäßige Quittung des Vereinsvorstandes einzuwechseln. Bei Annahme von Geldsendungen sowie bei dem Absenden von Geldern durch die Post empfiehlt es sich im eigenen Interesse des Rechners, bei dem Zählen der Gelder und dem Oeffnen bezw. Schließen der Umhüllungen einen Zeugen zur Feststellung der Richtigkeit der Summen zuzuziehen.

Insbesondere erstreckt sich die Thätigkeit des Rechners auf folgende Punkte. Derselbe hat

1. Die Vereinnahmung und Verausgabung sämmtlicher Gelder für den Verein zu bewirken, wobei der Rechner vorläufig für seine Person Quittung, sog. Interimsquittung, auszustellen und sodann dafür zu sorgen hat, daß dem nächst die Quittungsbüchelchen der Einzahler vorschriftsmäßig ausgefüllt, vom Vorstande unterzeichnet und mittels derselben die Interimsquittungen später eingelöst werden.

2. die Eintragungen der Einnahmen und Ausgaben von Geldern sofort, nachdem solche gemacht sind, in das Journal und die Contobücher zu besorgen.

3. die Anhäufung des Baarbestandes in der Kasse dem Vorstande recht zeitig anzuzeigen, damit derselbe für die geeignete Anlage der Gelder Sorge tragen kann,

4. die mit den Bezügen von Verbrauchsgegenständen und dem Vertrieb der Wirthschaftserzeugnisse verbundenen schriftlichen Arbeiten zu besorgen,

5. die monatlichen Abschlüsse sowie den Jahresabschluß rechtzeitig zu machen,

6. die Rechnung und Bilanz nebst den zugehörigen Belägen aufzustellen und dem Vorstande bis spätestens zum 10. April einzureichen.

7. alle schriftlichen Arbeiten, welche mit der Geschäftsführung des Vereins verbunden sind, nach Anordnung des Vereinsvorstehers auszuführen, also außer dem Amte eines Kassenverwalters auch dasjenige eines Schriftführers und Aktenbewahrers zu versehen.

In letzterer Eigenschaft ist der Rechner verpflichtet, die sämmtlichen Ver einsakten übersichtlich zu ordnen und zu diesem Zwecke sich Hefte in Akten deckel anzulegen, welche wie folgt überschrieben sind:

a) Akten betr. Verkehr mit der General-Anwaltschaft.

b) „ „ Verkehr mit der „Landwirthschaftlichen Central-Darlehns kasse für Deutschland."

c) „ „ die gewöhnlichen und außergewöhnlichen Kassenrevisionen sowie die Protokolle darüber.

d) „ „ Schriftwechsel mit Behörden.

e) Akten betr. aufzunehmende und zurückzuerstattende Anlehn (Spareinlagen).

f) „ „ Ankauf von Consumartikeln.

g) „ „ Vertrieb von Wirthschaftserzeugnissen.

h) „ „ Schriftwechsel über Darlehn, Uebernahme von Protokollen
zurückzuerstattende Gerichtskosten, sowie Beschwerden wegen
verweigerter Darlehn.

i) „ „ allgemeine Vereinsangelegenheiten.

k) „ „ Werthpapiere, Schuldscheine, Cessionen, Hypotheken ꝛc.

Für eine pünktliche Geschäfts- und Buchführung sowie die Aufbewahrung
der Kassenbestände, Werthpapiere, Bücher ꝛc. ist der Rechner dem Verein gegen
über nach Maßgabe der Statuten und dieser Anleitung verantwortlich und hat
nach Vereinbarung durch Bürgschaft oder in baarem Gelde, durch Hypothek oder
Hinterlegung von Werthpapieren Garantie zu leisten.

II. Die Führung der Bücher und Formulare für den laufenden Geschäftsbetrieb.

Wenn in jedem Geschäfte, ja sogar in jedem geregelten Hauswesen eine
einfache, klare und übersichtliche Buchführung nöthig ist, um sich, und, wo fremdes
Vermögen in Betracht kommt, auch Anderen jederzeit Rechenschaft über den
Geschäftsstand geben zu können, so ist dies in noch viel höherem Maße bei
einem Vereine, für dessen Verbindlichkeit sämmtliche Mitglieder mit ihrem
ganzen Vermögen haften, der Fall.

Wegen der häufig stattfindenden Revisionen bei den Spar- und Darlehnskassen-Vereinen muß die Buchführung derselben so eingerichtet sein, daß sie
einerseits eine Controle in sich selbst trägt, andererseits rasch und sicher eine
Uebersicht über den gesammten Vermögensstand darbietet. Damit besonders
die von der General-Anwaltschaft angestellten Revisoren im Interesse der Vereine selbst in möglichster Kürze und mit vollkommener Sicherheit die Geschäfts-
lage festzustellen im Stande sind, ist eine Einheit und genaue Uebereinstimmung
der Buchführung aller Spar- und Darlehnskassen-Vereine nicht allein wünschens-
werth, sondern sogar dringend nothwendig. Wenn jeder Verein nach Lust und
Belieben seine Einrichtung treffen wollte, wobei leicht, wie es schon öfters vor-
gekommen ist, aus Unkenntniß gegen alle Regeln einer guten Buchführung
gehandelt werden kann, so würde eine grenzenlose Verwirrung eintreten, und
es würden die Revisionen ganz außerordentlich erschwert, ja sie könnten sogar
bisweilen nur dadurch möglich gemacht werden, daß auf Grund der vorhandenen
Notizen zum großen Nachtheile der Vereine neue Bücher angefertigt würden.
Es ist deshalb daran festzuhalten, daß sämmtliche dem General-Anwaltschaftsverbande ländlicher Genossenschaften für Deutschland angeschlossenen Spar- und
Darlehnskassen-Vereine die nachstehende Buchführung ihrer Geschäftsführung zu
Grunde legen.

Zweck einer jeden Buchführung ist Vermittelung einer Uebersicht über 1) Einnahmen, 2) Ausgaben, 3) Kassenbestand, 4) Forderungen, 5) Schulden, 6) Gewinn und 7) Verlust. Zur Erreichung dieser Zwecke sind im Wesentlichen drei Bücher nothwendig: das Tagebuch, das Kassenbuch und das Hauptbuch. Das Tagebuch oder Journal enthält die nähere Bezeichnung der Einnahmen und Ausgaben, das Kassenbuch muß den Kassenbestand jederzeit nachweisen, während die einzelnen Contos des Hauptbuches die Aufgabe haben, im einzelnen darzuthun, wie der Inhaber des Geschäftes bezüglich Schuld und Guthaben mit den Personen steht, mit denen er geschäftlich verkehrt. Die Feststellung des Gewinnes und Verlustes erfolgt durch Vergleichung der Aktiva (Guthaben) mit den Passiva (Schulden) in der Vermögensaufstellung oder Bilanz. Zum regelrechten Geschäftsbetrieb ist außerdem noch eine Reihe von Hülfsformularen, wie Quittungen, Schuldscheine u. s. w. erforderlich.

Nachstehend sind die einzelnen Bücher und Formulare und ihr Gebrauch in der Reihenfolge aufgeführt, wie sie bei den einzelnen Geschäftszweigen in Betracht kommen und zur Benutzung gelangen.

I. Die Führung des Journals. (Formular 1.)

Das als Formular 1 aufgeführte Journal besitzt alle Erfordernisse des kaufmännischen Journals. Da es sich bei den Vereinen lediglich um den Geldverkehr handelt, so können die Einnahmen und Ausgaben in verschiedene Abtheilungen geordnet und demgemäß durch entsprechende Ueberschriften nach ihrer Art bezeichnet werden. Gewinn oder Verlust ergeben sich durch Vergleichung der Spalten „Sonstige Einnahmen" mit „Sonstigen Ausgaben" unter Anrechnung der Reste, welche betreffs der in diese Spalten gehörigen Einnahmen und Ausgaben noch bestehen. Die Spalte „Summa," in Einnahme und Ausgabe mit einander verglichen, weist jederzeit den Kassenbestand nach und ersetzt das Kassenbuch. Die übrigen Abtheilungen ersetzen das Kapitalcontobuch der sog. doppelten Buchführung. Die in den letztgenannten Spalten verrechneten Gelder sind sämmtlich zurückzuerstatten und kann daran also nichts gewonnen oder verloren werden Bezüglich der Eintragungen in die einzelnen Spalten des Journals ist zu bemerken:

a) Laufende Nummer, Datum der Zahlung, Namen, Wohnort und Seite des Contobuches bezw. Abrechnungsbuches beziehen sich sowohl auf die Einnahmen wie auch auf die Ausgaben. Die laufende Nummer beginnt in jedem Jahre mit Nro. 1. In die Spalte „Seite des Contobuches" wird die Seitenzahl des Contobuches eingesetzt, in welches der betreffende Posten übertragen wurde und bezieht sich die Angabe einmal auf das Contobuch der Geschäftsantheile, das andere Mal auf das Contobuch der Anlehn u. s. w., je nachdem es sich um diese oder jene handelt.

b) **Geschäftsantheile.** In diese Spalte werden als Einnahme die von den Mitgliedern eingezahlten, und in Ausgabe die an die Mitglieder zurückgezahlten Geschäftsantheile gebucht.

c) **Anlehn.** Hierunter werden in Einnahme die direkten Anlehn und Sparkassengelder gebucht, unter Ausgabe die Beträge, welche darauf an die Einleger zurückgezahlt worden sind.

d) **Darlehn.** Diese Spalte enthält unter Ausgabe alle Darlehn an die Mitglieder, die Beträge für übernommene Versteigerungs Proto kolle (Güterzieler, Kaufschillinge) und die Gerichtskosten, welche der Verein für eingeklagte Schuldner gezahlt hat und welche von diesen zu ersetzen sind, sowie unter Einnahme die Beträge, welche darauf zurückbezahlt werden.

e) **Laufende Rechnung.** Unter Einnahme werden hier gebucht die Kapital-Beträge, welche von der Landwirthschaftlichen Central Darlehnskasse (wenn der Verein bei derselben Mitglied ist) oder von Mitgliedern, welchen der Verein ein laufendes Rechnungs Conto eröffnet hat, eingezahlt werden, sowie der Erlös der verkauften Im mobilien und Mobilien. Unter Ausgabe werden verzeichnet: der eingezahlte Betrag auf die gezeichnete Aktie bei der Landwirthschaft Central-Darlehnskasse, weiter an die Inhaber laufender Rechnung in Form von Rückzahlungen auf Depositen oder als Vorschüsse be zahlte Beträge, sowie ferner der Kaufpreis von Mobilien und Immobilien.

f) **Consumbezüge.** In Ausgabe kommen hier die für den Ankauf von Wirthschaftsgegenständen als Dünge- und Futtermittel, Sämereien, Kohlen rc. gezahlten Beträge einschließlich der durch den Bezug ent stehenden Unkosten und in Einnahme die darauf entrichteten Summen. Sind die Consumbezüge in einem Verein sehr ausge dehnt, so empfiehlt es sich, ein Nebenjournal für dieselben anzulegen, aus welchem die Summe der Einnahme und Ausgabe monatlich in die betreffenden Spalten des Hauptjournals zu übertragen ist.

g) **Vertrieb von Wirthschaftserzeugnissen.** Hier werden in Einnahme die aus dem Verkaufe im Ganzen erzielten Beträge und in Ausgabe die den liefernden Mitgliedern zukommenden und ausgezahlten Beträge einschließlich der durch den Verkauf entstehenden Unkosten gebucht.

h) **Sonstige Einnahmen und sonstige Ausgaben und zwar:**
   1. **Zinsen.** In dieser Spalte findet unter Einnahme die Buchung der von den Schuldnern für Darlehn, Immobilar und Mobilar-Kaufgelder und für Vorschüsse in laufender Rech nung gezahlten Zinsen, der von der Central Darlehnskasse für die Aktien, sowie für Einzahlungen und Depositen gewährten

Dividende und Zinsen sowie der etwa zu vereinnahmenden
Pacht Zinsen und Zinsenvergütungen statt. Unter **Ausgabe**
kommen in diese Spalte die bezahlten Zinsen für Anlehn,
Spareinlagen und Depositen in laufender Rechnung, sowie
etwaige Zinserstattungen von Immobilar und Mobilar
Kaufgeldern ꝛc.

2. **Provision, für Verwaltung.** In die Spalte „Provision"
gehören unter **Einnahme:** Provision von Darlehn und aus
laufender Rechnung mit Mitgliedern, der Rabatt von über
nommenen Versteigerungsprotokollen (Kaufschillinge, Güterzieler),
die Beträge für Sparkassenbüchelchen, etwaige Geschenke, Ueber=
schüsse aus gemeinschaftlichen Bezügen und Verkauf von Wirth=
schaftserzeugnissen, Mehreinnahme beim Verkauf von Mobilien
oder Immobilien. Unter „Verwaltungskosten" kommen in
Ausgabe alle Kosten, welche durch das Genossenschaftsregister
verursacht werden, also für Eintragung des Vereins bei Gericht
und für Vorstandserneuerungen, Kosten der Bücher, Formulare,
Porto, Besoldung des Rechners, baare Auslagen der Vorstands=
und Aufsichtsraths-Mitglieder, überhaupt Verwaltungskosten
und etwaige als Ausfall zu verrechnende Verluste, Mindererlös
für Mobilien und Immobilien.

i) **Summa.** Hierunter wird auf jeder Linie die Gesammtsumme der
in den einzelnen Spalten auf derselben angeführten Beträge einge
tragen, so daß das Gesammtresultat der Summaspalten unter „Ein
nahme" die Gesammteinnahme, unter „Ausgabe" die Gesammtaus
gabe und eine Vergleichung der beiden Gesammtsummen den
Kassenbestand ergibt.

k) **Bemerkungen.** In dieser Spalte können die etwa nöthigen
Erläuterungen zu den Einnahmen und Ausgaben Platz finden, bei
den Darlehn unter Anderem, auf welche Zeit dieselben bewilligt
worden sind, z. B. auf 3 Monate, 6 Monate, 1 Jahr, 5 Jahre ꝛc.

Am Schlusse jeden Monats sind sämmtliche Spalten des Journals auf
zurechnen. Hierbei müssen die Ergebnisse derselben in Einnahme und Ausgabe
mit Ausnahme der Summenspalten zusammengezählt (d. h. also die Quersumme)
genau soviel betragen als das Ergebniß der bezüglichen Summenspalten allein.
Jeder Monatssumme ist die Summe der vorhergehenden Monate zuzuzählen
und zwar in der Weise, daß die Monatssumme Januar der Monatssumme
Februar hinzugefügt wird. Die sich so ergebende Gesammtsumme ist der
Monatssumme März und die sich daraus wieder ergebende Gesammtsumme ist
der Monatssumme April zuzuzählen u. s. w.

Beim Jahresabschlusse wird zunächst so verfahren wie beim Monatsab
schlusse. Zuerst wird unter die letzte Eintragung des Monats Dezember ein

Tintenstrich gezogen und die einzelnen Spalten werden addirt, um so das Resultat des letzten Monates für sich zu ermitteln; diesem wird alsdann die Gesammtsumme der vorhergehenden Monate hinzugefügt, wodurch sich für jede einzelne Spalte die Summe des ganzen abgelaufenen Jahres ergibt. Alsdann werden die Resultate der „Ausgabe" unter diejenigen der „Einnahme" gebracht und ein Strich gezogen. Für jede einzelne Spalte wird unter diesem Strich der Unterschied festgestellt auf zwei übereinanderstehenden Linien, wovon die erstere mit „Bestände" und die letztere mit „Vorschüsse" bezeichnet wird. Unter jeder einzelnen Spalte wird auf der ersten Linie, also hinter „Bestände", der Ueberschuß der Einnahme über die Ausgabe, und in der zweiten Linie, also hinter „Vorschüsse", der Ueberschuß der Ausgabe über die Einnahme gesetzt. Die sich als Bestände ergebenden Summen werden addirt und wird auf der gleichen Linie unter „Summa" das Resultat hingeschrieben. Ein Gleiches ge schieht mit den „Vorschüssen". Die Richtigkeit wird dadurch festgestellt, daß die Summe der Bestände verglichen mit der Summe der Vorschüsse, genau dasselbe Resultat ergibt, wie der Unterschied der Gesammtausgabe ver glichen mit der Gesammteinnahme.

Die zum Schlusse des Jahres sich ergebenden Bestände und Vorschüsse werden in das nachfolgende Jahr mit übernommen, in der Weise, daß beim Monatsschlusse des Januar unter die Resultate dieses Monats die Bestände bezw. Vorschüsse aus dem Vorjahre gesetzt und mit addirt werden. Die hierbei sich ergebende Gesammtsumme wird beim Monatsabschlusse Februar unter das Ergebniß dieses Monats gesetzt und wiederum mit addirt. Bei allen späteren Monatsabschlüssen ist in gleicher Weise zu verfahren, d. h. es wird zu der Summe eines jeden Monats das Gesammtergebniß der früheren Monate addirt, so daß jeder Abschluß das Resultat des letzten Monats und weil die Endresultate aus dem Vorjahre mit hinübergezogen waren, das noch zu Recht bestehende Resultat aus der ganzen Vergangenheit des Vereins enthält, mag derselbe auch noch so lange bestehen. Für die im Laufe der ersten zwei Monate eines neuen Jahres erfolgenden Zahlungen von rückständigen Kapitalien und Zinsen, welche noch für das abgelaufene Rechnungsjahr gelten sollen, ist beim Jahreswechsel ein entsprechender Raum im Journal frei zu lassen, der voraussichtlich für die Nachtragungen genügen wird und hinter diesem freien Raum wird erst mit den Eintragungen des neuen Jahres unter laufender Nummer 1 begonnen. Die Buchung der Nachtragsposten erfolgt natürlich unter dem Datum der wirk lich erfolgten Zahlung.

2. Ausstellung der Quittungen. (Formular 2 und 3.)

1. Für die beim Verein eingehenden Gelder hat der Rechner nach Maß gabe des Quittungs- und Controllbuches (Formular 2), jedesmal dem Zahler eine Quittung auszustellen. Bei denjenigen Einnahmen, wo besondere Quittungs bücher (vergl. die Formulare 6, 10, 11, 16, 20) vorhanden sind, sind die nach For mular 2 ausgestellten Quittungen als Interimsquittungen anzusehen und bei

Aushändigung der durch den Vorstand unterzeichneten Quittungsbücher zurück=
zugeben. Dabei ist zu beachten, daß die an den Zahler zu verabfolgende
Quittung vom Rechner, und der bei dem Verein verbleibende Coupon (Ab=
schnitt) von dem Zahler zur Controlle zu unterzeichnen ist. Es ist strenge
darauf zu halten, daß alle Einnahmen durch das Quittungs= und Controll=
buch (Formular 2) zur Verrechnung gelangen, da auf diese Weise am sichersten
sowohl Versehen wie Veruntreuungen vorgebeugt werden kann. In allen Fällen,
wo Formular 2 zur endgültigen Quittung dient, wie z. B. bei Geschäfts=
antheilen, für deren Einzahlung keine besonderen Quittungsbücher bestehen, ist
zu beachten, daß außer dem Rechner auch vom Vorstande die Quittung
vollzogen werden muß. Für die Quittungsbücher nach Formular 6, 10, 11,
16 und 20 sind je 10 Pfennige von dem betreffenden Inhaber zu erheben,
welche im Journal als Provision vereinnahmt werden.

2. Alle zur Auszahlung kommenden Gelder sind, mit Ausnahme der
Darlehn und Kaufgelder, in eine Nachweisung nach Formular 3 aufzunehmen
und mit der Quittung des Geldempfängers versehen zu lassen. An Stelle
dieser Nachweisung in Form einer Liste kann auch ein Quittungsbuch benutzt
werden, indem für jede Auszahlung ein besonderes Formular ausgefüllt wird.
Bei Benutzung der Liste als Nachweisung sind Quittungen, welche besonders
ausgestellt sind, als Unterbeläge der Nachweisung beizufügen.

3. Die Contobücher. (Formular 4, 5, 7, 14, 18, 22).

Das kaufmännische Hauptbuch ist nachstehend in verschiedene den einzelnen
Colonnen des Journals entsprechende Contobücher getheilt. Dies ist nöthig,
einmal weil die einzelnen Contos für Gläubiger und Schuldner nicht überein=
stimmend hergerichtet werden können, dann aber auch, um die Letzteren in ihren
verschiedenen Beziehungen getrennt zu haben. Die einzelnen Contos der Haupt=
bücher haben, wie schon bemerkt, den Zweck, jederzeit darzuthun, wie der Verein
mit den Personen steht, mit welchen er geschäftlich verkehrt: ob er von denselben
zu fordern hat, oder ob er ihnen schuldet. Zu diesem Behufe ist ein sofortiges
Uebertragen der eingenommenen und ausgezahlten Beträge aus dem Journal
in die Hauptbücher erforderlich.

Um letzteres in richtiger Weise vornehmen zu können, ist es nothwendig,
sich die Bezeichnungen „Soll“ und „Haben“ klar zu machen. Diese Ausdrücke be=
ziehen sich stets auf die Namen, mit welchen das betreffende Conto überschrieben
ist. Deutlicher und in vollständigem Satze ausgedrückt würde es also heißen: N. N.
zu N. „soll zahlen“ und „hat gezahlt“. Der Sinn dieser Worte ist jedoch ein
doppelter, je nachdem der Conto Inhaber Schuldner oder Gläubiger des Vereins
ist. Im ersteren Falle werden nämlich unter „Soll“ die Beträge eingetragen,
welche der Contoinhaber schuldig ist, also zurückzahlen soll und unter „Haben“
was er zurückgezahlt hat. Im anderen Falle aber, wenn der Conto-Inhaber
(Gläubiger des Vereins ist, kommt unter „Haben“ die Summe, welche er beim

Vereine hinterlegt, also sein Guthaben, und unter „Soll" die Beträge, welche er von seinem Guthaben zurückzieht. Die Bezeichnung „Soll" und „Haben" auf beide Fälle angewendet, ergibt bei den Schuldnern des Vereins den richtigen Sinn der Worte, bei den Gläubigern aber nicht. Um denselben nicht zu verwechseln, ist es am besten, sich nicht an den Wortlaut zu kehren, sondern alle Gelder, welche die Vereinskasse einnimmt, auf die betreffen den Contos unter „Haben" und die ausgegebenen Beträge sämmtlich unter „Soll" einzutragen. Ist ein Conto voll, aber noch nicht erledigt, so wird zur weiteren Eintragung das dem benutzten nächst- folgende freie Conto genommen und gegenseitig auf die Nummer des anderen hingewiesen. Im Besonderen ist noch zu bemerken:

a) **Zum Contobuch der Geschäftsantheile** (Formular 4). Hier werden in den betr. Monatscolonnen die Einzahlungen auf den Geschäftsantheil in „Haben" und etwaige Rückzahlungen in „Soll" gebucht.

b) **Zum Contobuch der Anlehn** (Formular 5). In dieses Contobuch kommen die direkten Anlehn und Sparkassengelder.

Die Spareinleger erhalten in fortlaufender Nummer je ein Conto, auf welches die eingezahlten Beträge unter „Haben" und etwaige Rückzahlungen auf ihr Guthaben sowie die von ihnen erhobenen Zinsen unter „Soll" eingetragen werden. Abweichend von den Zins- berechnungen im Contobuch für laufende Rechnung und denjenigen für Darlehn, werden den Spareinlegern die Zinsen nur nach vollen Monaten und nicht vom Tage der Einlage ab berechnet. Die ein gelegte Summe fängt erst an Zinsen zu tragen mit dem ersten Tage des auf das Datum der Einlage folgenden Monats, und ebenso hört auch die Verzinsung eines zurückerhobenen Betrages auf mit dem ersten Tage desjenigen Monats, in welchem die Rückzahlung erfolgte. Die bis zum 31. Dezember eines jeden Jahres zu berechnenden Zinsen sind zu diesem Datum, um Ausgabe Reste auf Zinsen zu vermeiden, sämmtlich auszuzahlen oder aber, wenn die Abnahme nicht erfolgt, den Kapitaleinlagen zuzuschreiben. (Vgl. Seite 53.) Erst nachdem mit allen Zinsen in der einen oder anderen Weise aufgeräumt ist, kann der Saldo (so heißt der Unterschied zwischen „Soll" und „Haben") gezogen und auf das neue Rechnungsjahr vor- getragen werden.

c) **Zum Contobuch der Darlehn** (Formular 7). Dasselbe enthält alle Darlehn, welche an die Mitglieder bewilligt werden, sowie die über- nommenen Versteigerungs-Protokolle und Cessionen und die bei Klagen entstandenen und von den Beklagten zurückzuerstattenden Gerichtskosten unter „Soll", und unter „Haben" die darauf eingegangenen Kapital- beträge und Zinsen. Für jedes einzelne Darlehn, nicht für jeden einzelnen Schuldner, ist eine besondere Seite zu

benutzen. Erst nachdem auf sämmtlichen Seiten des Contobuches je ein Contoinhaber verzeichnet steht, werden die sämmtlichen
Seiten des Contobuches von vorne beginnend nochmals durchgesehen
und können alsdann auf denjenigen Seiten, auf welchen die betreffenden
Darlehn abgewickelt sind und sich noch freier Raum vorfindet, neue
Darlehn vorgetragen werden. Bei Immobilar Versteigerungs-
Protokollen erhält jeder Aufsteigerer ein Conto und wird bei jedem
unter Colonne: „Art der Sicherstellung" neben dieser Angabe noch
gesagt: „Aus dem Versteigerungs Protokoll des N. N." Die etwa
durch gerichtliche Klagen entstandenen Kosten werden auf dem betreffenden Conto in der Colonne „Gerichtskosten" gebucht.*)

d) Zum **Contobuch für laufende Rechnung** (Formular 14). In demselben
befinden sich die Contos der Inhaber laufender Rechnung, mögen
dieses nun einzelne Personen oder die Landwirthschaftliche Central
Darlehnskasse oder eine angeschlossene Genossenschaft, wie ein Winzer-
Molkerei= 2c. Verein, sein. Ferner sind die Contos für die Mobilien,
Immobilien, welche der Verein angekauft hat, sowie für den Reserve=
fonds und den Stiftungsfonds darin enthalten. Für jeden Inhaber
einer laufenden Rechnung wird eine Seite genommen, wie im Conto
der Anlehn und ist an den Kopf derselben der Name des Conto=
inhabers und die Höhe des gewährten Credits zu schreiben. Die
Landwirthschaftliche Central=Darlehnskasse erhält, wenn der Verein
bei ihr Mitglied ist, zwei Contos, eines für die gezeichneten Aktien
und ein anderes für den Bankverkehr.

Die Uebertragungen aus dem Journal erfolgen am besten sofort
nach geschehener Einzahlung und Auszahlung, was bei diesem Conto=
buch schon wegen des mitunter wechselnden Verhältnisses der Inhaber
laufender Rechnungen als Gläubiger und Schuldner des Vereins
und der hiernach auch wechselnden Zinsenberechnung besonders nothwendig wird. Die Zinsberechnung kann auf zweifache Weise erfolgen. Entweder wird bei der Eintragung ein Vergleich der Positionen
unter „Soll" und „Haben" vorgenommen und gegebenen Falls der

* Gegen die Buchung mehrerer einem Schuldner bewilligter Darlehn auf ein Conto
sprechen verschiedene Gründe. Zunächst läßt sich auf diese Weise bei den verschiedenen Sicher-
stellungen der Darlehn nicht controliren, auf welches Darlehn speciell Zahlung erfolgt ist,
was bei Inanspruchnahme der Bürgschaft zu unangenehmen Weiterungen und Schwierigkeiten
führen würde und ist es doch ganz erklärlich, daß die Bürgschaftsleistung für die einem
Schuldner zuerst bewilligten Darlehn wenig Bedenken haben kann, während bei fortschreitender
Verschuldung die betreffenden Bürgen sich vielleicht vor weiterer Haftung scheuen möchten.
Würde man die sämmtlichen Darlehn auf ein Conto zusammengeschrieben haben, so würden
bei einer etwaigen Zahlungsunfähigkeit des Schuldners sämmtliche Bürgen nach Verhältniß
ihrer Haftsumme herangezogen werden, während bei obigem Verfahren jeder Bürge nur für
die von ihm übernommene Bürgschaft zu haften hat.

einzuschreibende Betrag getheilt. Zum Beispiel: Es hat Jemand am 1. Januar 1894 beim Verein ℳ. 150 gut; am 18. Febr. 1894 erhält er ℳ. 250. Von der erhobenen Summe werden im Conto ℳ. 150 als Rückzahlung seines Depositums, verzinslich mit $3\frac{1}{2}$ pCt. und ℳ. 100 als Darlehn, verzinslich mit $4\frac{1}{2}$ pCt. eingeschrieben, oder: der Verein hat von der Centralkasse zu zwei verschiedenen Daten zusammen ℳ. 2100 geliehen und darauf am 12. März 1894 ℳ. 200 abgetragen. Die Restschuld betrug also nur mehr ℳ. 1900. Am 18. April 1894 sandte der Verein nun ℳ. 2000 ab, wovon ℳ. 1900 zur Deckung der alten Schuld, verzinslich zu $3\frac{3}{4}$ pCt., und ℳ. 100 als Depositum, — verzinslich zu $3\frac{1}{3}$ pCt., eingeschrieben werden. Sogleich bei der Eintragung der einzelnen Beträge im „Soll" oder im „Haben" werden die Zinsen derselben von dem Datum der Zahlung bis zum 31. Dezember berechnet. Dadurch wird eine Anhäufung der Zinsberechnungen am Jahresschlusse vermieden; man hat alsdann nur den Saldo, d. h. den Unterschied zwischen Soll und Haben an Kapital und Zinsen zu suchen. Der Ueberschuß der Summe im „Soll" über diejenige im „Haben" bildet das Guthaben des Vereins. Der Ueberschuß der Summe im „Haben" über die Summe im „Soll" bildet die Schuld des Vereins. Es kann die Zinsberechnung aber auch unter Anwendung der „Zinszahlen" nach Anhang I dieser Schrift erfolgen. Der am Schlusse des Jahres sich ergebende Unterschied von Zinsen und Provision ist entweder baar zu zahlen oder dem Kapital zuzuschreiben.

e) Zum **Contobuch für Consumbezüge** (Formular 18). Hier werden alle aus dem Abrechnungsbuche für Consumbezüge (Formular 17) sich ergebenden Forderungen für Consumartikel in das „Soll" eingetragen. Während das Abrechnungsbuch die verschiedenen Arten der bezogenen Bedarfsgegenstände für sich getrennt nachweist*), werden dieselben in das Contobuch für Consumbezüge (Formular 18) dem betr. Empfänger auf einer Seite zusammengestellt, so daß hier die Werthe aller bezogenen Gegenstände für den betr. Contoinhaber zusammen erscheinen. Die Zahlungen darauf werden unter „Haben" gebucht.

f) Zum **Contobuch für den Vertrieb von Wirthschaftserzeugnissen** (Formular 22). In demselben werden die aus dem Abrechnungsbuch für Wirthschaftserzeugnisse (Formular 21) sich ergebenden Forderungen im „Soll" vorgetragen, während die Einzahlungen darauf im „Haben" gebucht werden.

---

*) Das Abrechnungsbuch (Formular 17) ist so eingerichtet, daß die verschiedenen Waaren am Rande desselben verzeichnet werden können. Es ist für 20 verschiedene Waarenarten je ein Buchabschnitt vorgesehen. Auf diese Weise kann das sämmtliche Papier des Buches ausgenutzt werden.

4. Behandlung der vom Verein angeliehenen Gelder. (Formulare 4—6.)

1. Ueber die auf den Geschäftsantheil geleisteten Zahlungen erhält das zahlende Mitglied eine Quittung nach Formular 2. Der Geschäftsantheil wird gebucht im Journal unter Einnahme in Spalte „Geschäftsantheile" und zugleich in dem Contobuch der Geschäftsantheile in die bezügliche Monats- und Jahres-colonne unter „Haben". Die Rückzahlungen auf den Geschäftsantheil finden Aufnahme in Ausgabe-Spalte „Geschäftsantheile" des Journals und im Conto-buch unter „Soll".

2. Macht Jemand eine Sparkasseneinlage, so erhält er zuerst eine Quittung nach Formular 2. Dieselbe wird später gegen ein vom Vorstande mit Quittung über die betr. Einlage vollzogenes Sparkassenbuch (Formular 6) zurückgegeben. Alle späteren Ein- und Auszahlungen werden in dieses Sparkassenbuch gleich-falls aufgenommen. Gebucht werden die Einlagen in Spalte „Anlehn" der Einnahme des Journals und zugleich in das Contobuch der Anlehn unter „Haben". Die Rückzahlungen auf Sparkassengelder erfolgen in „Anlehn" der Ausgabe des Journals und werden in das Contobuch unter „Soll" übertragen.

3. Werden von Eltern für die Militärdienstzeit eines Sohnes oder für die Aussteuer einer Tochter oder von dem Einleger selbst für den Eintritt be-stimmter Verhältnisse Einlagen gemacht mit der Maßgabe, daß dieselben nicht wieder beliebig abgeholt werden können, sondern ihren ursprünglichen Zwecken erhalten bleiben sollen, so ist in dem Sparkassenbuch ein sogen. „Sperrungs-Vermerk" hinter den übrigen Einlage-Bedingungen zu machen und vom Vorstande, Einleger und Rechner zu unterzeichnen. Derselbe kann folgender-maßen abgefaßt werden: „Die in diesem Quittungsbuche eingetragenen und nach Maßgabe vorstehender Bedingungen ordnungsmäßig bescheinigten Einlagen nebst auflaufenden Zinsen werden hiermit bis (z. B. zur Einstellung des N. N. zum Militärdienst oder bis zur Verheirathung des N. N.), spätestens aber bis zum (äußersten Termin der Rückzahlung) gesperrt, d. h. es werden vor dem genannten Zeitpunkt keinerlei Auszahlungen an Kapital oder Zinsen geleistet, es sei denn, daß inzwischen der Tod der Person, auf deren Namen das Sparkassenbuch lautet, oder Auflösung des Vereins erfolgt. Auch können die Einlagen nebst Zinsen nicht verpfändet oder übertragen werden und gehen, sobald der vorstehend vor-gesehene Zeitpunkt eintritt und die Sperrung also erlischt, in das Eigenthum der Person über, auf deren Namen dieses Buch lautet. (Erlebt diese Person den erwähnten Zeitpunkt nicht, so erfolgt gegen Beibringung des Todtenscheines die Rückzahlung der gemachten Einlagen und aufgelaufenen Zinsen nach Maßgabe obiger Bedingungen."

5. Behandlung der vom Verein ausgeliehenen Gelder. (Formulare 7 13.)

1. Wenn Jemand ein Darlehn nachsucht, so hat er dasselbe zunächst beim Vorstande anzumelden. Ist dasselbe bewilligt, so ist darüber ein Schuldschein auszustellen und zwar bei Sicherstellung durch Bürgschaft, wenn das Darlehn auf kürzere Zeit bewilligt ist, nach Formular 9 und wenn es auf längere Zeit bewilligt wurde nach Formular 9a, sowie bei Sicherstellung durch Hypothek nach Formular 9b. Besonders ist darauf zu achten, daß der in den Schuldscheinen formularen freigelassene Raum gehörig ausgefüllt wird und die Scheine von Schuldnern und Bürgen richtig unterzeichnet werden. Auch ist darauf zu halten, daß bei Schuldscheinen über Darlehn, welche an Eheleute gewährt sind, die Unterzeichnung von beiden Ehegatten stattfindet. Dies empfiehlt sich nicht nur aus Rücksichten der Sicherstellung, sondern auch vom moralischen Standpunkte aus, damit die Frau jederzeit über den Stand der Vermögensverhältnisse unterrichtet ist. In Gegenden, wo sich Gütergemeinschaft nicht nach dem geltenden Rechte von selbst versteht, ist aus naheliegenden juristischen Gründen immer auf die beiderseitige Unterzeichnung zu halten. Auch ist es wichtig, daß die Unterschriften auf den Schuldscheinen in Gegenwart von Zeugen (des Vereinsvorstehers, Rechners oder einer anderen glaubwürdigen Person) vollzogen und von letzteren beglaubigt werden. Sodann ist der gesetzliche Stempel innerhalb der vorgeschriebenen Frist zu den Schuldscheinen beizufassiren zu lassen. (Vergl. Anhang 11.) Die Auszahlung des Darlehns darf nicht eher erfolgen, als bis der Schuldschein ordnungsmäßig ausgestellt und richtig unterschrieben vorliegt. Geschieht die Darlehnsgewährung gegen Hypothek, so ist erst nach erfolgter, gerichtlich nachgewiesener Eintragung und bei Versteigerungsprotokollen erst nach erfolgter Zustellung des notariellen Versteigerungsaktes die Auszahlung zu bewirken. Abschlagszahlungen dürfen durch den Rechner nur auf besondere Anweisung des Vereinsvorstehers erfolgen.

2. Gebucht werden die Darlehn wie auch die Kauf- und Cessionsgelder bei der Auszahlung in Spalte „Darlehn" der Ausgabe des Journals und unter „Soll" im Contobuch der Darlehn, bei der Rückzahlung in Spalte „Darlehn" der Einnahme des Journals und unter „Haben" im Contobuch der Darlehn. Bei der Verrechnung ist darauf zu achten, daß die ganzen Forderungen in Ausgabe unter Darlehn erscheinen, während die Provision und etwaige Zinsvergütung gleichzeitig in Einnahme unter „sonstige Einnahme" zu stellen sind. Gleichzeitig wie in das Contobuch sind die Darlehn in das „Verzeichniß der Schuldner und Bürgen" (Formular 8) einzutragen. Den Schuldnern ist es gestattet, jeder zeit Rückzahlungen zu machen, welche bei der Zinszahlung in Anrechnung kommen, so daß mit dem Tage der Schuld-Abtragung auch die Zinszahlung aufhört. Ueber die erfolgten Zahlungen erhält der Schuldner zuerst eine Quittung nach Formular 2, welche gegen die im Quittungsbuch nach Formular 10 bezw. bei Zahlung auf Immobilien-Kaufgelder nach Formular 11 vom Vorstande zu vollziehende später umzutauschen ist. Ist der Schuldner durch mißliche Verhält

nisse und schwierige Zufälle in eine bedrängte Lage gekommen und nicht im
Stande, den Zahlungstermin einzuhalten, so hat er ein Verlängerungsgesuch
nach Formular 12 einzureichen. Für den Zahlungsausstand wird entweder die ge=
wöhnliche Provision für Darlehn oder ein fester Satz von 25 bis 50 Pfennigen
in Anrechnung gebracht. Kommt der Schuldner seinen Verpflichtungen nicht
pünktlich nach, so ist demselben eine Mahnung nach Formular 13 zuzustellen.
Ist ein Darlehn vollständig abgetragen, so erhält der Schuldner den bezüg=
lichen Schuldschein zurück. Für die Abrechnung der Kaufgelder ꝛc. bei Ueber=
nahme von Versteigerungsprotokollen dient das Formular 9c.

6. Behandlung der laufenden Rechnung. (Formulare 14,15,15a,16).

1. Ist einem Vereinsmitglied auf seinen Antrag, welcher gemäß Formular 15
zu stellen ist, ein Credit in laufender Rechnung bewilligt, so ist darauf zu
sehen, daß die ausbedungene Sicherheit auch wirklich gestellt wird. Dieses ge=
schieht bei Bürgschaft in der Weise, daß die Unterschriften der Bürgen auf dem
Antrag-Formular 15 vollzogen werden. Sollen Werthpapiere hinterlegt werden,
so hat der Rechner diese und bei Hypothekbestellung den gerichtlichen bezw.
notariellen Akt in Verwahrung zu nehmen. Bei Sicherstellung durch Cautions=
hypothek ist Formular 15a zu benutzen.

2. Bei laufender Rechnung ist es von besonderer Wichtigkeit, daß die
Buchungen von Ein= und Auszahlungen sofort aus dem Journal in das Conto=
buch (Formular 14) vorgenommen werden. Ueber die Depositen ertheilt der
Rechner zuerst Quittung nach Formular 2. Jeder Inhaber einer laufenden
Rechnung erhält sodann ein Quittungsbuch nach Formular 16, in welchem die
Quittungen über alle Ein= und Auszahlungen später vom Vorstande zu voll-
ziehen sind.

7. Behandlung der gemeinsamen Bezüge von Verbrauchsgegenständen.
(Formulare 15b, 17—20a.)

1. Das Verfahren bei den Consumbezügen ist folgendes: Wenn die
Waare ankommt, muß zuerst die Feststellung des Preises, zu dem dieselbe an
die Mitglieder verabfolgt werden kann sowie des Zahlungstermins, an dem die
Waare beglichen sein soll, in dem Abrechnungsbuch (Formular 17) stattfinden.
Dabei ist zu berücksichtigen, daß für etwaige Verluste und Zinsausfälle ein
angemessener Aufschlag auf die Kosten der Waaren für den Verein als Beitrag
zu den Verwaltungskosten zuzurechnen ist. Dieser Aufschlag wird bei Vereinen,
welche kein Lager halten, sofort bei jedem einzelnen Bezuge im Journal unter
„Provision" in Einnahme und unter „Consumbezüge" in Ausgabe verrechnet,
während bei den lagerhaltenden Vereinen die Verrechnung der Provision erst am
Schlusse des Jahres für sämmtliche Jahresbezüge vor sich geht. Die Ermittelung
dieser Provision geschieht in der Weise, daß die wirklichen Ausgaben von den Zoll=

Nach einer Entscheidung des Herrn Finanzministers sind die Quittungsbücher über Zahlungen in laufender Rechnung (Form. 16), sobald die in dieselben gemachten Eintragungen in der letzten Spalte durch Unterschriften quittirt sind, stempelpflichtig. Um jedoch den betr. Conto-Inhabern die Uebersicht über ihren Geldverkehr mit der Darlehnskasse zu erleichtern, den Stempel jedoch zu vermeiden, empfiehlt es sich, die vorbezeichneten Quittungsbücher (Form. 16) den betr. Mitgliedern auszuhändigen, so daß sie, unter Weglassung der gegenseitigen Bescheinigungen, sich selbst die nöthigen Aufzeichnungen gleich den Eintragungen ihres Contos machen können

einnahmen (Wiedererlös aus den verkauften Waaren) abgezogen werden und
der etwaige Ueberschuß als Gewinn aus den Consumbezügen unter „Provision"
in Einnahme des Journals verrechnet wird. Nachdem die Abgabe der Waare
und die Feststellung der darnach sich richtenden Zollkosten unter die Mitglieder
im Abrechnungsbuche stattgefunden hat, werden die Zollkosten in das Conto
buch (Formular 18) übertragen.

2. Bei den Consumbezügen ist es in erster Linie nothwendig, daß die
Sicherheit der von dem Verein vorgelegten Gelder unbedingt gewahrt wird.
Zu dem Zwecke wird auf Grund der vom Vorstande, unter Umständen in Ver
bindung mit dem Aufsichtsrathe, für die Consumbezüge der einzelnen Mitglieder
festgesetzten Creditliste (vergl. Seite 20) ein Schuldschein nach Formular 15b
ausgefertigt. Hiernach können den Mitgliedern Waaren in der Werthhöhe der
festgesetzten Creditgrenze verabfolgt werden, wobei jedoch ausdrücklich hervor
gehoben wird, daß der vorerwähnte Credit nur für den Bezug von Con
sumgegenständen, nicht aber zu baaren Geldvorschüssen dienen darf. Ueber
die empfangene Waare haben die Mitglieder eine Empfangsbescheinigung nach
Formular 20a auszustellen und sobald dafür Zahlung geleistet wird, ist dem
betreffenden Mitgliede vorläufig vom Rechner nach Formular 2 und darauf
vom Vorstande in dem Quittungsbuche nach Formular 20 Quittung zu ertheilen.
Für diejenigen Beträge, welche nicht pünktlich am Zahlungstermine eingehen,
sind Zinsen nach dem Prozentsatze für Darlehn zu berechnen. Säumigen Zahlern,
welche mit ihren Zahlungen für bezogene Waaren in Rückstand geblieben sind,
darf nur nach vorheriger Tilgung der alten Schuld neue Waare überlassen
werden und ist strenge darauf zu achten, daß die vom Verein für die einzelnen
Mitglieder festgesetzte Creditgrenze nicht überschritten wird. Daher ist es auch
von großer Wichtigkeit, daß die Soll-Posten aus dem Abrechnungsbuch (For
mular 17) immer gleich wieder in das Contobuch für Consumbezüge (Formular 18)
übertragen werden. Ebenso müssen die Einzahlungen aus dem Journal auf
das bezügliche Conto stets gleich gutgeschrieben werden.

3. Während im Allgemeinen die Geschäfts- und Kassenführung für die
Consumbezüge meistens dem Vereinsrechner übertragen wird, so kann es doch
für größere Vereine, namentlich wenn sie ein ständiges Waarenlager
unterhalten, angezeigt erscheinen, einen besonderen Lagerhalter anzustellen.
Letzterer hat in diesem Falle nur die Waaren-Einnahme und Ausgabe nach
Maßgabe des vorgeschriebenen Formulars 17, Spalte 1, 2, 6, 7, 8, 9 und 10
zu führen und dasselbe mindestens allwöchentlich dem Vereinsrechner zur Vervollständigung und Uebertragung der „Soll"-Posten in das Contobuch für
Consumbezüge (Formular 18) zu übergeben. Bei der Waarenabgabe bedient
der Lagerhalter sich des Magazin-Tagebuchs (Formular 19) gleichsam als Strazze,
aus welcher die Posten in das Abrechnungsbuch für Consumbezüge übertragen
werden, damit letzteres möglichst sauber und übersichtlich bleibt. Auch die Ueber
sichtstabelle Formular 19a wird nach dem Abrechnungsbuch aufgestellt. Am

Schlusse jeden Monats wird das Abrechnungsbuch (Formular 17) nach Beispiel 4 abgeschlossen und der Bestand für den folgenden Monat wieder vorgetragen.

8. Behandlung des Vertriebes von Wirthschaftserzeugnissen.
(Formulare 21 u. 22.)

Ueber die für den gemeinschaftlichen Absatz von Wirthschaftserzeugnissen gelieferten Waaren erhalten die Vereinsmitglieder eine Bescheinigung nach Formular 21a. Hat der Verkauf sodann stattgefunden, so sind nach Maßgabe des Abrechnungsbuches für den Vertrieb von Wirthschaftserzeugnissen (Formular 21) von dem erzielten Kauferlös die Kosten des Verkaufs und eine angemessene Provision für den Verein in Abzug zu bringen. Alsdann erfolgt die Vertheilung des Betrages nach Maßgabe der gelieferten Quantitäten unter die Mitglieder, welche zu den verkauften Gegenständen beigetragen haben. Die Buchung geschieht in der Weise, daß der für die Waare vom Vereine erzielte Erlös in Spalte „Vertrieb von Wirthschaftsgegenständen" in Einnahme des Journals, die den Mitgliedern zustehenden Beträge und die für den Verein in Ansatz gekommenen Provisionen in die gleichnamige Spalte der Ausgabe des Journals, sowie die ebenbezeichnete Provision zugleich in die Spalte „Provision" der Einnahmen des Journals zu setzen sind. Der erzielte Kauferlös ist aus dem Abrechnungsbuch zu Gunsten des Vereins in das Contobuch für den Verkauf von Wirthschaftserzeugnissen (Formular 22) in das „Soll" einzutragen und ist bei Zahlung daselbst in „Haben" zu buchen.

9. Behandlung der in dauerndem Eigenthum des Vereins bleibenden Gegenstände.

Hat der Verein die Anschaffung von Mobilien z. B. eines Geldschrankes, einer Ringelwalze 2c. oder von Immobilien, Häusern und Grundstücken beschlossen, so sind die dafür gezahlten Beträge in Spalte „laufende Rechnung, Mobilien und Immobilien" des Journals in Ausgabe zu stellen und in das entsprechend bezeichnete Contobuch auf Mobilien-Conto bezw. Immobilien-Conto zu übertragen. Es empfiehlt sich, bei größeren Maschinen für jede derselben ein besonderes Contoblatt zu benutzen, damit eine möglichst genaue Uebersicht über die Rentabilität der einzelnen Gegenstände erzielt wird. Die für die Benutzung der betreffenden Gegenstände eingehenden Gelder werden unter Provision in Einnahme des Journals verbucht, während etwaige Reparatur und Unterhaltungskosten unter „Verwaltungskosten" in Ausgabe zu verrechnen sind. Am Schlusse jeden Jahres ist ein angemessener Prozentsatz je nach der Zeit, in welcher der betreffende Gegenstand voraussichtlich verbraucht sein wird, z. B. 5—10 pCt. von dem Werthe der Gegenstände, für Abnutzung abzuschreiben. Zu dem Zwecke erfolgt die Buchung der Ausgabe dieses Betrages in Spalte „Verwaltungskosten," während derselbe gleichzeitig in Spalte „laufende Rechnung" des Journals in Einnahme zu setzen und auf das bezügliche Conto gutzuschreiben ist. Bei Gegenständen, deren Be-

nutzung umfangreichere Berechnungen nothwendig macht, wie z. B. bei einer
Dreschmaschine, ist die Beschaffung besonderer Bücher angezeigt, und zwar eines
Nebenjournals, in welchem die Einnahmen und Ausgaben sowie eines Neben
contobuches, in welchem die aus der Benutzung sich ergebenden Forderungen ein
zutragen sind. In solchem Falle sind am Schlusse des Jahres die Ausgaben von
den Einnahmen abzuziehen und ist der Bestand (die Mehreinnahmen) in dem
Hauptjournal in der Weise zu verrechnen, daß die Zinsen von dem Anlagekapital
unter „Zinsen" und die Abschreibung des letztern unter „laufender Rechnung",
sowie der alsdann noch verbleibende Rest des Bestandes unter „Provision"
zu vereinnahmen ist. Sind die übernommenen Immobilien (Grundstücke, so
erfolgt keine Abschreibung durch die Bücher, dagegen wird in der Bilanz der
wirkliche Werth derselben in Ansatz gebracht.

III. Rechnungslegung und Aufstellung der Bilanz am Jahresschlusse. (Formulare 23—28.)

Am Jahresschlusse sind sämmtliche Contos abzuschließen. Zu dem Ende
hat man zuerst die Zinsen festzustellen. Wenn bei den Anlehn und in laufender
Rechnung die Zinsen gleich bei der Buchung der einzelnen Kapitalbeträge auf
beiden Seiten des Contos bis Ende des Jahres berechnet werden, so ist
bezüglich dieser jetzt nur eine Vergleichung der „Soll" und „Haben"-Zinsen vorzunehmen. Die sich ergebende Zinsendifferenz ist entweder auszuzahlen oder
dem Kapitale beizuschreiben. Letzteres erfolgt in der Weise, daß auf dem bezüglichen Conto der betreffende Betrag in den Kapitalspalten dem Kapitale zugerechnet wird und sodann in das Journal entweder die einzelnen kapitalisirten
Zinsbeträge oder die Summe derselben nach Formular 23, Spalte 9 eingetragen
werden und zwar zugleich in die Ausgabespalte „Zinsen" und in die Ein-
nahmespalte „Anlehn" bezw. „Laufende Rechnung". Bezüglich der Zinsen für
Darlehn und Consumgegenstände ist darauf zu halten, daß dieselben bis zum
Schlusse des Jahres in allen Fällen in Baar beglichen werden. Für lager-
haltende Vereine ist noch zu bemerken, daß dieselben den Werth der Lager-
bestände unter Aktiva in der Bilanz in Ansatz zu bringen haben.

Zur Erhaltung der Uebersicht und zur Sicherheit der Geschäfts- und Buchführung ist es nothwendig, wie es auch durch das Gesetz vorgeschrieben wird,
eine genaue Rechnung und Bilanz am Schlusse jeden Jahres anzustellen. Es
soll dies spätestens bis zum 1. März des auf das Rechnungsjahr folgenden
Jahres geschehen sein. Nachdem der Jahresabschluß im Journal nach der Seite 42
dargelegten Form vorgenommen ist, wird zur Anfertigung der Auszüge aus
den Contobüchern geschritten, und auf Grundlage der letzteren findet die Rechnungslegung und Aufstellung der Bilanz statt. Auf diese Weise läßt sich fest-
stellen, ob 1. die Eintragungen des Journals mit denen der Contobücher übereinstimmen, 2. alle Additionen und Abschlüsse in den Büchern richtig vorgenommen sind, sowie 3. ob der Verein mit Gewinn oder Verlust gearbeitet hat.

Rechnung und Bilanz werden mit den Belägen und Unterbelägen zusammen=
geheftet dem Vorstande und Aufsichtsrathe zur Prüfung vorgelegt. In der
Generalversammlung sind die Zahlen der Rechnung und Bilanz vorzutragen
und zu erläutern, wobei aber Namen von Einlegern, Schuldnern und Bürgen
nicht genannt werden dürfen.

1. Anfertigung der Contoauszüge.

Die Anfertigung der Contoauszüge ist von der größten Wichtigkeit
und muß daher möglichste Sorgfalt darauf verwendet werden, da diese
Auszüge allein im Stande sind, etwaige Fehler, welche bei der Buch=
und Kassenführung im Laufe des Jahres gemacht worden sind, aufzudecken.
Es sind folgende Auszüge anzufertigen:

a) Auszug aus dem Contobuch der Anlehn und Contobuch der Ge=
schäftsantheile Beleg I nach Formular 23,

b) Auszug aus dem Contobuch der Darlehn, Beleg II nach For=
mular 24,

c) Auszug aus dem Contobuch der laufenden Rechnung, Beleg III
nach Formular 25,

d) Auszug aus dem Contobuch der Consumbezüge, Beleg IV nach
Formular 26,

e) Auszug aus dem Contobuch für den Vertrieb von Wirthschafts=
erzeugnissen, Beleg V nach Formular 27.

Die nach den Contobüchern auf Grund dieser Auszüge ermittelte Geld=
bewegung muß mit derjenigen übereinstimmen, wie sie das Journal aufweist.
Zur Feststellung derselben ist ein Vergleich der Auszüge mit dem Journal nöthig.
Da nun aber die Auszüge aus den Contobüchern hergestellt sind, die letzteren
aber die Uebertragungen aus dem Journal enthalten, muß auch Ueberein=
stimmung zwischen Journal und Conto vorausgesetzt werden, sobald sich Ueber=
einstimmung zwischen den Auszügen und dem Journal ergibt. Man darf
daher die Richtigkeit der ganzen Buchführung annehmen, sobald die Spalten
der Auszüge und die betreffenden Spalten des Journals gleiche Summen auf=
weisen. Wie die einzelnen Spalten übereinstimmen müssen, ist aus den An=
merkungen zu ersehen, welche auf den Formularen 23—27 vorgedruckt sind.

Stimmen die betreffenden Spalten aber nicht überein, so liegen Bu=
chungsfehler vor, welche jedenfalls durch Vergleichung der Buchungsposten
der Contos mit denjenigen des Journals richtig gestellt werden müssen.
Die Auffindung etwaiger Fehler ist in folgender Weise zu bewerkstelligen.
Es werden alle Eintragungen der Auszüge im Journal aufgesucht und dort
angehakt. Etwa im Journal nicht auffindbare Posten werden bei dem
Journalabschluß nachgetragen. Sollten bei Vergleichung sämmtlicher Contoposten
eines Auszuges noch der eine oder andere Journalposten nicht angeführt sein,
so ist das betreffende Conto noch einmal nachzusehen und im Falle die Ein=

tragung sich dort nicht vorfindet, diese nachträglich zu bewirken und der Auszug demnach zu berichtigen. Sind auf einem Conto mehrere Zahlungen erfolgt, so sind diese mit Bleistift in dem Auszuge, wie in unenstehendem Beispiel angeführt, zu notiren. Wenn den vorgefundenen Fehlern entsprechend der betreffende Contoauszug verbessert wurde und trotzdem sich noch keine Uebereinstimmung mit der betreffenden Journalsumme ergibt, so kann nur noch ein Additionsfehler im Auszug oder Journal vorliegen. Da sich die Additionen des Journals durch die Summenspalte auf jeder Seite controliren, so ist der Fehler in erster Linie im Auszug zu suchen. Dabei ist vornehmlich darauf zu achten, ob auch durch die Zusammenfassung mehrerer Theilzahlungen bei den verschiedenen Contos keine Irrthümer unterlaufen sind. Betrifft die Berichtigung das Journal, so ist beim Jahresabschluß durch Ab und Zusetzen in den betreffenden Spalten entsprechende Aenderung zu bewirken, betrifft sie das Contobuch, so ist die Richtigstellung durch Aenderung oder Hinzufügung an betreffender Stelle herbeizuführen. Nachstehendes Beispiel erläutert das vorstehend Gesagte:

1	2	3	4	5	6	7	8	9	10	11	12
Seite des Contobuches	Kapitalschuld		Im Rechnungsjahre wurden zurückgezahlt	Wieviel Kapitalschuld am Schlusse des Rechnungsjahres	An Zinsen sind			An Provision sind		Stückzinsen (am 31. Dez. ausstehende und noch nicht fällige Zinsen)	Bemerkungen bezüglich Rückzahlung und Sicherstellung der Ausstände
	aus früheren Jahren	aus dem laufenden Jahre			zu zahlen	gezahlt	Rest	gezahlt	Rest		
	ℳ ₰	ℳ ₰	ℳ ₰	ℳ ₰	ℳ ₰	ℳ ₰	ℳ ₰	ℳ ₰	ℳ ₰	vom ℳ ₰	
70	200		50 / 20 / 30 — 100	100 —	10 —	10 —					
73	100		20 —	80 —	7 50	6 —	1 50				
74	70		70 —		3 50		3 50				
77	150		10 / 5 / 20 / 5 — 40	110 —	7 —	7 —					
90	300		60 —	240 —	14 50	14 50					
92	250		25 / 25 — 50	200 —	12 50	10 —		2			
93	60		30 —	30 —	2 50	2 50					
94	50		25 —	25 —	1 80	1 80					
95		100	10 / 10 — 20	80 —	4 80	4 80				80	
96		150		150 —	5 13	5 13				1 20	
97		50		50 —	2 10			2 10		40	
98		30		30 —	1 04			1 04		24	
99		200	20 —	180 —	3 20	3 20				1 60	
100		400		400 —	1 70	1 70				15 20	
101		500		500 —	95	95				11	

2. Rechnungslegung.

Die Rechnung wird zusammengestellt aus den Ergebnissen der Conto=
auszüge. Außer den fünf oben bezeichneten Auszügen dient als weitere Unter
lage zur Rechnungsstellung und ist als Beleg VI zu bezeichnen die Quittungs
nachweisung im Formular 3 nebst den mit fortlaufenden Nummern 1, 2, 3
u. s. w. versehenen Unterbelägen. Die einzelnen Zahlen der Rechnung ergeben
sich aus den erwähnten Belägen, wie sie im Formular 28, Spalte 6 des
R e ch n u n g s formulars aufgeführt sind. Ist die Rechnung richtig, so muß
der sich ergebende Kassenbestand mit demjenigen des Journals übereinstimmen.

3. Aufstellung der Bilanz.

Auch für die Bilanz ergeben sich die einzelnen Posten aus den in
Form. 28 Spalte 4 des B i l a n z formulars aufgeführten Hinweisen auf die
Beläge I—VI.

Die Richtigkeit der Bilanz ergibt sich aus der „Controle der Bilanz" auf
Seite 4 des Formulars 28.

C. Die Beaufsichtigung der gesammten Vereinsthätigkeit durch den Aufsichtsrath.

Der Aufsichtsrath hat entsprechend seinem Namen die Thätigkeit des
Vorstandes und des Rechners zu beaufsichtigen.

Bezüglich des Aufsichtsrathes enthält das Genossenschafts-Gesetz im wesent=
lichen folgende Bestimmungen.

§ 35. Die Mitglieder des Aufsichtsrathes dürfen nicht zugleich
Mitglieder des Vorstandes oder dauernd Stellvertreter derselben sein,
auch nicht als Beamte die Geschäfte der Genossenschaft führen. Nur
für einen im voraus begrenzten Zeitraum kann der Aufsichtsrath
einzelne seiner Mitglieder zu Stellvertretern von behinderten Mit
gliedern des Vorstandes bestellen; während dieses Zeitraumes und
bis zur ertheilten Entlastung des Vertreters darf der letztere eine
Thätigkeit als Mitglied des Aufsichtsrathes nicht ausüben.

Scheiden aus dem Vorstande Mitglieder aus, so dürfen die
selben nicht vor ertheilter Entlastung in den Aufsichtsrath gewählt
werden.

§ 36. Der Aufsichtsrath hat den Vorstand bei seiner Geschäfts
führung in allen Zweigen der Verwaltung zu überwachen und zu
dem Zweck sich von dem Gange der Angelegenheiten der Genossenschaft
zu unterrichten. Er kann jederzeit über dieselben Berichterstattung
von dem Vorstande verlangen und selbst oder durch einzelne von
ihm zu bestimmende Mitglieder die Bücher und Schriften der Ge

nossenschaft einsehen, sowie den Bestand der Genossenschaftskasse und die Bestände an Effekten, Handelspapieren und Waaren untersuchen. Er hat die Jahresrechnung und die Bilanzen zu prüfen und darüber der Generalversammlung vor Genehmigung der Bilanz Bericht zu erstatten.

Er hat eine Generalversammlung zu berufen, wenn dies im Interesse der Genossenschaft erforderlich ist.

Weitere Obliegenheiten des Aufsichtsrathes werden durch das Statut bestimmt.

Die Mitglieder des Aufsichtsrathes können die Ausübung ihrer Obliegenheiten nicht anderen Personen übertragen.

§ 37. Der Aufsichtsrath ist ermächtigt, die Genossenschaft bei Abschließung von Verträgen mit dem Vorstande zu vertreten und gegen die Mitglieder desselben die Prozesse zu führen, welche die Generalversammlung beschließt.

Der Genehmigung des Aufsichtsrathes bedarf jede Gewährung von Credit an ein Mitglied des Vorstandes, soweit letztere nicht durch das Statut an noch andere Erfordernisse geknüpft oder ausgeschlossen ist. Das Gleiche gilt von der Annahme eines Vorstandsmitgliedes als Bürgen für eine Creditgewährung.

In Prozessen gegen die Mitglieder des Aufsichtsrathes wird die Genossenschaft durch Bevollmächtigte vertreten, welche in der Generalversammlung gewählt werden.

§ 38. Der Aufsichtsrath ist befugt, nach seinem Ermessen Mitglieder des Vorstandes vorläufig, bis zur Entscheidung der ohne Verzug zu berufenden Generalversammlung, von ihren Geschäften zu entheben und wegen einstweiliger Fortführung derselben das Erforderliche zu veranlassen.

§ 39. Die Mitgleider des Aufsichtsrathes haben die Sorgfalt eines ordentlichen Geschäftsmannes anzuwenden.

Mitglieder, welche ihre Obliegenheiten verletzen, haften der Genossenschaft persönlich und solidarisch für den dadurch entstandenen Schaden.

Die Ansprüche auf Grund der vorstehenden Bestimmungen verjähren in fünf Jahren.

Hiernach in Verbindung mit den Statuten liegen dem Aufsichtsrathe folgende Verpflichtungen ob: Derselbe hat die Interessen des Vereins in jeder Beziehung zu wahren und darauf zu halten, daß die Verwaltung statutgemäß geführt und jeder seiner Beschlüsse sowie jeder Beschluß der Generalversammlung pünktlich ausgeführt wird. Er hat das Recht, jederzeit die Vereinsakten, sowie die Buchführung einzusehen und die Vorzeigung der Kassenbestände zu verlangen. Findet er, daß ein Vorstandsmitglied oder der Gesammtvorstand oder der Rechner Vorschriften des Gesetzes, des Statuts oder dieser Anleitung nicht beachtet oder das Interesse des Vereins sonst geschädigt haben, so steht ihm das Recht zu, alle die Maßregeln zu ergreifen, welche ihm nöthig erscheinen, das Vereinsinteresse zu wahren. Er ist befugt, sowohl jedes Mitglied des Vorstandes als auch den Gesammtvorstand und den Rechner ihrer Amtsthätigkeit vorläufig zu entsetzen, hat aber dann, sowie überhaupt, wenn er das Interesse des Vereins gefährdet glaubt, sofort eine Generalversammlung zu beantragen bezw. selbst einzuberufen und dieser den Fall zur Entscheidung vorzulegen. Bezüglich der Ladung zu dieser Versammlung und des Vorsitzes in derselben tritt der Vorsitzende des Aufsichtsrathes bezw. dessen Stellvertreter an die Stelle des Vereinsvorstehers. Der Ausweis des Aufsichtsrathes zur Bevollmächtigung für Prozesse, welche gegen den Vorstand gerichtet sind, geschieht durch die Protokolle über seine Wahl. Die Prozeßführung geschieht durch den Vorsitzenden oder dessen Stellvertreter und im Verhinderungsfalle beider durch ein sonstiges Mitglied des Aufsichtsrathes, welches dazu von ihnen bestimmt worden ist

Im Besonderen hat der Aufsichtsrath folgende Pflichten:

a) die Vorschriften zur Geschäftsführung für den Vorstand und für den Rechner zu erlassen sowie bei dem Austritte oder bei dauernder Verhinderung von Vorstandsmitgliedern für Stellvertretung zu sorgen,

b) die Jahresrechnung und die Vermögensaufstellung vor dem 1. Mai unter Berücksichtigung aller für die Aufstellung derselben maßgebenden Vorschriften (vgl. Seite 53 ff.) zu prüfen und der Generalversammlung vor der Ertheilung der Entlastung Bericht darüber zu erstatten,

c) über die dem Vorstande zu ertheilende Ermächtigung zu Prozessen, soweit solche nicht wegen Beitreibung von Darlehn oder Geschäftsantheilen erforderlich sind, zu beschließen und den Verein in Prozessen gegen den Vorstand zu vertreten,

d) auf den Antrag des Vorstandes über den Ankauf von Mobilien und Immobilien sowie über die Bewilligung von Darlehn zu beschließen, welche über den dem Vorstande zugestandenen Höchstbetrag hinaus und auf länger als 10 Jahre beantragt werden,

e) bei jeder Gewährung von Credit an ein Mitglied des Vorstandes sowie bei der Annahme eines solchen als Bürgen seine Genehmigung zu ertheilen,

f) über Beschwerden wegen Verweigerung der Aufnahme in den Verein oder Ausschließung von der Mitgliedschaft und wegen etwaiger vom Vorstande verweigerter Darlehn zu entscheiden,

g) in regelmäßigen Zwischenräumen mindestens viermal jährlich und außergewöhnlich mindestens einmal jährlich zur Abhaltung von Ge=

schäfts und Kassen Prüfungen sich zu versammeln. Zu diesen Versammlungen hat der Vorsitzende in allen Fällen die Einladungen unter Angabe der Gegenstände, welche zur Verhandlung kommen sollen, ergehen zu lassen. Bei den Prüfungen ist besonders auf folgende Punkte zu achten und zwar ob:

1. die Eintragungen in den einzelnen Spalten des Journals richtig sind und der durch Aufrechnung der Spalten des Journals und Abziehen der Gesammtausgabe von der Gesammteinnahme sich ergebende Soll Kassenbestand mit dem in der Kasse wirklich vorhandenen Baarbestande übereinstimmt;

2. die Protokolle des Vorstandes vorschriftsmäßig geführt und unterzeichnet worden und die letztern mit der Einnahmecontrolle (Formular 2) und den Eintragungen in die Journale übereinstimmen und ob die einzelnen Ausgaben sämmtlich mit ordnungsmäßigen Quittungen (Formular 3) belegt sind,

3. die Eintragungen des Journals mit den Eintragungen der verschiedenen Contobücher übereinstimmen und die Kassenabschlüsse regelmäßig vom Vorsteher und Rechner gemacht worden sind,

4. die Anmeldungen der Aenderungen im Vorstande sowie der Statutabänderungen bei Gericht rechtzeitig stattgefunden haben,

5. die Benachrichtigungen des Gerichtes über die Eintragung der Aufnahme bezw. des Ausscheidens von Mitgliedern vorhanden und in das vom Vereinsvorsteher zu führende Mitgliederverzeichniß eingetragen sind,

6. die von der Generalversammlung festgesetzte Höhe der Anlehn nicht überschritten worden ist,

7. die bewilligten Credite in der von der Generalversammlung festgesetzten Grenze gehalten, die Rückzahlungen auf Darlehn pünktlich erfolgt, namentlich auch, ob die Credite in laufender Rechnung nicht überschritten und durch mangelhafte Rückzahlung nicht mißbraucht worden sind,

8. die Schuldscheine vorschriftsmäßig ausgestellt und von den Schuldnern (bei Eheleuten von beiden Theilen) unterzeichnet sind und ob bezüglich aller (nicht allein seit der letzten Revision, sondern aus der ganzen Vergangenheit vorhandenen) Forderungen ohne Ausnahme die ausreichende Sicherheit besteht, d. h., wenn die Sicherstellung durch Bürgschaft erfolgt ist, ob auch die Unterzeichnung der Schuldscheine durch zahlfähige Bürgen stattgefunden hat, bei Hypothekenstellung

ob die gerichtliche Urkunde vorhanden ist und die Schuldsumme durch den Werth der verpfändeten Gegenstände mindestens zweifach sicher gestellt ist, sowie bei Hinterlegung von Werthpapieren, ob letztere in genügender Güte vorliegen und der Werth der selben die Schuldsumme mindestens um ein Drittel übersteigt (vgl. Seite 16 ff),

9. die Darlehn nur an Mitglieder des Vereins und zwar an solche ausgeliehen sind, welche nach ihren sittlichen Grundsätzen als kreditwürdig erachtet werden müssen und ob die Be= willigungen der Darlehn nur zu Zwecken erfolgt sind, welche sich wirthschaftlich rechtfertigen lassen,

10. niemals zu große Kassenbestände vorhanden gewesen und die vorhandenen jederzeit sicher und verzinslich angelegt worden sind,

11. der Vertrag mit dem Rechner in vorschriftsmäßiger Form vorliegt und ob die von dem letzteren gestellte Bürgschaft oder das hinterlegte Unterpfand noch vorhanden und genügend ist.

Ferner hat der Aufsichtsrath die Pflicht:

h) über jede Prüfung der Geschäftsführung ein Protokoll, in welchem die gerügten Mängel einzeln aufzuführen sind, aufzunehmen und zu unterzeichnen,

i) auf die sofortige Kündigung und Einziehung gefährdeter Ausstände zu halten,

k) sich in der nächsten Generalversammlung über das Ergebniß der durch den Verbandsrevisor vorgenommenen Revision zu erklären.

Der Vorsitzende des Aufsichtsrathes ist dem Vereine gegenüber für die Erfüllung vorstehender Verpflichtungen, namentlich auch für die rechtzeitigen Einladungen zu den regelmäßig anzuberaumenden Sitzungen verantwortlich. Im Falle es nöthig werden sollte, hat er die Beseitigung säumiger Mitglieder des Aufsichtsrathes und Ersatzwahlen zu veranlassen. Um die Aufsicht über die Geschäfts=, Buch und Kassenführung in ausreichender und gewissenhafter Weise führen zu können, ist es nothwendig, daß die sämmtlichen Mit glieder des Aufsichtsrathes sich mit den Bestimmungen der Vereins= satzungen und allen Einzelheiten der vorliegenden Anleitung genau vertraut machen. Nachdrücklich sei an dieser Stelle auch nochmals darauf hingewiesen, daß bei der Beaufsichtigung der Geschäftsführung ein besonderes Augenmerk auf die Sicherheit der Ausstände des Vereins zu richten ist. Es kann der Fall eintreten, daß ein Schuldner oder Bürge gestorben oder zahlungsunfähig ge worden ist; dann ist es Pflicht des Aufsichtsrathes, den Vorstand hierauf auf merksam zu machen und demselben aufzutragen, die Einziehung der Summe oder deren anderweitige Sicherstellung schleunigst zu besorgen.

Ueber die Verhandlungen in den Aufsichtsrathssitzungen muß in das Protokollbuch ein Protokoll aufgenommen und von den Anwesenden unterzeichnet werden etwa nach dem Muster des nachstehenden Entwurfes:*)

Verhandelt zu Kirchberg, den 3. April 1890.

Gegenwärtig sind:

1. Renter als Vorsitzender,
2. Weiß,
3. Halm,
4. Schneider,
5. Schmitt,
6. Janßen,
7. Friedrich,
8. Roll,

Entschuldigt durch Krankheit: Kaufmann.

Zu der auf heute Abend durch den Vorsitzenden Renter einberufenen ordentlichen Sitzung des Aufsichtsrathes des Kirchberger Spar u. Darlehnskassenvereins, e. G. m. u. H. zu Kirchberg erschienen die nebenbezeichneten Mitglieder dieser Körperschaft.

Um 6 Uhr eröffnete der Vorsitzende die Versammlung. Die vorgenommene Kassenrevision ergab an

Gold . . . . ℳ. 60.
Silber . . „ 1,50
Münze . . . . „ .20

Summa ℳ. 61,70

Nach dem Journale betragen:

Summa der Einnahme . . ℳ. 34387,10
„ „ Ausgabe „ 34325,40
Also Bestand . . ℳ. 61,70

Die Durchsicht der Bücher zeigte, daß die sämmtlichen Eintragungen richtig erfolgt waren. Die seitens des Rechners gemachten Einnahmen und Ausgaben stimmten mit den Beschlüssen des Vorstandes, der Einnahmecontrolle sowie den Quittungen überein. Auch die Additionen, Zins- und Provisionsberechnungen erwiesen sich als richtig. Auf den Schuldscheinen zu Conto Nummer 21 und 22 haben die Ehefrauen der betreffenden und auf dem letztgedachten auch der Bürge noch zu unterzeichnen.

Der Bürge auf dem Schuldschein zu Conto Nummer 8 ist inzwischen gestorben und wird der Vorstand ersucht, dem Schuldner anheimzugeben, entweder innerhalb kurzer Frist einen neuen annehmbaren Bürgen zu stellen oder den Rest der Schuld nebst Zinsen zu erlegen.

Der Aufsichtsrath nimmt Kenntniß von dem Stande der Angelegenheit in der Subhastationssache c/a Breuer.

Er erklärt sich damit einverstanden, daß dem hiesigen Winzer Verein ein Credit zur Höhe von vorläufig 15,000 Mark eingeräumt werden soll.

Der Aufsichtsrath bewilligt dem Vorstandsmitglied Adam Becker ein Darlehn von 200 Mark auf 6 Monate unter Bürgschaft des Peter Fiedel behufs Abtragung einer Kaufsumme.

Dem Adam Schmitt wurde ein Darlehn von 10000 Mark auf Tilgung von 2% jährlich gegen Hypothek auf die Grundstücke (nähere Bezeichnung der letzteren) bewilligt.

Gegenwärtige Sitzung wurde um 8 Uhr geschlossen.

Vorgelesen, genehmigt und unterschrieben.

Renter. Schneider. Friedrich. Weiß. Schmitt. Roll. Halm. Janßen.

*) Auch die Protokolle des Aufsichtsrathes sind auf gebrochenes Papier (rechts) zu schreiben.

D. Die Generalverſammlung.

1. Bedeutung der Generalverſammlungen.

1. Die den Mitgliedern bezüglich der Angelegenheiten des Vereins zu=
ſtehenden Rechte werden in der Generalverſammlung durch Beſchlußfaſſung der
erſchienenen Mitglieder ausgeübt. Die Vereinsſatzungen enthalten die maß=
gebenden Beſtimmungen darüber, wer an den Generalverſammlungen theilzu-
nehmen berechtigt iſt, ſowie wann und wie dieſelben zu berufen ſind, und es
muß gemäß dieſen Beſtimmungen verfahren werden. Von den erſten Anfängen
eines Vereins an iſt ſtrenge darauf zu halten, daß alle Mitglieder, welche zur
Theilnahme an der Generalverſammlung berechtigt ſind, auch wirklich theil=
nehmen. Die Verſammlungen können ja einen außerordentlich nutzbringenden
Einfluß ausüben, wenn einmal von Seiten des Vorſtandes die Verhandlungen
anregend und feſſelnd geſtaltet werden, andererſeits aber auch die Mitglieder
in richtigem Verſtändniß der Wichtigkeit der Sache ſich zahlreich betheiligen.
Nöthigenfalls ſind die Mitglieder zum Beſuche der Verſammlungen durch Ver=
ſäumnißſtrafen anzuhalten und iſt jedes unentſchuldigte Fernbleiben daher
mit einer ſolchen zu ahnden.

2. Die Generalverſammlung iſt das wichtigſte Organ des Vereins, weil
ihr die Wahlen des Vorſtandes, des Aufſichtsrathes und des Rechners obliegen
und von den Mitgliedern dieſer Körperſchaften wieder das Blühen und
Gedeihen, überhaupt das Wohl und Wehe des Vereins abhängt. Wie
wichtig iſt alſo die Stunde, in der ſolche Wahlen vorgenommen, wie ver-
antwortungsvoll ſind die Stimmen, die dort abgegeben werden! Wichtig iſt die
Generalverſammlung weiter, weil ihre Beſchlüſſe für Vorſtand und Aufſichtsrath
eine Richtſchnur abgeben, denn die Generalverſammlung hat die Höhe des
Betriebskapitals, alſo den Umfang der Geſchäftsausdehnung feſtzuſetzen, die
Grenzen für Creditgewährungen an Mitglieder zu beſtimmen, ſowie darüber
Beſchluß zu faſſen, welche Zinſen und Beiträge zu den Verwaltungskoſten
(Proviſionen) von den Schuldnern erhoben werden ſollen. Auch ſteht ihr die
Entſcheidung von Streitigkeiten über Auslegung der Statuten zu. Wichtig und
bedeutungsvoll iſt die Generalverſammlung endlich, weil ſie die oberſte Auf=
ſichtsbehörde im Verein bildet. Sie hat die Amtsthätigkeit des Vorſtandes
und Aufſichtsrathes zu überwachen und Beſchwerden über dieſelbe zu prüfen.
Sie kann dieſe Organe zur Rechenſchaft ziehen, hat die Entlaſtung von Vorſtand
und Rechner bezüglich Rechnungslegung und Bilanz auszuſprechen und die
Bilanz zu genehmigen, kann ſogar unter Umſtänden einzelne Mitglieder der
Verwaltungsorgane, ſowie auch den Geſammtvorſtand und Aufſichtsrath abſetzen.

2. Vorbereitung zur Generalverſammlung.

1. Wie zu jeder wichtigen Sache, gehört auch zur Generalverſammlung
eine gute Vorbereitung. Die letztere muß ſtattfinden in einer Sitzung des Vorſtandes, und alle Mitglieder deſſelben ſollen ſich daran betheiligen. Will

man die Sache recht ernst und gründlich nehmen, so geht leicht mit den Vor=
arbeiten die Zeit einer ganzen Vorstandssitzung hin. Die Verhandlungen der
Generalversammlung dürfen sich ja nicht darauf beschränken, daß der Vereins=
vorsteher den Mitgliedern mittheilt, wie viel die Kasse eingenommen, wie viel
sie ausgegeben und was gewonnen worden ist. Es genügt nicht einfache Dar=
legung der Bilanz und mechanische Vornahme der Ergänzungswahlen von
Vorstands= und Aufsichtsrathsmitgliedern sowie handwerksmäßige Abwickelung
der übrigen Gegenstände, welche das Statut sonst noch zur geschäftsmäßigen
Erledigung der Generalversammlung überweist. Es ist dringend nothwendig,
daß der Geschäftsbericht möglichst e i n g e h e n d erstattet wird, denn nur auf
diese Weise werden die Mitglieder Interesse an dem Verein gewinnen. Auch
ist eine e i n g e h e n d e Darlegung aller Vorkommnisse des Vereinslebens das
beste Mittel, unberechtigtes Mißtrauen gegen die Geschäftsführung zu beseitigen.
Die auf dem Bilanzformular (Form. 28) unter der Rubrik „sonstige Mitthei=
lungen" bezeichneten statistischen Notizen sind deshalb in ausführlicher Er=
läuterung (natürlich ohne Nennung von Namen der Schuldner, Sparer u. s. w.)
den Mitgliedern vorzuführen. Es sollen weiter aber auch, um die Versamm=
lungen nutzbringend und anziehend zu machen, Reden gehalten werden und
zwar Reden voll hoher Begeisterung für die gute Sache. Solche Reden schüttelt
man indessen nicht aus dem Aermel, dieselben wollen vorbereitet sein.

2. Der Vorstand muß sich jedoch vor Uebereifer hüten und deshalb soll er
nicht zu viele Themata für e i n e Versammlung aufstellen. Wenn in einer Ver=
sammlung nur e i n Thema, dieses aber gründlich durchberathen wird, so ist
das viel besser, als wenn vier bis fünf oberflächlich „durchgepeitscht" werden.
Hat der Vorstand die Themata für die Verhandlung aufgestellt, dann ist es
wichtig, ein Mitglied zu finden, welches gerade zur Behandlung des entsprechen=
den Themas geeignet ist. Es liegt ja kein Grund vor, daß immer der Vereins=
vorsteher oder ein anderes Mitglied des Vorstandes die Reden hält. Es
können nicht nur, sondern es sollen auch andere Mitglieder des Vereins, die
dazu geeignet sind, sich an den Vorträgen selbstthätig betheiligen. Zur Ver=
theilung der Themata an geeignete Persönlichkeiten wird vielleicht der Pfarrer
und Lehrer gute Rathschläge ertheilen können, und es empfiehlt sich wohl, diese
um ihre Unterstützung in dieser Hinsicht zu bitten. Ein vorzügliches Verfahren
besteht auch darin, daß die F e h l e r und M ä n g e l, die in den einzelnen Land=
wirthschaftsbetrieben des Vereinsbezirkes vorkommen, zum Gegenstande einer Be=
sprechung gemacht werden. Es ist hierbei nicht nur nothwendig, sondern sogar
durchaus zu vermeiden, daß in verletzender Weise Namen genannt werden. Die betreffen=
den Mitglieder, welche sich getroffen fühlen, werden sich die Sache schon zu
Herzen nehmen. Auch werden wohl in jedem Vereine einzelne Mitglieder sich
finden, die für den einen oder andern Wirthschaftszweig eine gewisse Vorliebe
haben und denselben mit besonderem Verständniß pflegen. Der eine versteht
mehr in der Pferdezucht, der andere ist tüchtiger in der Rindviehzucht, ein

dritter leistet vorzügliches im Obstbau, ein vierter hat seinen Garten in besonders gutem Zustande u. s. w. Nun setzt sich der Vorstand des Vereins mit solchen Mitgliedern in Verbindung und beauftragt sie, die landläufigen Fehler, die auf einem bestimmten Gebiete vorkommen, aufzustellen, also gewissermaßen ein Sündenregister zu entwerfen, das der Versammlung vorgelegt wird. Im Anschluß daran wird sich meistens eine sehr unnbringende Discussion entwickeln

3. Die Themata der Vorträge sollen im Voraus allen Mitgliedern des Vereins bekannt gegeben werden und zwar so zeitig vor der Versammlung, daß alle vorher schon darüber selbständig nachdenken und gegebenen Falls ihre Gedanken über den Vortrag und den Gegenstand desselben zum Ausdruck bringen können. Es empfiehlt sich daher, die Einladungen mit einem Vervielfältigungsmittel in so vielen Abzügen herzustellen, als der Verein Mitglieder zählt und jedem derselben eine Ausfertigung zuzusenden. Solche Einladungen können beispielsweise in folgender Form abgefaßt werden:

Sie werden hierdurch zu der am Sonntag den 15. dieses Monats, Nachmittags 4 Uhr

im Saale des Herrn Kahlenberg hierselbst

stattfindenden, ordentlichen Generalversammlung des Kirchberger Spar- und Darlehnskassen-Vereins, eingetragene Genossenschaft mit unbeschränkter Haftpflicht, eingeladen.

Gegenstände der Verhandlung sind:

1. Vorlage der Rechnung und Bilanz für das Geschäftsjahr 1893,
2. Bericht über Entwickelung und gegenwärtigen Stand der Vereinsgeschäfte,
3. Festsetzung der Vergütung für Mühewaltung des Vereinsrechners,
4. Revisionsbericht,
5. Ergänzungswahl von zwei statutenmäßig ausscheidenden Mitgliedern des Vorstandes,
6. Vortrag über „Förderung der Sparsamkeit bei Dienstboten und Kindern." Referent: Herr Pfarrer Lange, Correferent: Herr Gutsbesitzer Peters,
7. Vortrag über „Borg und Baarzahlung." Referent: Herr Kaufmann Jörgens, Correferent: Herr Lehrer Waldmann.

Der Vereinsvorsteher:

Groß.

An Herrn . . . .

in . . . .

3. Art und Form der Verhandlungen.

1. Bezüglich der Auswahl der Gegenstände, welche in den Generalversammlungen behandelt werden sollen, ist zu bedenken, daß die ländlichen Spar- und Darlehnskassen-Vereine satzungsgemäß auch die Förderung von nützlichen Kenntnissen unter den Mitgliedern zu erstreben haben, wie auch daß innerhalb der Vereine Besprechungen und Beschlüsse der Mitglieder behufs Beseitigung schädlicher Gewohnheiten, Mißbräuche und Verschwendungen veranstaltet werden sollen. Also nicht allein um die Versamm-

lungen anziehend und unterhaltend zu machen, sondern auch um einer durch die Vereinssatzungen vorgeschriebenen Verpflichtung zu entsprechen, müssen in den Versammlungen Vorträge zur geistigen und sittlichen Hebung der Mitglieder gehalten werden. Daraus ergibt sich von selbst, daß das Gebiet der Wirksamkeit für jene Zusammenkünfte ein weites und großes ist. Die örtlichen Verhältnisse werden dementsprechend in den einzelnen Vereinen besondere Aufgaben stellen, und da jede Zeit ihre besonderen Bedürfnisse hat, wird man bei einiger Findigkeit wohl niemals um Stoffe zur Behandlung in Verlegenheit kommen können.

2. Daß natürlich alle Vorträge aus dem Gebiete des politischen Parteilebens, sowie auch solche religiös-confessionellen Charakters ausgeschlossen und verboten sind, ist selbstverständlich. Es handelt sich in den Vereinen nur um Förderung der Wirthschaftlichkeit und bürgerlichen Tugend. Erfüllen die Vereine diese ihre Aufgabe voll und ganz, dann thun sie genug für Kirche, Staat und Gesellschaft. Die Pflege des politischen und religiösen Lebens im engeren Sinne muß anderen Vereinigungen überlassen bleiben. Gegenstände von allgemeinerem Interesse, die sich sehr gut zu Besprechungen in den Generalversammlungen eignen, sind beispielsweise folgende:

a) behufs geistig-sittlicher Hebung der Mitglieder:

1. Uebele Folgen der Prozeßsucht und Feindschaft.
2. Verderblichkeit des Alkoholgenusses.
3. Bekämpfung der Verschwendungssucht.
4. Behandlung der Thiere (Vermeidung von Thierquälerei).
5. Pflege der nachbarlichen Freundschaft in gesunden und kranken Tagen.
6. Förderung des Sparsinns bei den Dienstboten und Kindern.
7. Ordnungsliebe und Reinlichkeit.
8. Zeiteintheilung im Wirthschaftsbetrieb.
9. Vernünftige Lebensweise des Menschen.
10. Borg und Baarzahlung.
11. Wie soll man Almosen spenden?
12. Welche Grundsätze sind bei der Erziehung der Kinder zu beobachten?
13. Ueber Erziehung der Bauernsöhne.
14. Ueber Erziehung der Bauerntöchter (Eigenschaften einer guten Hausfrau, Geldheirath, Haushaltungsschule).
15. Behandlung der Dienstboten.
16. Ausgeben und Sparen (Vernünftige und falsche Sparsamkeit).
17. Das Gesetz der Arbeit nach den Grundsätzen des Christenthums.
18. Das Eigenthum im Lichte des Naturrechtes.
19. Die Selbsthilfe des Einzelnen und der Genossenschaft.
20. Die Rechtlichkeit im Geschäftsverkehr.

5

b) behufs Förderung des Betriebes der Landwirthschaft:

1. Bau und Leben der Pflanze.
2. Wie ist die Bodenbeschaffenheit durch richtige Bearbeitung zu verbessern?
3. Behandlung des Stalldüngers.
4. Anlage des Komposthaufens.
5. Wichtigkeit und Eigenschaften einer guten Düngerstätte.
6. Gründüngung.
7. Auswahl und Behandlung des Saatgutes.
8. Schutz gegen Unkräuter und Pflanzenkrankheiten.
9. Wie sind die Wiesen zu behandeln, damit sie bessere Erträge liefern?
10. Behandlung der Obstbäume.
11. Obstverwerthung.
12. Die Bedeutung des Waldes und Rentabilität der Aufforstung.
13. Welche Waldpflanzen eignen sich für die einzelnen Bodenarten?
14. Welches ist das beste Zuchtvieh für eine Gegend?
15. Aufstellung von Futterrationen für Milchvieh.
16. Anlage einer bäuerlichen Buchführung zur Ermittelung des Reinertrages (bezw. zur Steuerdeklaration).
17. Nutzen der Lebensversicherung für den Landwirth.
18. Wer soll gegen Hagelschaden versichern?
19. Vortheile der laufenden Rechnung bei den Spar- und Darlehnskassen-Vereinen.
20. Bedeutung der Rückzahlungsfristen bei den Spar- und Darlehnskassen-Vereinen.

Geeignete Stoffe und leicht verwerthbare Gedanken findet man besonders in dem im Verlage der Firma Raiffeisen und Conf. erschienenen Buch von Dr. Faßbender, „Sammlung gemeinverständlicher Aufsätze als Stoffe zu Vorträgen unter der Landbevölkerung,“ sowie außerdem in folgenden Schriften, *) mit welcher Empfehlung allerdings durchaus nicht gesagt sein soll, daß jeder Satz sämmtlicher Ausführungen auf Richtigkeit Anspruch macht und von uns vertreten wird:

1. Zeeb-Martin, Handbuch der Landwirthschaft. Preis geb. 8 ℳ.
2. Böhme, landwirthschaftliche Sünden. Preis 2,50 ℳ.
3. Martin, das Rind, dessen Bau, Zucht, Fütterung und Pflege. Preis geb. 3,60 ℳ.
4. Böttner, Gartenbuch für Anfänger. Preis geb. 6 ℳ.
5. Schulze, Dr., Rathgeber bei der Fütterung der landwirthschaftlichen Nutzthiere. Preis geb. 4 ℳ.

*) Die sämmtlichen nachstehenden Schriften sind zu den beigesetzten Buchhändlerpreisen durch die Firma Raiffeisen u. Conf. in Neuwied a. Rh. zu beziehen.

6. Schmidberger, die Bodenbearbeitung in ihren natürlichen Grundlagen. Preis 1 M.

7. Jaspers, Gründüngung und Kunstdünger. Preis 1,20 M.

8. Hans Hubert's Bauernbriefe. 2 Bändchen. Preis pro Bdch.geb. 2 M.

9. Möhrlin, Der Pfennig in der Landwirthschaft. Preis geb. 1,10 M.

10. „ Der rechnende Landwirth. Preis geb. 1,10 M.

11. „ Einkehr und Umschau. Preis geb. 1,10 M.

12. Römer, Aus dem Tagebuch eines Landwirthschaftslehrers. Preis geb. 1,30 M..

13. Römer, Selbsthilfe des Landwirths. Preis geb. 1,10 M.

14. Weigand, Wohlstandsquellen und Wohlstandsgefahren. Preis geb. 1,10 M.

15. Der rentable Wirthschaftsbetrieb des kleinen Landwirthes. Von einem westfälischen Bauer. Preis 1,20 M.

16. Frhr. von der Goltz, Prof. Dr., Betriebslehre. Preis geb. 12 M.

17. Weiß, sociale Frage und sociale Ordnung. Preis geh. 7 M.

18. Jäger, Agrarfrage der Gegenwart. Vier Bände. Preis Bd I 2,40 M., Bd. II 5 M., Bd. III 5.M., Bd. IV 5.M.

19. Faßbender's Bauernkalender in seinen verschiedenen Jahrgängen. Preis pro Jahrgang 0,50 M.

20. Gesundheitsbüchlein. Gemeinfaßliche Anleitung zur Gesundheitspflege. Bearbeitet vom Kaiserlichen Gesundheitsamt. Preis geb. 1,25 M.

21. Der Branntwein und die arbeitenden Klassen. Preis 0,50 M.

22. Cathrein, Der Sozialismus. Preis 1,60 M.

23. Ratzinger, Die Volkswirthschaft in ihren sittlichen Grundlagen. Preis geb. 8,50 M.

24. Prejer, Erhaltung des Bauernstandes. Preis 6 M.

25. Hansjakob, Unsere Volkstrachten. Preis 0,25 M.

26. Faßbender, die Lebensversicherung in ihrer Bedeutung für den Bauernstand. Preis 0,25 M.

27. Sohnrey, Der Zug vom Lande und die sociale Revolution. Preis geh. 3 M.

28. Sohnrey, die Zukunft der Landbevölkerung. Flugschriften über die socialen, wirthschaftlichen und sittlichen Angelegenheiten des Landvolkes, in Heften zum Preise von je 60 Pfg bis 1 Mk. erscheinend.

29. Sohnrey, das Land. Zeitschrift für die gesammte ländliche Wohlfahrtspflege. Preis jährlich 6 M.

30. Ramm Prof. Dr., die Landwirthschaft in den vereinigten Staaten von Nordamerika, mit besonderer Berücksichtigung der für die einheimische Landwirthschaft brauchbaren technischen Methoden. Preis geh. 6 M.

3. In der Versammlung selbst soll stets die parlamentarische Form mit Entschiedenheit und Strenge gehandhabt werden. Der Vorsitzende darf durchaus keine Unterbrechung der Reden, noch auch eine Unterhaltung während derselben dulden. Durch solche wird der Redner nicht nur gestört, sondern er wird auch das Gefühl bekommen, als gefalle sein Vortrag nicht und sei nicht werth, daß man ihn anhöre. Dieses Gefühl drückt den Redner aber nieder, wirkt auf die Rede selbst und der vielleicht sehr gut ausgearbeitete Vortrag hat seine Wirkung verloren. Auch die aufmerksamen Zuhörer fühlen sich durch die Unterhaltung anderer gestört und man kann beim Weggehen dann wohl die Worte hören: „heute hat mir's nicht gefallen." Ob derjenige, welcher solches Wort gesprochen hat, zur nächsten Generalversammlung wieder kommen wird, ist fraglich. Auch kann es vorkommen, daß zwei eifrige Mitglieder zu gleicher Zeit sprechen wollen. Der Vorsitzende lasse deshalb Niemanden zum Worte, der nicht vorher darum gebeten und die Erlaubniß zum Reden erhalten hat und verfahre gewissenhaft nach den für die Leitung der Versammlungen weiter unten mitgetheilten Grundsätzen. Nach jeder Rede mache man eine Pause, damit die Mitglieder sich über die gehörten neuen Gedanken unter einander ansprechen können. Die Pause darf jedoch nicht zu lange währen, sonst wird die Unterhaltung zu lebhaft und will selbst dann nicht enden, wenn ein neuer Redner auftritt. Auch liegt die Gefahr nahe, daß bei zu langer Pause manche sich entfernen und nicht wieder in die Versammlung zurückkehren.

4. Gut ist es, wenn der Vorstand einen „Correferenten" zu jeder Rede bestellt, d. h. derjenige, welcher eine Rede ausgearbeitet hat, gibt dieselbe an ein vom Vorstande bestimmtes Mitglied, welches dieselbe durchliest und nun für sich selbst einen neuen denselben Gegenstand behandelnden Vortrag ausarbeitet, in welchem etwa Unrichtiges richtig gestellt, Bedeutungsvolles in die richtige Beleuchtung gesetzt und Fehlendes ergänzt wird. Dieser Vortrag wird unmittelbar nach der Pause gehalten. Dadurch kommt Lebendigkeit in die Verhandlung, jeder Gegenstand wird von zwei Seiten betrachtet und daher klarer, es entsteht eine „Debatte." Ist der Bann der ersten Rede aber einmal durchbrochen und ein Meinungsaustausch entstanden, dann kann man sicher sein, daß der betreffende Gegenstand auch erschöpfend behandelt wird.

5. Da ein Verein um so besser gedeihen wird, je mehr thatkräftige Mitglieder er in der Gemeinde zählt und es kann eine bessere Gelegenheit zur Werbung von Mitgliedern gibt, als die Generalversammlung, so steht nichts im Wege, daß auch Nichtmitglieder zu derselben zugelassen werden. In der Versammlung ist Gelegenheit geboten, begeisterte und begeisternde Reden zu hören, in allen Augen ist das Feuer der Liebe zu der großen Sache zu sehen und die Gäste werden sich sagen: „eine Sache, für die so viele wohldenkende Menschen eintreten und begeistert sind, muß gut sein" und sie werden auch Vereinsmitglieder. An den Abstimmungen dürfen selbstverständlich nur die Vereinsmitglieder sich betheiligen.

4. Leitung der Versammlung.

1. In der Regel liegt satzungsgemäß die Leitung der Generalversammlung in der Hand des Vereinsvorstehers. Die Ausnahmefälle, in denen der Vorsitz anderweitig übertragen wird, sind nach den Vereinsstatuten zu bestimmen. Als Grundsatz für die Leitung aller Verhandlungen muß jeder Vorsitzende festhalten: Fortiter in re, suaviter in modo d. h. entschieden in der Sache, verbindlich in der Form. Zu Beginn der Sitzung erhebt sich der Vorsitzende von seinem Platze mit der Erklärung, daß er die Sitzung eröffne, ernennt Schriftführer und Stimmzähler und schließt hieran geschäftliche Mittheilungen über etwa eingegangene Schriftstücke, über ordnungsmäßige Einberufung der Versammlung*) und über die Reihenfolge der Gegenstände der Tagesordnung. Bei den einzelnen Punkten der letztern giebt der Vorsitzende eine kurze Erläuterung und fragt, falls kein Berichterstatter zu dem Gegenstande bestimmt ist, ob jemand das Wort zu nehmen wünsche und ertheilt betreffendenfalls dem Meldenden sofort das Wort. Sind schon vorher Meldungen zum Wort eingegangen, so sind dieselben der Zeit nach auf einem Zettel zu verzeichnen. Für die Verstattung zum Wort ist aber nicht nur die solchermaßen festgestellte Zeitfolge der Meldung, sondern auch der Gegenstand, über den jemand sprechen will, maßgebend. Es erhalten nämlich immer zuerst das Wort der Antrag= steller (zur Begründung seines Antrages) und die bestellten Berichter= statter. Hierauf folgen die übrigen Redner, welche sich zum Worte gemeldet haben und zwar unter diesen diejenigen zuerst, welche zur Geschäftsordnung reden, d. h. diejenigen, welche nur die formgerechte Behandlung zum Gegenstande einer Erörterung machen wollen. Dahin gehören Vorschläge, der Vorsitzende möge den Gegenstand der Verhandlung in gewisse Abschnitte theilen, oder er möge zunächst nur über einen Antrag, durch welchen eine weitere Auseinandersetzung erübrigt würde, sprechen lassen, oder er möge dem Redner über ein bestimmtes Zeitmaß hinaus zu reden nicht ge= statten, oder er möge einen Antrag auf Schluß der Debatte zur Ab= stimmung bringen, oder er möge die Debatte auf eine spätere Versammlung vertagen, oder er möge das Abschweifen auf ein nicht zur Sache ge= höriges Gebiet untersagen. Eine jede Sache wird, falls nicht etwa Vertagung beschlossen wird, vollständig ohne Unterbrechung verhandelt, bevor die nächste zur Erörterung gelangt. Am Schlusse der Debatte über einen Punkt ist den= jenigen das Wort zu ertheilen, welche zu persönlichen Bemerkungen dasselbe wünschen, um sich z. B. gegen Vorwürfe zu vertheidigen, die im Laufe der Debatte ihnen gemacht sind, oder um Mißverständnisse ihrer Worte,

*) Wenn es sich bei einer Sitzung darum handelt, daß auch der Nachweis der Zu= stellung der Einladung an alle Mitglieder erbracht wird, so ist für die Einladungen die Form des Einschreibebriefes oder die Zusendung eines Umlaufschreibens durch einen Boten, welcher sich die Vorzeigung einer Ladung bescheinigen läßt, zu wählen.

welche sich bei einem Redner gezeigt haben, aufzuklären. Der Vorsitzende muß sorgfältig bemüht sein, jeden Verdacht der persönlichen Parteinahme für einzelne Theilnehmer der Versammlung zu vermeiden, weiter muß er, falls ein Redner vom Gegenstande der Verhandlung abschweift oder falls sich thatsächliche Irrthümer in seinen Ausführungen finden, den Redner unterbrechen und das Falsche richtig stellen oder weitere Erörterungen als „nicht zur Sache gehörig" abschneiden. Auch bei Störungen, welche durch Lärmen, beleidigende Worte oder andere Ungehörigkeiten veranlaßt werden, hat der Vorsitzende einzutreten; ein Redner, welcher durch strafbare Worte die Verhandlungen stört, ist zuerst zur Ordnung zu rufen und, falls dieses nichts fruchtet, ist ihm das Wort zu entziehen.

2. Die schwierigste Aufgabe fällt dem Vorsitzenden bei Verhandlungen über Anträge, welche zu Beschlüssen führen sollen, zu. Die Anträge können entweder formeller oder materieller Natur sein. Unter erstern versteht man solche Anträge, welche auf die sachliche Erörterung des Gegenstandes der Berathung nicht eingehen, sondern nur das Verfahren betreffen, welches hinsichtlich der Behandlung des Berathungsgegenstandes einzuschlagen ist. Man zählt dazu den Antrag auf Vertagung, welcher bezweckt, die Verhandlung und den Beschluß über einen Gegenstand der Tagesordnung auf einen weitern Termin hinauszuschieben, den Antrag auf „Schluß der Debatte", welcher beabsichtigt, die Berathung über einen hinlänglich aufgeklärten Gegenstand zu beendigen, den Antrag auf „Niedersetzung einer Kommission", um einen Berathungsgegenstand, welcher sich zur sofortigen Erledigung von der Gesammtheit der Mitglieder nicht eignet, einer kleinern auszuwählenden Gruppe zur Vorberathung zu unterbreiten, den Antrag auf „Tagesordnung" oder „motivirte Tagesordnung", welche beide als Gegenanträge gegen einen gestellten Antrag zu betrachten sind dahin zielend, daß der letztere weder zur Verhandlung noch zur Abstimmung kommen soll nur mit dem Unterschiede, daß in dem Antrag auf „motivirte Tagesordnung" zugleich die Erwägungsgründe für Abweisung des Hauptantrages angegeben sind. Die materiellen Anträge befassen sich mit der Sache selbst und werden unterschieden in Hauptanträge und Abänderungsanträge (Amendements). Ist die Discussion über einen oder mehrere gestellte Anträge beendigt, so hat der Vorsitzende den Schluß der Debatte durch eine Erklärung festzustellen etwa in folgender Form: „es hat sich niemand mehr zum Worte gemeldet; ich schließe die Debatte" oder nach Annahme eines Schlußantrages: „der Schluß der Debatte ist angenommen." Nachdem nun noch der Antragsteller oder Berichterstatter „zum Schlußwort" und betreffendenfalls einzelne Personen „zu einer persönlichen Bemerkung" gesprochen, erklärt der Vorsitzende: „wir kommen zur Abstimmung; es liegen folgende Anträge vor:" Die verschiedenen Anträge gelangen alsdann zur Verlesung und es beginnt die Abstimmung. Hierbei liegt dem Vorsitzenden die Pflicht ob, die Anträge so zu gruppiren und zu-

sammenzustellen, daß durch die Abstimmung der Wille der Mehrheit der Ver=
sammlung auch wirklich zum Ausdruck gelangt. Als Regeln für die Auf=
stellung der Reihenfolge, in welcher die Anträge zur Abstimmung kommen
sollen, sind folgende zu beachten:

a. Formelle Vorfragen, namentlich der Antrag auf Tagesordnung,
sind vorweg zur Abstimmung zu bringen;

b) von den materiellen Anträgen ist zunächst der weitergehende
vor dem engeren Antrage zur Abstimmung zu bringen, damit
die Beschließenden sich, falls das Größere nicht erreicht werden kann,
auf das Kleinere beschränken können;

c) Abänderungsanträge sind vor dem Hauptantrage zu er
ledigen, so daß, wenn erstere vorliegen, die Abstimmungsfrage be
dingungsweise dahin gestellt wird, ob für den Fall der Annahme
des Hauptantrages der letztere durch einen Abänderungsantrag
entsprechend umgestaltet werden solle;

d) stehen sich zwei Hauptanträge gegenüber, von welchen der
eine den andern ausschließt, so wird, wenn nicht etwa die vor=
stehende Regel b zur Anwendung kommt, der Vorsitzende die Ab=
stimmung in der Reihenfolge vorzunehmen haben, wie sie der
Zeit nach eingegangen sind;

e) liegen mehrere sich gleichstehende und nebengeordnete Anträge vor,
welche verschiedene Ziele verfolgen und unter einander sich völlig
ausschließen, so kann die Abstimmung erfolgen entweder in der
Reihenfolge, wie die Anträge zeitlich eingegangen sind, (Serien=
methode), oder indem immer zwei der Anträge sich gegenübergestellt
werden mit der Frage, ob dem einen oder andern der Vorzug zu
geben sei und indem der verworfene Antrag jedesmal ausscheidet
(Eliminirungsmethode).

Sobald die Abstimmung beendigt ist, erklärt der Vorsitzende: „Die Ab=
stimmung ist geschlossen" und nachdem die Zahl der Stimmen nunmehr nach=
gezählt ist, wird das Ergebniß etwa in folgender Weise verkündigt: „Das Er=
gebniß der Abstimmung ist folgendes: es haben an der Abstimmung theilge=
nommen 57 Personen, die absolute Majorität beträgt also 29. Mit „Ja"
haben gestimmt 35, mit „Nein" 22; der Antrag ist angenommen."

5. Protokollführung.

1. Ueber die Verhandlungen der Generalversammlung ist nach § 45 des
Genossenschaftsgesetzes durch den vom Vorsitzenden ernannten Schriftführer
ein eingehendes Protokoll aufzunehmen. Dasselbe ist am Schlusse der Ver=
sammlung zu verlesen. Letzteres ist niemals zu unterlassen, da es ja vor=
kommen kann, daß der Protokollführer sich geirrt und verschrieben hat. In

solchem Falle ist eine Verbesserung nöthig. Aenderungen im Protokoll können nur vorgenommen werden, so lange dasselbe noch nicht unterschrieben ist und alle Anwesenden noch bezeugen können, was der Redner gesprochen bezw. mit seinen Worten gemeint hat. Zu Beginn der nächsten Generalversammlung wird das Protokoll der vorhergehenden nochmals verlesen, damit sich alle Anwesenden der früheren Verhandlungen erinnern und damit zugleich zu Beginn der neuen Versammlung wieder in die weihevolle Stimmung der früheren versetzt werden.

2. Da ein richtig geführtes Protokoll folgende Punkte enthalten soll:

a) Ort und Zeit der Versammlung,

b) Zahl der stimmberechtigten und anwesenden Mitglieder,

c) Tagesordnung,

d) Name des Vorsitzenden, der Schriftführer und Stimmzähler,

e) Eröffnung der Versammlung nebst Feststellung der ordnungsmäßigen Berufung,

f) Beschlußfassung über jeden einzelnen Punkt der Tagesordnung,

g) Darlegung der einzelnen Anträge mit dem Resultat der Abstimmung über dieselben,

h) Schluß der Versammlung,

i) Abschluß und Unterschrift des Protokolls,

so kann das Protokoll der Generalversammlung beispielsweise folgendermaßen abgefaßt werden:

Mitgliederzahl 72
Anwesend waren 68 Mitglieder
Es fehlten:
mit Entschuldigung 3 „
ohne „ 1 Mitglied
zusammen 4 Mitglieder.

Kirchberg, 10. April 1894.*)

Auf vorschriftsmäßige Einladung versammelte sich heute um 3½ Uhr Nachmittags im Lokale des Herrn Gastwirths Meyer hierselbst die nebenbezeichnete Anzahl von Mitgliedern des Kirchberger Spar- u. Darlehnskassen-Vereins, eingetragene Genossenschaft mit unbeschränkter Haftpflicht zu Kirchberg. Der Vereinsvorsteher Groß eröffnete um 3½ Uhr die Versammlung und ernannte den Vereinsrechner Schulz zum Protokollführer und die Mitglieder Gottfried Linker und Heinrich Fuchs zu Stimmzählern.

Entsprechend der Tagesordnung wurde alsdann, wie folgt, verhandelt und beschlossen:

ad 1. Vorlage der Rechnung und Bilanz pro 1893.

Der Vereinsrechner theilte auf Grund der aufgestellten Rechnung und Bilanz pro 1893 das Geschäftsergebniß nach den einzelnen Positionen der ersteren mit, worauf der Vorsitzende des Aufsichtsrathes über die vom Vorstande und Aufsichtsrathe vorgenommenen ordentlichen und außerordentlichen Geschäfts- und Kassenrevisionen Bericht erstattete und beantragte, die Rechnung

---

*) Auch die Protokolle der Generalversammlung sind, wie diejenigen des Vorstandes rc. auf „gebrochene Bogen" zu schreiben.

und Bilanz pro 1893 zu genehmigen, sowie den Vorstand und Rechner hinsichtlich der Geschäftsführung für das Jahr 1893 gemäß den Bestimmungen
der Statuten zu entlasten. Dieser Antrag fand einstimmige Annahme.

ad 2. **Geschäftsbericht des Vereinsvorstehers.**

Der Vereinsvorsteher theilt zunächst mit, daß, der Verein durch den Tod
eines eifrigen Aufsichtsrathsmitgliedes, des Herrn Johann Rütter, einen
empfindlichen Verlust erlitten habe. Die Versammlung ehrt das Andenken
des Verstorbenen durch Erheben von den Sitzen.

Im laufenden Jahre sind 10 neue Mitglieder dem Verein beigetreten,
während 2 Mitglieder wegen Verzuges aus dem Vereinsbezirke ausgeschieden
sind. Im Ganzen zählt der Verein jetzt 72 Mitglieder.

Die zum Geschäftsbetriebe erforderlichen Geldmittel sind dem Vereine im
verflossenen Jahre recht reichlich zugeflossen, so daß der früher von der Central
Darlehnskasse in Neuwied entnommene Vorschuß nicht allein zurückgezahlt, son
dern auch noch ein größerer Betrag als Deposite derselben übersandt werden
konnte. Es wurden nicht weniger als 54 Sparkassenbücher ausgegeben. Unter
den Sparern befinden sich auch eine Anzahl von gering begüterten Personen
wie Knechte, Mägde, Gesellen und Taglöhner.

Die festgesetzte Grenze für Aufnahme von Anlehn wird voraussichtlich sehr
bald erreicht sein. Es dürfte sich daher empfehlen, die Grenze des Betriebs
kapitals auf 60,000 Mark zu erhöhen.

Die Versammlung beschließt einstimmig die Erweiterung des Betriebs
kapitals auf 60,000 Mk.

ad 3. **Festsetzung der Entschädigung für die Mühewaltung
des Rechners.**

Gemäß Vorschlag des Vereinsvorstehers wird die Entschädigung für die
Mühewaltung des Rechners pro 1893 auf 100 Mark festgesetzt.

ad 4. **Mittheilung über das Ergebniß der Revision
der General-Anwaltschaft.**

Der Vorsitzende des Aufsichtsrathes theilt an der Hand des Revisions-
protokolles durch Verlesen und in erläuternden Bemerkungen zu demselben
das Ergebniß der durch den Revisor der General-Anwaltschaft in Neuwied
vorgenommenen Revision der Buch= und Geschäftsführung mit. Während die
Kasse mit den Buchungen übereinstimmt, ergaben sich bei der Geschäftsführung
kleinere Anstände, die aber inzwischen schon beseitigt worden sind.

ad 5. **Neuwahl von 3 statutenmäßig ausscheidenden Aufsichtsrathsmitgliedern.**

Die durch das Loos ausgeschiedenen Mitglieder Weiß, Schreiner, Schmitt
wurden einstimmig wiedergewählt und an Stelle des verstorbenen Rütter wurde
Jakob Friedrich gewählt. Sämmtliche Gewählte nahmen die Wahl an.

ad 6. **Vortrag über die wirthschaftlichen Vortheile der gemeinsamen Consumbezüge. Referent: Herr Pfarrer Gottlieb,
Correferent: Herr Gutsbesitzer Heinrich Schmitz.**

Den Ausführungen des Herrn Pfarrers Gottlieb sowohl, als auch denjenigen des Herrn Gutsbesitzers Schmitz folgte die Versammlung unter wiederholter Beifallsbezeugung mit großem Interesse. Es wurde einstimmig beschlossen
die gemeinsamen Consumbezüge für den Verein in die Wege zu leiten und sich
dieserhalb mit der General-Anwaltschaft, Abtheilung für gemeinschaftliche Be=
züge, in Neuwied in Verbindung zu setzen.

Da sich Niemand mehr zum Wort meldete und die Zeit inzwischen schon
weit vorgerückt war, wurde die Versammlung durch den Vorsitzenden mit der

Bitte geschlossen, doch auch bei der nächsten Generalversammlung zahlreich zu erscheinen, da gerade diese Versammlungen, wo mancherlei Anregungen gegeben würden und die gemachten Erfahrungen in nutzbringender Weise ausgetauscht werden könnten, am besten geeignet seien, das genossenschaftliche Leben im Verein wach zu halten und das Gefühl der Zusammengehörigkeit immer mehr zu kräftigen.

Nachdem das gegenwärtige Protokoll noch deutlich vorgelesen und genehmigt worden, wird dasselbe von den anwesenden Mitgliedern des Vorstandes und Aufsichtsrathes sowie vom Protokollführer unterschrieben.

Der Vorstand:	Der Aufsichtsrath:
Groß,	Reuter,
Klinker,	Schneider,
Fuchs,	Friedrich,
Schmitz,	Weiß,
Müller.	Schreiner,
	Schmitt,
	Stoll,
	Hahn,
	Kaufmann.

Schulz, Protokollführer.

Zweiter Theil.

Mit praktischen Beispielen ausgefüllte

Formulare.

Journal.

—•—

Anmerkung: Alle Einnahmen und Ausgaben sind im Journal sofort, wie sie geschehen, mit fortlaufender Nummer einzutragen. Es empfiehlt sich, die Buchung der Ausgaben unmittelbar vor der Auszahlung, die Buchung der Einnahme unmittelbar nach dem Empfang der Gelder vorzunehmen. In jedem neuen Jahre wird mit Nr. 1 wieder begonnen. In dem Kopf der vorgedruckten Spalten ist genau bezeichnet, wohin die einzelnen Beträge zu buchen sind. Die Spalten mit der Ueberschrift „Summe der Einnahmen" und „Summe der Ausgaben" dienen zur Probe für die Richtigkeit der Aufrechnungen der einzelnen Spalten in Einnahme und Ausgabe. Die Aufrechnungen sind richtig, wenn die Gesammtsumme (Quersumme) der einzelnen Summen der Spalten mit der Spalte „Summe der Ausgaben" bezw. „Summe der Einnahmen" übereinstimmt. Durch Vergleichung der erwähnten beiden letzten Spalten erhält man den Kassenbestand (Mehreinnahme) oder den Kassenvorschuß (Mehrausgabe). Bei Vergleichung der Gesammtsumme der einzelnen Spalten in Einnahme und Ausgabe am Jahresschlusse ergeben sich die für die Uebertragung auf das neue Jahr verbleibenden „Bestände" bezw. „Vorschüsse". Die Summe der Bestände aus den einzelnen Spalten, verglichen mit der Summe der Vorschüsse aus den einzelnen Spalten, ergibt den Kassenbestand, welcher mit demjenigen, welcher sich bei der Vergleichung der Spalte „Summe der Einnahmen" und „Summe der Ausgaben" ergibt, übereinstimmen muß.

1	2	3	4	5	6	7	8	9	10	11	12
					Einnahme						
Laufende Nummer	Ge-schäfts-an-theile	Anlehn (Spar-kassengelder sowie zum Kapital ge-schriebene Zinsen)	Darlehn (zurückge-zahlte Dar-lehn, Stamm-gelder u. er-stattete Ge-richtskosten)	Laufende Rechnung (zugleich Werth-papiere) Mobilien, Immobil.	Consum-Bezüge (Dünge- u. Futter-mittel, Samereien, Kohlen 2c.)	Vertrieb v. Wirth-schaftser-zeugnissen (Getreide-Kartoffeln-Weiden 2c.)	Sonstige Einnahmen		Summa der Ein-nahmen	Datum der Zahlung	Namen
							Zinsen	Provi-sion 2c.			
	ℳ ₰	ℳ ₰	ℳ ₰	ℳ ₰	ℳ ₰	ℳ ₰	ℳ ₰	ℳ ₰	ℳ ₰		
										1892	
1	10 —								10 —	1/10	Groß, Karl,
2	5 —								5 —	„	Schmitz, Friedrich
3	— 50								— 50	„	Brener, Gerhard
4	10 —								10 —	„	Klinker Gottfried
5	2 —								2 —	„	Fuchs, Heinrich
6	10 —								10 —	„	Schulz, Peter
7		100 —						— 10	100 10	„	derselbe
8								— 10	— 10	10/10	Amtsgesicht
9		2000 —						— 10	2000 10	14 10	Beikirch, Anton
10								— 60	— 60	15/10	Fuchs, Heinrich
11	10 —						21		31 —	„	Lindemann, Heinr.
12				3000 —					3000 —	20 10	Landw. Ctr. Darll
13										„	Schmitz, Friedrich
14		500 —							500 —	25/10	Schulz, Peter
15		2 —						— 10	2 10	„	Kreuz, Sebastian
16										26/10	Güter-Expedition
17	2 50								2 50	„	Fuchs, Anton
18	3 —								3 —	„	Martini, Peter
19										30/10	Raiffeisen u. Conj.
20								39 50	39 50	„	Groß u. Conf.
	53 —	2602 —		3000 —				61 40	5716 40		Summa pr
									5620 —		Kassenbestand, welcher i
									96 40		vorgefunden wurde.
											Der Vereinsvorsteher
											Groß.
21	2 50	— —							2 50	1/11	Fuchs, Anton
22					82 —				82 —	2/11	Fuchs, Heinrich
23					1000 —				1000 —	9/11	Sambh. Sp. u. Dk
24		50 —							— 50	10/11	Brener, Gerhard
25										„	Groß, Karl
26										„	Schmitz, Friedrich
27										„	Fuchs, Heinrich
28										„	Martini, Peter
29										11/11	Schneider, Mathia
30		50 —						19	50 19	12 11	Fuchs, Heinrich
31										„	Brener, Gerhard
32										14/11	Klinker, Gottfried
33										15/11	Schulz, Peter
34					164 —				164 —	„	derselbe
35								20	20 —	„	Groß, Karl u. Cor
36										„	Schulz, Peter
37					700 —	2 92			702 92	21/11	Schönb. Sp. u. Dk
38										22/11	Groß, Karl
39										„	Brener, Gerhard
40										„	Fuchs, Anton
41										23/11	Schneider, Mathiu
42										25 11	Klinker Gottfried
43								14	14 —	„	Groß u. Conf.
44										30/11	Schulz, Vereinsvec
	3 —		50 —		246 —	1700 —	3 11	34 —	2036 11		Zu übertragen

13	14	15	16	17	18	19	20	21	22	23	24
						Ausgabe					
Wohnort	Seite des Contobuches bezw. Abrechnungsbuches	Ge= schäfts= an= theile	Anlehn (zurückge= zahlte Sparkassen gelder)	Darlehn (ausgez. Darlehn, Maufgelder Cessionen u zurückzu erstattende Gerichtsk.)	Laufende Rechnung (angekaufte Werthpap. Mobilien und Immobil.	Consum= Bezüge (Dünger u. Futter= mittel, Sämereien Kohlen rc.)	Vertrieb v. Wirth= schaftser= zeugnissen (Getreide= Kartoffeln, Weisen rc.)	Sonstige Ausgaben Zinsen			Summa der Ausgaben	Bemerkungen
		ℳ ₰	ℳ ₰	ℳ ₰	ℳ ₰	ℳ ₰	ℳ ₰	ℳ ₰	Verwal= tungs= kosten	ℳ ₰	
Kirchberg	1									3 20	3 20	Gründungssachen
"	1											und Porto.
"	1											
"	1											
"	1									26 80	26 80	10 ₰ Sparkassenb.
Neuroth	2											Eintragungsst.
Kirchberg	1			100							100	10 ₰ Sparkassenb.
"	1,2			2100							2100	Auf 9 Monate.
Neuwied	1,2				250						250	1% Provision.
Kirchberg	3				1500						1500	25° v auf 1 Attie.
"												
Bergen	3											10 ₰ Sparkassenb.
Kirchberg	1					36 50					36 50	Fracht für ½ A. S.
"	2,1					1.—					1	Botenlohn
"	2,1					3.—					3	für Auswiegen.
Neuwied	1					1560.—					1560	Rechnung f. A. S.
Kirchberg	1					39 50					39 50	Prov. f. d. Ver.
Oktober		—	2200	1750	1640				30 —	5620	
der Kasse baar											
Der Rechner Schulz.											
Kirchberg	2										
"	1										
Sandhosen	2										für gel.Kartoffeln.
Kirchberg	1										
"	1					48 40				48 40	"
"	1					121				121	"
"	1					121.—				121	"
"	1					72 60				72 60	"
"	1					121				121	4
"	1					121				121	"
"	1					242				242	"
"	1					121				121	"
"	2,1					12				12	Abwiegen u. Eintl.
"	1					20				20	2% Prov. f. d. V.
"	1		100							100	für geliefert. Heu.
Schönberg											
Kirchberg	1					34				34	"
"	1					170				170	"
"	1					34 —				34	"
"	1					102				102	"
"	1					346				346	6 ℳ f. Auswiegen.
"	1					14				14	Provision
"	1								60	60	für Porto
		100 —				1700			60	1800 60	

1	2	3	4	5	6	7	8	9	10	11	12
				Einnahme							
Laufende Nummer	Geschäfts-antheile	Anlehn (Spar-kassengelder sowie zum Kapital ge-hörige Gewinne)	Darlehn (zurückge-zahlte Dar-lehn, Kauf-gelder u. er-stattete Ge-richtskosten)	Laufende Rechnung (verkaufte Werth papiere Mobil. u Immobil.)	Consum-Bezüge (Dünge- u. Futter-mittel, Sämereien, Kohlen ꝛc.)	Vertrieb v. Wirth-schaftser-zeugnissen (Getreide, Kartoffeln, Weiden ꝛc.)	Sonstige Einnahmen Zinsen	Provi-sion ꝛc.	Summa der Ein-nahmen	Datum der Zahlung	Namen
	ℳ ₰	ℳ ₰	ℳ ₰	ℳ ₰	ℳ ₰	ℳ ₰	ℳ ₰	ℳ ₰	ℳ ₰		
										1892	
	3		50		246	1700 -	3 11	34	2036 11		Uebertrag
45	2 -								2 -	30/11	Fuchs, Heinrich
46									-	"	Raiffeisen u Conj.
47		1000						10	1000 10	"	Schlenter, Gerhard
	5	1000	50 -		246	1700	3 11	34 10	3038 21		Summe pro
	53	2602		3000				61 40	5716 40		Dazu die Summe der
	58	3602	50	3000	246	1700	3 11	95 50	8754 61		Gesammt
									7874 50		Ausgabe.
									880 11		Kassenbestand, welcher in vorgefunden wurde. Der Vereinsvorsteher Groß.
48			-	2000					2000 -	1/12	Ldw. Centr. Darl
49		3600	-						3600 -	"	Schulz, Peter
50								56 70	56 70	5 12	Schmitz, Erben
51		1000							1000 -	20/12	Schulz, Peter
52			50				46		50 16	"	Fuchs, Heinrich
53									-	21/12	Raiffeisen u. Conj.
54				750					750	22/12	Schmitz, Friedrich
55										"	Ldw. Centr. Darl
56		5							5	"	Schmitz, Friedrich
57	50								50	"	Breuer, Gerhard
58	2 -								2 -	"	Fuchs, Heinrich
59	2 50								2 50	"	Fuchs, Anton
60	2 -								2 -	"	Martini, Peter
61								14	14 -	"	Breuer, Gerhard
62										24/12	Ldw. Centr. Darl
63				600					600 -	"	Klinker, Gottfried
64		01							01	31/12	Krenz, Sebastian
65										"	Schulz, Peter
66		2 92							2 92	"	Schlenter, Gerhar
67		11 67							11 67	"	Veitrich, Anton
68										"	Klinker, Gottfried
69				37 28					37 28	"	Ldw. Centr. Darl
70		8 75					19 95		28 70	"	Lindemann, Heinr.
71							13 96	3 75	17 71	"	Schmitz, Friedrich
72								12 35	12 35	"	Schulz u. Coni.
73					164		68		164 68	93,4 1	Groß, Karl
74					328		1 37		329 37	16/1	Schmitz, Friedrich
75					410 -		1 71		411 71	20/1	Klinker Gottfried
	12	7614 60	58 75	3387 28	902		38 13	86 80	12009 56		Summe pr
	58	3602	50	3000	246	1700	3 11	95 50	8754 61		Dazu die Summe de
	70	11216 60	108 75	6387 28	1148	1700	41 24	182 30	20854 17		Gesammt
									18692 29		Ausgabe
									2161 88		Kassenbestand, welcher i vorgefunden wurde.

Der Vereinsvorsteher
Groß.

Ausgabe

Laufende Rechnung (angekaufte Werthpap., Mobilien und Immobil.)		Consum Bezüge (Dünge u. Futtermittel, Sämereien, Kohlen etc.)		Vertrieb v Wirthschaftserzeugnissen (Getreide Kartoffeln, Weiden etc.)		Sonstige Ausgaben				Summa der Ausgaben		Bemerkungen
						Zinsen		Verwaltungskosten				
ℳ	₰	ℳ	₰	ℳ	₰	ℳ	₰	ℳ	₰	ℳ	₰	
—	—	—	—	1700	—	—	—	—	60	1800	60	
390	—	—	—	—	—	—	—	63	90	453	90	Geldsch.Büch.Для. für 1 Sparkassenb
390	—	—	—	1700	—	—	—	64	50	2254	50	
1750	—	1640	—	—	—	—	—	30	—	5620	—	
2140	—	1640	—	1700	—	—	—	94	50	7874	50	
—	—	—	—	—	—	—	—	—	—	2835	—	Leb Versteigprtll. 2% Rab. f. b. Ver. 6 jährl. Termine.
115	—	—	—	—	—	—	—	—	—	115	—	für einen Trieur
4000	—	—	—	—	—	—	—	—	—	4000	—	
3300	—	—	—	—	—	—	—	—	—	500	—	5 ℛ.; 2½% Prov
										3300	—	
—	—	—	—	—	—	—	01	—	—	—	01	Kapitalisierte Zinſ
—	—	—	—	—	—	13	72	1	84	15	56	Porto.
—	—	—	—	—	—	2	92	—	—	2	92	
—	—	—	—	—	—	11	67	—	—	11	67	
—	—	—	—	—	—	—	35	—	—	—	35	
—	—	—	—	—	—	29	98	7	30	37	28	
—	—	—	—	—	—	—	—	—	—	—	—	
—	—	—	—	—	—	—	—	—	—	—	—	f. Ben. d. Trieurs.
—	—	—	—	—	—	—	—	—	—	—	—	

1	2	3	4	5	6	7	8	9	10	11	12

Einnahme

Laufende Nummer	Geschäfts= antheile	Anlehn (Sparkassengelder sowie zum Kapital geschriebene Zinsen)	Darlehn (zurückgezahlte Darlehn, Kautgelder u. errstattete (gerichtskosten)	Laufende Rechnung verkaufte Werth papiere Mobilien, Immobil.	Consum= Getüge Dünge u. Futter mittel, Samereien, Kohlen ɔc.	Vertrieb v. Wirth= schaftser= zeugnissen (Getreide, Kartoffeln, Weiden ɔc.)	Sonstige Einnahmen Zinsen	Provi= sion ɔc.	Summa der Ein= nahmen	Datum der Zahlung	Namen
ℳ ₰	ℳ ₰	ℳ ₰	ℳ ₰	ℳ ₰	ℳ ₰	ℳ ₰	ℳ ₰	ℳ ₰	ℳ ₰		

Jahresabschluß.

	70	11216 60	108 75	6387 28	1148 —	1700 —	41 24	182 30	20854 17		Bestände Mehreinnahme
	—	100 —	5535	9555 —	1640	1700 —	58 65	103 64	18692 29		Vorschüsse Mehrausgabe
	70	11116 60			— —		—	78 66	1265 26		
	— —	— —	5426 25	3167 72	492 —	—	17 41	—	9103 38		
									2161 88		Kassenbestand.
	70	11116 60	— —	— —	— —	— —	— —	78 66	1265 26	1893	Bestände u. Vorsch.
1		2000 —	—	—	—	—	—	—	2000 —	2 4	Schulz, Peter
2	—	500	—	—	—	—	—	—	500 —	„	Schleuter, Gerhard
3	—	—	—	—	—	—	— 80	—	— 80	„	Schmitz, Friedrich
4	—	—	—	—	—	—	—	—	—	„	Ldw. Centr. Darlt
5	— —	— —	—	—	—	69	—	—	69	4/1	Groß, Karl
6	—	—	—	—	—	—	—	—	—	6 4	Güter-Expedition
7	—	—	—	—	—	—	—	—	—	„	Schulz, Peter
8	—	—	—	—	—	—	—	—	—	„	Raiffeisen u. Comp.
9	—	— —	—	—	—	—	—	8	8	„	Fuchs, H u. Comp.
10	10 —	—	—	—	—	—	1 20	—	11 20	„	Sturm, Heinrich
11	50	—	—	—	—	—	—	—	50	7/1	Breuer, Gerhard
12	— —	10 —	—	—	—	—	—	10	10 10	8/1	Schmidt, Georg
13	—	4	—	—	—	—	—	10	4 10	9/1	Teumling Bernhard
14	—	2	—	—	—	—	—	10	2 10	„	Fint, Gerhard
15	—	4	—	—	—	—	—	—	4	10 4	Kreuz, Sebastian
16	—	50	—	—	—	—	—	—	50	12 4	Schulz, Peter
17	—	—	—	1000	—	—	—	— —	1000	13/1	Ldw. Centr. Darlt
18	—	—	—	—	—	—	—	—	— —	„	Schmitz, Friedrich
19	—	—	—	—	—	—	73	—	— 73	16 4	Schulz, Peter
20	— —	200	—	—	—	—	—	—	200 —	„	Schulz, Peter
21	—	120	— —	—	—	—	—	—	120	17 4	Schleuter, Gerhard
22	—	5 —	—	—	—	—	—	—	5	18 4	Schmidt, Georg
23	—	3	— —	—	—	—	—	—	3 —	„	Teumling, Bernh.
24	—	2	—	—	—	—	—	—	2	„	Fint, Gerhard
25	—	76	— —	—	—	—	—	—	76 —	20/1	Kreuz, Sebastian
26	—	—	—	—	—	—	1 14	—	1 14	21/1	Klinter, Gottfried
27	—	—	—	—	—	—	—	—	—	„	Ldw. Centr. Darlt
28	2	—	—	—	—	—	—	—	2 —	„	Fuchs, Heinrich
29	—	2000	—	2000	—	—	—	—	2000 —	25/1	Schmitz, Friedrich
30	2 50	—	—	—	—	—	—	—	2 50	„	Fuchs, Anton
31	—	100	—	—	—	—	—	—	100 —	26/1	Schleuter, Gerhard
32	—	2	—	—	—	—	—	—	2	27/1	Kreuz, Sebastian
33	—	—	—	3250	—	—	—	—	3250 —	29 4	Ldw. Centr. Darlt
34	3	—	—	—	—	—	—	—	3	30 4	Martini, Peter
35	—	—	—	—	—	—	—	—	—	„	Schulz, Peter
	18 —	3378	— —	6250	—	—	1 96	10 30	9658 26		Summe pr
	70	11116 60	—	—	—	—	—	78 66	1265 26		Dazu obige Bestände
	88	11494 60	—	6250	—	—	1 96	88 96	20923 52		Gesamm
									19551 38		Ausgabe.
									1372 14		Kassenbestand, welcher i vorgefunden wurde.

Der Vereinsvorsteher
Groß.

13 Wohnort	14 Seite des Contobuches bezw. Abrechnungsbuches	15 Ge-schäfts-an-theile	16 Anlehn (zurückge-zahlte Sparkassengelder)	17 Darlehn (ausgez. Darlehn, Kaufgelder Cessionen u zurückzu erstattende Gerichtsk.)	18 Laufende Rechnung (angekaufte Werthpap. Mobilien und Immobil.	19 Consum-Bezüge (Dünge- u. Futter-mittel, Sämereien Kohlen c.)	20 Vertrieb v. Wirth-schaftser-zeugnissen (Getreide-kartoffeln, Weiden c.)	21 Zinsen	22 Verwal-tungs-kosten	23 Summa der Ausgaben	24 Bemerkungen
a. d. J. 1892				5426 25	3167 72	492		17 41		9103 38	
Kirchberg	1										
Neuroth	4										
Kirchberg	6			100						100	auf 10 Monate.
Neuwied	1				4000					4000	
Kirchberg	3										
"	2					35				35	Fracht f. Kohlen.
"	2					7				7	Botenl. u. Ausw.
Neuwied	2					98				98	Rechnung
Kirchberg	2					8				8	Prov. f. d. Verein
"	2,7										
"	1			150						150	auf 10 Monate.
Neuroth	5										für 1 Sparkassenb.
"	6										
Kirchberg	7										"
Bergen	3										"
Kirchberg	1										
Neuwied	1										
Kirchberg	3				1000					1000	
"	4										
"	1										
Neuroth	4										
"	5										
"	6										
Kirchberg	7										
Bergen	3										
Kirchberg	5										
Neuwied	2				1000					1000	25%/oEinz. a. 4Att.
Kirchberg	1										
"	3										
"	2										
"	4										
Bergen	3										
Neuwied	1										
Kirchberg	2										
"	1	4000							50	4050	50 M Geh. pro 92
Januar und Vorschüsse		4000				148			50	10448	
summe				5426 25	3167 72	492		17 41		9103 38	
		4000		5676 25	9167 72	640		17 41	50	19551 38	

der Kasse baar

Der Rechner
Schulz.

1	2	3	4	5	6	7	8	9	10	11	12
					E i n n a h m e						
Laufende Nummer	Geschäftsantheile	Anlehn (Sparkassengelder sowie angelegtes Kapital geschriebene Zinsen)	Darlehn (zurückgezahlte Darlehn, Kaufgelder u. erstattete Gerichtskosten)	Laufende Rechnung (verkaufte Werthpapiere Mobilien, Immobil.)	Consumbezüge (Dünge- u. Futtermittel, Sämereien, Kohlen 2c.)	Vertrieb v. Wirthschaftserzeugnissen (Getreide, Kartoffeln, Weiden 2c.)	Sonstige Einnahmen — Zinsen	Sonstige Einnahmen — Provision 2c.	Summa der Einnahmen	Datum der Zahlung	Namen
	ℳ ₰	ℳ ₰	ℳ ₰	ℳ ₰	ℳ ₰	ℳ ₰	ℳ ₰	ℳ ₰	ℳ ₰		
											1893
36		1 —							1 —	1/2	Kreuz, Sebastian
37			10 —				— 05		10 05	2/2	Schmitz, Friedrich
38					44 40				44 40	„	Fuchs, Heinrich
39					14 80				14 80	„	Schmitz, Friedrich
40					7 40				7 40	3/2	Groß, Karl
41									—	„	Güterexpedition
42									—	„	Sturm, Bernhard
43		10 —							10 —	4/2	Schlenker, Gerhard
44					11 10				11 10	6/2	Schulz, Peter
45			15 —				— 07		15 07	„	Sturm, Heinrich
46	— 50								— 50	„	Breuer, Gerhard
47					410 —		3 76		413 76	„	Martini, Peter
48					40 —		— 56		40 56	10/2	Fuchs, Anton
49				500 —					500 —	11/2	Schmitz, Friedrich
50									—	„	Schulz, Peter
51									—	„	Raiffeisen u. Conf.
52									—	„	Schlenker, Gerhard
53									—	14/2	Schulz, Peter
54		3 —							3 —	„	Kreuz, Sebastian
55	2 —								2 —	„	Martini, Peter
56		450 —							450 —	„	Schlenker, Gerhard
57									—	„	Klinker, Gottfried
58		200 —							200 —	20/2	Schulz, Peter
59									—	21/2	Klinker, Gottfried
60				2500 —					2500 —	22/2	Ldw. Centr. Darlf.
61									—	23/2	Schmitz, Friedrich
62									—	„	Schulz, Peter
63									—	24/2	Schlenker, Gerhard
64									—	28/2	Kreuz, Sebastian
65									—	„	Schulz, Peter
	2 50	664 —	25 —	3900 —	527 70		4 44		4223 64		Summe
	88 —	14494 60		6250 —			1 96	88 96	20923 52		Dazu die Summe der
	90 50	15158 60	25 —	9250 —	527 70	—	6 40	88 96	25147 16		Gesammt
									24374 28		Ausgabe.
									772 88		Kassenbestand, welcher in vorgefunden wurde.

Der Vereinsvorsteher
Groß

66		—		300 —					300 —	1/3	Klinker, Gottfried
67		70 —							70 —	„	Schulz, Peter
68		4 —							4 —	2/3	Kreuz, Sebastian
69			10 —				— 08		10 08	„	Schmitz, Friedrich
70	— 50								— 50	7/3	Breuer, Gerhard
71			15 —				— 13		15 13	„	Sturm, Heinrich
72		30 —							30 —	8/3	Schmidt, Georg
73									—	12/3	Güterexpedition
74									—	„	Sturm, Bernhard
75		180 —							180 —	14/3	Schulz, Peter
	— 50	284 —	25 —	300 —			— 21		609 71		Zu übertragen

13	14	15	16	17	18	19	20	21	22	23	24

Ausgabe

Wohnort	Seite des Contobuches beim Abrechnungsbuche	Geschäftsantheile	Anlehn (zurückgezahlte Sparkassengelder)	Darlehn (ausges. Darlehn, Aufgelder Cessionen u. zurückzuerstattende Gerichtsk.)	Laufende Rechnung (angekaufte Werthpap., Mobilien und Immobil.	Consum Bezüge (Düngeu. Futtermittel, Sämereien Kohlen xc.)	Vertrieb v. Wirthschaftserzeugnissen (Getreide Kartoffeln, Weiden xc.	Sonstige Ausgaben Zinsen	Verwaltungskosten	Summa der Ausgaben	Bemerkungen
Bergen	3										
Kirchberg	6										
"	1										
"	4										
"	3										
"	3					84 —				84 —	Fracht f. Kohlen
"	3					12 —				12 —	Für Abfahren.
Nenroth	4										
Kirchberg	2									—	
"	7										
"	1,5				1 90					1 90	Zahlungsbefehl.
"	6										
"	7										
"	3										
"	1		50 —							50 —	
Nenwied	3					190 —				190 —	Rech.f.Kohl.3/2 94
Nenroth	4		800 —							800 —	
Kirchberg	1		100 —							100 —	
Bergen	3									—	
Kirchberg	2										
Nenroth	4										
Kirchberg	5				1000 —					1000 —	
"	1										
"	5				500 —					500 —	
Nenwied	1										
Kirchberg	3				2000 —					2000 —	
"	1		30 —							30 —	
Nenroth	4		20 —							20 —	
Bergen	3		5 —							5 —	
Kirchberg	1		30 —							30 —	
Februar.		1035 —		1 90	3500 —	286 —				4822 90	
früheren Monat		4000 —	5676 25	9167 72	640 —		17 41	50	19551 38		
Summe.		5035 —	5678 15	12667 72	926 —	—	17 41	50 —	24374 28		

der Kasse baar

Der Rechner Schulz.

Kirchberg	5										
"	1										
Bergen	3										
Kirchberg	6										
"	1										
"	7										
"	5										
"	3					12 —				12 —	Fracht f. Kohlen.
"	3					6 —				6 —	Abfahr. d. Kohlen
"	1										
						48 —	—	—	—	48 —	

1	2	3	4	5	6	7	8	9	10	11	12
				Einnahme							
Laufende Nummer	Geschäfts-antheile	Anlehn (Sparkassengelder sowie zum Kapital geschriebene Zinsen)	Darlehn (zurückgezahlte Darlehn, Kaufgelder u. erstattete Gerichtskosten)	Laufende Rechnung (verkaufte Werthpapiere) Mobilien, Immobil.	Consum-Bezüge (Dünge- u. Futtermittel, Sämereien, Kohlen 2c.)	Vertrieb v. Wirthschaftserzeugnissen (Getreide, Kartoffeln, Weiden 2c.)	Sonstige Einnahmen — Zinsen	Provision 2c.	Summa der Einnahmen	Datum der Zahlung	Namen
	ℳ ₰	ℳ ₰	ℳ ₰	ℳ ₰	ℳ ₰	ℳ ₰	ℳ ₰	ℳ ₰	ℳ ₰		
	—50	284 —	25 —	300 —	—	—	21		609 71	1883	Uebertrag
76								18	18	15/3	Fuchs, Heinrich
77					42 —		44		42 44	16/3	Fuchs, Anton
78	2 —								2 —	20/3	Fuchs, Heinrich
79										„	Raiffeisen u. Conf.
80				2000 —					2000 —	21/3	Schmitz, Friedrich
81										22/3	Ldw. Centr. Darlt.
82										24/3	Schlenter, Gerhard
83										25/3	Raiffeisen u. Conf.
84				2000 —					2000 —	31/3	Ldw. Centr. Darlt.
85										„	Schmitz, Friedrich
86							1 70		1 70	„	Ldw. Centr. Darlt.
87	10 —								10 —	„	Schweizer, Fritz
88	5 —								5 —	„	Winsfeld, Karl
	17 50	284 —	25 —	4300 —	42 —		2 35	18 —	4688 85		Summe pro
	90 50	15158 60	25 —	9250 —	527 70		6 40	88 96	25147 16		Dazu die Summe der
	108 —	15442 60	50 —	13550 —	569 70		8 75	106 96	29836 01		Gesammtsumme.
									29171 78		Ausgabe.
									664 23		Kassenbestand, welcher in vorgefunden wurde.

Hier folgen die übrigen Monate in gleicher Weise.

Der Vereinsvorsteher
Groß.

1	2	3	4	5	6	7	8	9	10	11	12
89		120 —					3 26		123 26	1/12	Sturm, Heinrich
90										„	Groß, Karl
91	4 50								4 50	„	Breuer, Gerhard
92										„	Schmitz, Friedrich
93			11000 —						11000 —	„	Ldw. Centr. Darlt.
94			292 50				64 13		356 63	„	Krüger, Gerhard
95										„	Amtsgericht
96										„	Amtsgericht
97			501 90				23 55		525 45	„	Breuer, Gerhard
98										2/12	Schmitz, Friedrich
99			80 —				2 22		82 22	3/12	Schmitz, Friedrich
100								10 —	10 —	„	Schweizer, Fritz
101										4/12	Schulz, Peter
102		50 —							50 —	6 12	Schlenter, Gerhard
103	2 —								2 —	„	Fint, Gerhard
104	2 —								2 —	„	Kreuz, Sebastian
105										„	Güterexpedition
106										„	Sturm, Gerhard
107										10/12	Güterexpedition
108										11/12	Sturm, Gerhard
109										„	Klinker, Gottfried
110					144 —				144 —	12/12	Fuchs, Heinrich
111										„	Raiffeisen u. Conf.
112								14 50	14 50	„	Groß u. Conf.
113					72 —				72 —	„	Schmitz, Friedrich
114			292 50				64 26		356 76	15/12	Bruns, Peter
115										„	Raiffeisen u. Conf.
116					48 —				48 —	„	Schulz, Peter
	4 50	54 —	1286 90	11000 —	264 —		157 42	24 50	12791 32		Zu übertragen

Ausgabe

13	14	15	16	17	18	19	20	21	22	23	24
Wohnort	Seite des Contobuches bezw. Abrechnungsbuches	Geschäfts-antheile	Anlehn (zurückge-zahlte Darlehn, Sparcassen gelder)	Darlehn (ausgez. Darlehn, Aufgelder, Cessionen u. zurückzu-erstattende (Gerichtsk.)	Laufende Rechnung angekaufte Werthpap., Mobilien und Immobil.	Consum-Bezüge (Dünge- u. Futter-mittel, Sämereien Kohlen xc.)	Vertrieb v. Wirth-schaftser zeugnissen (Getreide, Kartoffeln, Weiden xc.)	Sonstige Ausgaben — Zinsen	Sonstige Ausgaben — Verwal-tungs-kosten	Summa der Ausgaben	Bemerkungen
Kirchberg	8	—	—	600 —	—	48 —	—	—	—	48 —	6 Jah. 3% Prov.
„	7	—	—	—	—	—	—	—	—	600 —	
„	1	—	—	—	—	—	—	—	—	—	
Neuwied	3	—	—	—	—	95 —	—	—	—	95 —	Kohlenrech. v. 12/3
Kirchberg	3	—	—	—	—	—	—	—	—	—	
Neuwied	1	—	—	—	1500 —	—	—	—	—	1500 —	
Neuroth	4	—	50 —	—	—	—	—	—	—	50 —	
Neuwied	—	—	—	—	—	—	—	—	4 50	4 50	Für Formulare
„	1	—	—	—	—	—	—	—	—	—	
Kirchberg	3	—	—	—	2500 —	—	—	—	—	2500 —	
Neuwied	2	—	—	—	—	—	—	—	—	—	Div. pro 1892.
Kirchberg	2	—	—	—	—	—	—	—	—	—	
„	2	—	—	—	—	—	—	—	—	—	
März		—	50 —	600 —	4000 —	143 —	—	—	—	4 50	4797 50	
früheren Monat		—	5085 —	5678 15	12667 72	926 —	—	17 41	50 —	24374 28	
		—	5085 —	6278 15	16667 72	1069 —	—	17 41	54 50	29171 78	

der Kasse baar

Der Rechner,
Groß.

Kirchberg	7	—	—	—	—	—	—	—	32	32	Reise z. Vereinst.
„	1	—	—	—	—	—	—	—	11	11	für 9 Mon. à 50 S
Neuwied	1	—	—	—	—	—	—	—	—	—	Reise z. Generalv. b. Centralkasse.
Kirchberg	4	—	—	—	—	—	—	—	—	—	
„	6	—	—	—	1140	—	—	—	—	1140	}Ank. Breuergsch.A. }Gerichtskosten.
„	6	—	—	—	268	—	—	—	—	268	
„	5	—	—	—	—	—	—	—	—	—	
„	3	—	—	—	500	—	—	—	—	500	
„	6	—	—	—	—	—	—	—	—	—	
„	2	10 —	—	—	—	—	—	—	—	10 —	dem Vereine ge-schenkter Ge-schäftsantheil.
„	1	—	40 —	—	—	—	—	—	—	40 —	
Neuroth	4	—	—	—	—	—	—	—	—	—	
Kirchberg	7	—	—	—	—	—	—	—	—	—	
Bergen	3	—	—	—	—	—	—	—	—	—	
Kirchberg	3	—	—	—	—	42	—	—	—	42	Fracht f. Kohlen.
„	3	—	—	—	—	6	—	—	—	6	Abfahren d. Kohl.
„	4	—	—	—	—	36 50	—	—	—	36 50	Fracht f. Weizentl.
„	4	—	—	—	—	9	—	—	—	9	Für Ausl. d. Kleie
„	5	—	—	—	700	—	—	—	—	700	
„	1	—	—	—	—	—	—	—	—	—	
Neuwied	4	—	—	—	—	900	—	—	—	900	Weizenkleie.
Kirchberg	4	—	—	—	—	14 50	—	—	—	14 50	Prov. f. d. Verein a. d. Kleienbezug
„	4	—	—	—	—	—	—	—	—	—	
„	3	—	—	—	—	—	—	—	—	—	
Neuwied	3	—	—	—	—	87	—	—	—	87	Kohlenr. v. 6/12.
Kirchberg	2	—	—	—	—	—	—	—	—	—	
		10 —	40 —	—	12608	1095 —	—	—	43 —	13796 —	

Consum-Bezüge (Dünge- u. Futtermittel, Sämereien, Kohlen ꝛc.)		Vertrieb v. Wirth-schaftser-zeugnissen (Getreide-Kartoffeln-Weiden ꝛc.)		Sonstige Einnahmen			
				Zinsen		Provi-sion ꝛc.	
ℳ	₰	ℳ	₰	ℳ	₰	ℳ	₰
264	—	—	—	157	42	24	50
				23	61	—	—
18	50	—	—	—	81	—	—
—	—	2000	—	—	—	—	—
						30	
—	—			42	78	456	32
181			—	1	70	1	44
						25	40
288				94	10		
14	80			—	68		
				74	95	16	88
				25	76	8	73
578	50			—	—	14	50

13	14	15	16	17	18	19	20	21	22	23	24
Wohnort	Zeile des Contobuches bezw. Abrechnungsbuches	Ge= schäfts= an= theile	Anlehn (zurücke zahlte Sparkassen gelder)	Darlehn (ausgez. Darlehn, Manögelder Cessionen u. zurückzu= erstattende Gerichtsk.)	Laufende Rechnung (angekaufte Werthpap.) Mobilien, Immobil.	Consum= Bezüge (Dünge= u. Futter= mittel, Sämereien Kohlen ꝛc.)	Vertrieb u. Wirth= schaftser= zeugnissen (Getreide, Kartoffeln, Weiden ꝛc.)	Sonstige Ausgaben Zinsen	Verwal= tungs= kosten	Summa der Ausgaben	Bemerkungen
Kirchberg	8	10	40		12608 —	1095				43	13796	
"	6											
Bergen	3											
Gundhelm	3											Für gel. Hafer.
Kirchberg	1						196 40			196 40		"
"	1						196 40			196 40		
"	1						392 80			392 80		
"	1						6 —			6 —		J. Abw. u. Einl.
"	1						196 40			196 40		
"	1						687 40			687 40		
"	1						294 60			294 60		
"	8616			12400			30 —			30	12400	Prov. f. d. Verein
"	3											
"	2											
"	5											
"	7,9			180							180	
Neuwied	1				4000						4000	
"	—								10		10	Genossenschaftsbl.
Kirchberg	—								20		20	Jahresbeitrag
"	—								50		50	Geh. d. Rechners.
"	4								4 60		4 60	Porto u. Bureau.
"	4											Benutz. d. Trieurs
"	8								31		31	Abschreibung
"	2											
"	5											
"	1											
Neuroth	2							221 44			221 44	Zinsen kapitalis.
Bergen	3							70 39			70 39	
Neuroth	4							2 78			2 78	"
"	5							53 45			53 45	"
"	6							1 27			1 27	"
Kirchberg	7							23			23	"
Neuwied	1							12			12	
Kirchberg	3							59 39	19 75		79 14	3. Kapital ge= schrieben
"	5											
"	3											
"	3				14 50						14 50	
Dezember		10 —	40 —	12580 —	16608 —	1109 50	2000 —	409 07	178 35	32934 92	
früheren Monat			5085	6278 15	16667 72	1069 —	—	17 41	54 50	29171 78	
summe		10 —	5125	18858 15	33275 72	2178 50	2000 —	426 48	232 85	62106 70	

der Kasse baar

Der Rechner
S ch u l z.

1	2	3	4	5	6	7	8	9	10	11	12
					Einnahme						
Laufende Nummer	Geschäftsantheile	Anlehn (Sparkassengelder sowie zum Kapital geschriebene Zinsen)	Darlehn (zurückgezahlte Darlehn, Auslehn, Ausgelder u. erstattete Gerichtskosten)	Laufende Rechnung (zugleich Werthpapiere Mobilien, Immobil.	Consumbezüge (Dünge- u. Futtermittel, Sämereien, Kohlen ꝛc.)	Vertrieb v. Wirthschaftserzeugnissen (GetreidekartoffelnWelden ꝛc.)	Sonstige Einnahmen — Zinsen	Provision ꝛc.	Summa der Einnahmen	Datum der Zahlung	Namen

Jahresabschluß!

2	3	4	5	6	7	8	9	10	
115 50	16070 29	1479 30	40668 14	1914 50	2000	430 56	684 75	63363 04	Einnahme.
10 —	5125	18858 15	33275 72	2178 50	2000 —	426 48	232 85	62106 70	Ausgabe.
105 50	10945 29	—	7392 42	—	—	4 08	451 90	18889 19	Bestände Mehreinnahme
— —	— —	17378 85	— —	264	—	—	—	17642 85	Vorschüsse Mehrausgabe
								1256 34	Kassenbestand.

№ 1.

Am *1. October 1892*

zahlte Unterzeichneter

M. *100,10*

in Worten:

hundert Mark 10 Pfg.

als *Sparkasseneinlage*

in die Vereinskasse.

(Carl Gross.)

(Unterschrift des Zahlers.)

Etwaige Bemerkungen.

Eingetragen unter Journal-Nr. *7.*

Quittung.

№ 1

Der Unterzeichnete bescheinigt hiermit für den *Kirchberger* Spar- und Darlehns-kassen-Verein, e. G. m. u. H. zu *Kirchberg* von *Peter Schulz* zu *Kirchberg*

als / für *Sparkasseneinlage* den Betrag von Mark 100, geschrieben *hundert Mark* sowie *10 Pfg.* für ein Büchlein erhalten zu haben. Gleichzeitig wurde von dem Ge-nannten ein Sparkassenbuch, lautend auf den Betrag von . . . Mark, hinterlegt.

Kirchberg, den *1. October 1892.*

Der Vereinsrechner:

Schulz.

(Eingetragen unter Journal Nr. *7*)

(Vereinsstempel.)

[Abzutrennen.]

Anmerkung: Für die beim Verein erledigenden Zahlungen ist vorstehende Quittung zu ertheilen, bei dem Trennungsstrich abzu-trennen und dem Einzahler auszuhändigen, während der Abschnitt (Coupon), von dem Einzahler unterzeichnet, im Controlbuch zurückbleibt. Bei den von der Central-Darlehnskasse oder sonst durch die Post eingehenden Geldern hat der Vereinsvorsteher den Coupon zu vollziehen. Bei Quittungen über Geschäftsantheile haben außer dem Rechner auch der Vereinsvorsteher oder dessen Stellvertreter und ein Beisitzer zu unterzeichnen. Wenn bei Einzahlung von Spareinlagen das Quittungsbuch (Form. 6. bis zur Ausstellung der endgültigen Quittung durch den Rechner beim Rechner hinterlegt wird, so hat der Rechner in die Quittung einen bezüglichen Vermerk mit Angabe der Summen, auf welchen das Sparkassenbuch lautet, einzutragen.

Quittungs-Nachweisung

sämmtlicher Ausgaben

mit Ausnahme von Darlehn und Kaufgeldern

pro 1892.

— · — · —

Anmerkung: In dieser Liste sind sämmtliche Ausgaben mit Ausnahme der Darlehn und Kaufgelder, wie sie in den einzelnen Spalten des Journals verbucht sind, aufzuführen und ist dafür Sorge zu tragen, daß bei jeder derselben von dem Empfänger die Empfangsbescheinigung ausgestellt wird. Ist letzteres nicht möglich, so ist die Ausgabe mit entsprechendem Beleg (z. B. Postquittung u. drgl.) zu versehen.

1	2	3	4		5	6	7	8
Laufende Nummer	Datum	Journal Nummer	**Der Geldempfänger**		Geschäftsantheile	Anlehn (Sparkassen-gelder)	Laufende Rechnung mit der Bank u. mit Mit-gliedern, angelaufte Werthpap., Mobilien u Immobilien	Consum-bezüge (Dünge-, Futtermittel, Sämereien, Kohlen ꝛc.
			a Namen	b Wohnort				
					ℳ ₰	ℳ ₰	ℳ ₰	ℳ ₰
	1892							
1	1,10	1	Groß, Carl	Kirchberg				
2	10 10	8	Amtsgericht	„				
3	20 10	12	Ldw. Centr.-Darlehnst.	Neuwied			250 —	
4		13	Schmitz, Friedrich	Kirchberg			1500 —	
5	26 10	16	Güter-Expedition	„				36 50
6	„	17	Fuchs, Anton	„				1 —
7	„	18	Martini, Peter	„				3 —
8	30 10	19	Raiffeisen u. Conj.	Neuwied			1500 —	
9		20	Vereins Provision	„				39 50
10	10 11	25	Groß, Carl	Kirchberg				
11	„	26	Schmitz, Friedrich	„				
12	„	27	Fuchs, Heinrich	„				
13	„	28	Martini, Peter	„				
14	„	29	Schneider, Matthias	„				
15	12/11	31	Breuer, Gerhard	„				
16	11 11	32	Klinter, Gottfried	„				
17	15 11	33	Schulz, Peter	„				
18	„	34	Schulz, Peter	„				
19	„	35	Vereins-Provision	„				
20	„	36	Schulz, Peter	„		100 —		
21	22 11	38	Groß, Carl	„				
22	„	39	Breuer, Gerhard	„				
23	„	40	Fuchs, Anton	„				
24	23 11	41	Schneider, Mathias	„				
25	25 11	42	Klinter, Gottfried	„				
26	„	43	Vereins-Provision	„				
27	30/11	44	Schulz, Vereinsrechner	„				
28	„	46	Raiffeisen u. Conj.	Neuwied			390 —	
29	„	46	„ „	„				
30	21/12	53	„ „	„			115 —	
31	22 12	55	Ldw. Centr.-Darlehnst.	„			4000 —	
32	24 12	62	„ „	„			3300 —	
33	31/12	64	Kreuz, Sebastian	Kirchberg				
34	„	65	Schulz, Peter	„				
35	„	66	Schlenter, Gerhard	Neuroth				
36	„	67	Weilirch, Anton	„				
37	„	68	Klinter, Gottfried	Kirchberg				
38	„	69	Ldw. Centr. Darlehnst.	Neuwied			— —	— —
						100	9555	1640

9 Vertrieb v. Wirth- schafts-Er zeugnissen (Roggen, Weizen Gerste Hafer, Kartoffeln, Weiden 2c.) ℳ ₰	10 Zinsen ℳ ₰	11 Verwaltungskosten ℳ ₰	12 Summa a in Zahlen ℳ ₰	12 b in Worten	13 Unterschrift des Empfängers als Quittung	14 Nro. der Unterbelage
		3 20	3 20	Drei ℳ 20 ₰	Groß	
	—	26 80	26 80	Sechsundzwanzig ℳ 80 ₰	besond. Quittung	1
—	—		250	Zweihundertundfünfzig ℳ	Post u. b. Quittung	2
—	—		1500 —	Eintausendfünfhundert ℳ	Friedrich Schmitz	
			36 50	Sechsunddreißig ℳ 50 ₰	besond. Quittung	3
	—		1 —	Eine ℳ	Anton Fuchs	
	—		3	Drei ℳ	Peter Martini	
	—		1560	Eintausendfünfhundertsechzig ℳ	Post u. b. Quittung	4
	—		39 50	Neunundbreißig ℳ 50 ₰	gutgeschr., s. Einn.	
48 40	—		48 40	Achtundvierzig ℳ 40 ₰	Carl Groß	
121			121	Einhunderteinundzwanzig ℳ	Friedrich Schmitz	
121			121	Einhunderteinundzwanzig ℳ	H. Fuchs	
72 60	—		72 60	Zweiundsiebenzig ℳ 60 ₰	Martini	
121	—		121	Einhunderteinundzwanzig ℳ	M. Schneider	
121	—		121	Einhunderteinundzwanzig ℳ	G. Breuer	
242	—		212	Zweihundertzweiundvierzig ℳ	G. Klinker	
121	—		121	Einhunderteinundzwanzig ℳ	Peter Schulz	
12	—		12	Zwölf ℳ	Peter Schulz	
20 —	—		20 —	Zwanzig ℳ	gutgeschr. s. Einn.	
—	—		100	Einhundert ℳ	P. Schulz	
34	—		34	Vierunddreißig ℳ	Groß	
170			170	Einhundertundsiebzig ℳ	G. Breuer	
34	—		34	Vierunddreißig ℳ	Anton Fuchs	
102			102	Einhundertundzwei ℳ	M. Schneider	
346	—		346	Dreihundertsechsundvierzig ℳ	G. Klinker	
14			14	Vierzehn ℳ	gutgeschr. s. Einn.	
		60	60	60 ₰	Schulz	
	—		390	Dreihundertundneunzig ℳ	Post u. b. Quittung	5
	—	63 90	63 90	Dreiundsechzig ℳ 90 ₰	„ „ „ „	6
	—		115 —	Einhundertundfünfzehn ℳ	„ „ „ „	7
	—		4000	Viertausend ℳ	„ „ „ „	8
	—		3300	Dreitausenddreihundert ℳ	„ „ „ „	9
	— 01		01	ℳ 01 ₰	zugeschr. Zinsen	
	13 72	1 84	15 56	Fünfzehn ℳ 56 ₰	Peter Schulz	
	2 92		2 92	Zwei ℳ 92 ₰	zugeschr. Zinsen	
	11 67	—	11 67	Elf ℳ 67 ₰	G. Klinker „	
—	— 35		35	ℳ 35 ₰	kapitalisirt	
—	29 98	7 30	37 28	Siebenunddreißig ℳ 28 ₰	kapitalisirt	10
1700	58 65	103 64	13157 29			

Contobuch

der Geschäftsantheile.

—

Anmerkung: In das Contobuch der Geschäftsantheile werden die Beträge aus Spalte „Geschäftsantheile" der Einnahme des Journals unter „Haben" in die bezügliche Monatskolonne übertragen, während die Rückzahlungen aus Spalte „Geschäftsantheile" der Ausgabe des Journals hier in das „Soll" eingetragen werden.

7

Nro. des Verzeichnisses der Genossen	Der Mitglieder Name und Wohnort	Soll (Rückzahlung)			Haben Einzahlung													
		Datum	Nummer des Journals	Betrag ℳ ₰	Jahr	Januar	Februar	März	April	Mai	Juni	Juli	August	September	Oktober	November	Dezember	Gesammte Betrag ℳ ₰
	Groß, Karl aus Kirchberg				1892										10.			10
	Schmid, Friedrich aus Kirchberg				1892										5.		5.	10
	Kreuer, Gerhard aus Kirchberg				1892 1893		50	50	50	50	50	50	50	50	50	50	50	10
	Winter, Gottfried aus Kirchberg				1892		50								10.			10
	Fuchs, Heinrich aus Kirchberg				1892 1893			5.							5.	5.	5.	6
	Schulz, Peter aus Kirchberg				1892										10.			10
	Lindemann, Heinrich aus Kirchberg				1892										10.			10

Seite 1.

Nro. des Verzeichnisses der Genossen	Der Mitglieder Namen u. Wohnort	Soll (Rückzahlung)			Haben (Einzahlung)														
		Datum	Nummer des Journals	Betrag	Jahr	Januar	Februar	März	April	Mai	Juni	Juli	August	September	Oktober	November	Dezember	Gesammt Betrag
	Fuchs, Anton aus Kirchberg				1862	2.50									2.50	2.50	2.50	7.50
					1863													2.50
	Martini, Peter aus Kirchberg				1862	3.	2.								3.		2.	3.
					1863													
	Sturm, Heinrich aus Kirchberg				1863	10.												10
	Schweizer, Fritz aus Kirchberg	1863 3/12	100	10.—	1863			10.										10
	Finsfeld, Carl aus Kirchberg				1863			5.										5
	Schunk, Heinrich aus Kirchberg				1863												3.	3

7*

Contobuch der Anlehn.

—

Anmerkung: Die in Spalte „Anlehen" der Einnahme des Journals aufgeführten Beträge werden in diesem Contobuch unter „Haben", die in Spalte „Anlehen" der Ausgabe des Journals verzeichneten Beträge unter „Soll" eingetragen.

Die Zinsberechnung geschieht auf der „Haben"- und „Soll"-Seite sofort bei der Buchung der Beträge bis Ende des Jahres. Beim Jahresschlusse werden alsdann die Summen der beiden Seiten verglichen und der Zinsenunterschied entweder gezahlt oder dem Kapitale zugeschrieben, welch' letzteres in der Weise zu bethätigen ist, daß die Zinsen in Ausgabe Zinsenspalte und gleichzeitig Anlehnspalte in Einnahme des Journals zu buchen sind, während im Sparkassenbuch nur die baar gezahlten oder dem Kapitale zugeschriebenen Zinsen eingetragen werden. Die Verzinsung der Sparkassengelder erfolgt in der Regel nur für volle Monate, indem der Monat der Einlage sowie derjenige der Rückzahlung nicht in Anrechnung kommen.

Name: Schulz, Peter — Wohnort: Kirchberg

Soll

Der Auszahlung				Der Zinsen und Provision						
Datum	Journal Nummer	Nähere Bezeichnung	Kapital	laut %	vom	bis	Zeitdauer in Tagen	in Monaten	Betrag

Haben

Der Einzahlung				Der Zinsen und Provision						
Datum	Journal-Nummer	Nähere Bezeichnung	Kapital	laut %	vom	bis	Zeitdauer in Tagen	in Monaten	Betrag

Name: Weißkirch, Anton — Wohnort: Neuroth

Soll

Der Auszahlung

Datum	Journal-Nummer	Nähere Bezeichnung	Kapital ℳ | ₰
1892 31/12	61	Zinsen zugeschr. Saldo	2|01
1893 28/2	64	Rückzahlung	21 / 5·
31/12	146	Zinsen zugeschr. Saldo	97|79
			102|78

Der Zinsen und Provision

% Satz	Zeitdauer in Tagen von / bis	in Monaten	Betrag ℳ | ₰
			01
			01
3½	1/2 31/12	11	16
			2|78
			2|94

Haben

Der Einzahlung

Datum	Journal-Nummer	Nähere Bezeichnung	Kapital ℳ | ₰
1892 25/10	15	Einlage	2|01
31/12	61	Zinsen angeschr.	2|01
1893 1/1	15	Saldovortrag	2|01
10/1	25	Einlage	76
20/1	36	"	21
27/1	51	"	—
1/2	68	"	5
14/2	91	"	—
2/3	101	"	21
6/12	119	"	6
20/12	146	Zinsen angeschr.	36
31/12			102|78
1894 1/1		Saldovortrag	97|79

Der Zinsen und Provision

% Satz	Zeitdauer in Tagen von / bis	in Monaten	Betrag ℳ | ₰
3½	1 / 1 31/12	12	01
3½	1 / 1 31/12	12	01
	1/1 31/12	12	07
	1/2	11	13
	1/2	11	14
	1/2	11	06
	1/3	10	03
	1/3	9	12
			2|94

Name: Schenker, Gottfried Wohnort: Neuroth.

Soll

		Der Auszahlung		Der Zinsen und Provision		
Datum	Journal-Nummer	Nähere Bezeichnung	Kapital ℳ ₰	% ins	Zeitdauer in Tagen vom bis in Monaten	Betrag ℳ ₰
1892 31/12	66	Zinsen zugesch. Saldo	1002 92			2 92
1893 31/12	147	Einzahlung Saldo	2532 92			33 46
24/2	82	Rückzahlung	50 —	1/3 — 10		1 46
24/2	63	„	20 —	1/2 — 11		— 64
11/2	22	Rückzahlung	800 —	3¹/₂ 31.12 11		25 67
1893 31/12	148	Zinsen zugesch. Saldo	46 27			1 27

Name: Schmidt, Georg Wohnort: Neuroth.

Haben

		Der Einzahlung		Der Zinsen und Provision		
Datum	Journal-Nummer	Nähere Bezeichnung	Kapital ℳ ₰	% ins	Zeitdauer in Tagen vom bis in Monaten	Betrag ℳ ₰
1892 30/11 31/12	47 66	Einlage Zinsen zugesch.	1000 — 2 92	3¹/₂ 1/1 31/12 1		2 92
1893 1/1	2	Saldovortrag Einlage	1002 92	3¹/₂ 1/1 31/12 11		35 07
1/1	21	„ Einlage	500 —	1/2 11		16 04
21	31	„	420 —	1/2 11		13 48
26/1	43	„	100 —	1/2 10		3 91
14/2	46	„	10 —	1/3 10		— 29
6/12	102	„	450 — 50	1/3 13 13		13 13
1/1	148	Saldovortrag	46 27			1 27

Name: Temming, Bernhard   **Wohnort: Neurolb**

Soll

Datum	Journal-Nummer	Nähere Bezeichnung	Kapital M. ₰	% Satz	Zeitdauer in Tagen vom bis	in Monaten	Betrag M. ₰
1893 31/12	149	Zinsen zugeschr.	7	23			23
		Saldo	7	23			
			7	23			23

Der Auszahlung — **Der Zinsen und Provision**

Name: Fink. Gerhard

1893 31/12	150	Zinsen zugeschr.	6	12			12
		Saldo	6	12			
			6	12			12

Name: Breuer, Gerhard

| 1893 31/12 | | Saldo | 492 | 90 | | | |
| | | | 492 | 90 | | | |

Haben

Der Einzahlung — **Der Zinsen und Provision**

Datum	Journal-Nummer	Nähere Bezeichnung	Kapital M. ₰	% Satz	Zeitdauer in Tagen vom bis	in Monaten	Betrag M. ₰
1893 9/1	13	Einlage	4	—	3½	1/2 31/12	11	— 13
18/1	23	"	3	—	"	" "	11	— 10
31/12	149	Zinsen zugeschr.	—	23				
1894 1/1		Saldovortrag	7	23				23

Wohnort: Kirchberg

1893 9/1	14	Einlage	3	—	3½	1/2 31/12	11	— 06
18/1	24	"	3	—	"	" "	11	— 06
6/12	108	"	—	12				
31/12	150	Zinsen zugeschr.	6	12				12
1894 1/1		Saldovortrag	6	12				

Wohnort: Kirchberg

1893 28/12	129	Gutschrift aus dem erzielten Ueberschuße beim Verkauf seines Anwesens	492	90	3½			
			492	90				
1894 1/1		Saldovortrag	492	90	3½			

Sparkassenbuch

Formular 6.
Vergl. Seite 48.

zu Conto Nr. 1

für

Peter Schulz zu Kirchberg.

Der Peter Schulz zu Kirchberg hat in die Sparkasse des Kirchberger Spar- und Darlehnskassen Vereins, eingetragene Genossenschaft mit unbeschränkter Haftpflicht, unter folgenden Bedingungen die darnach verzeichneten und quittirten Einlagen gemacht:

1. Der vorbezeichnete Verein bezw. dessen sämmtliche Mitglieder haften für die Spareinlagen, welche für den Verein als Anlehn betrachtet werden, solidarisch und mit ihrem ganzen Vermögen.

2. Bei Einlagen unter 500 Mark sind die Quittungen von mindestens zwei Vorstandsmitgliedern des Vereins und zwar des Vereinsvorstehers oder dessen Stellvertreters und eines Beisitzers für den Verein rechtsverbindlich. Bei höheren Einlagen müssen statt eines Beisitzers deren zwei unterzeichnen. Es ist Sache des Inhabers dieses Sparkassenbuches, darauf zu achten, daß die Quittungen vorschriftsmäßig erfolgen. – Die Ein- und Auszahlungen erfolgen an den festzusetzenden Kassentagen.

3. Es werden Einlagen zu dem von dem Vereine festgesetzten, jedoch in Reichsmark abgerundeten Betrage angenommen und verzinst. Ebenso erfolgt, im Falle mit dem Vereine eine Vereinigtsparkasse verbunden ist, die Verzinsung der in dieselbe gemachten Einlagen erst dann, wenn diese die besonders festgesetzte Höhe erreicht haben.

4. Die Verzinsung jeder Einlage beginnt mit dem 1. des nach der Einlage folgenden Monats und hört auf mit dem 1. desjenigen Monats, in welchem die Rückzahlung erfolgt.

5. Nach Ablauf von 30 Jahren, von der letzten Empfangnahme der Zinsen an gerechnet, ist jede Einlage, welche in diesem Zeitraume nicht eingefordert ist, ebenso wie der Zinsenbetrag Eigenthum des Vereins.

6. Die Auszahlung der Zinsen für die am 31. Dezember bestehenden Einlagen erfolgt an den bekannt zu machenden Kassentagen in der ersten Hälfte Januar des darauf folgenden Jahres. Werden dieselben dann nicht abgeholt, so werden sie dem Kapitale zugeschlagen und wie dieses verzinst mit Ausnahme des unter 5 gedachten Falles.

Laufende Nummer	Nro. des Journals	Datum der Zahlung	Einlagen M. ₰	Der Einlagen			Zurückerstattete			
				%/₀ ins	Kündigungsfrist in Worten Monate		Einlagen ℳ ₰		Zinsen ℳ ₰	
1	7	1892 1/10	100	3½	Drei Monate					
2	11	25/10	500	„	„					
	36	15/11					100			
4	19	1/12	3600	„	„					
5	51	20/12	4000	–	„	„				
6	65	31/12							13	72
7		31/12			Saldo		8100	–		
			8200	—			8200	– –		
		1893								
8		Saldo	8100	„						

7. Der Verein ist berechtigt, aber nicht verpflichtet, jedem Inhaber des Sparkassen buches gegen Vorzeigung und Rückgabe desselben den Betrag, worauf es lautet, ganz oder theilweise auszuzahlen, ohne dem Einzahler oder dessen Erben zur Gewährleistung verpflichtet zu sein, wenn nicht vor der Auszahlung ein Protest dagegen eingelegt und in die Kassenbücher eingetragen worden ist.

8. Derjenige, dessen Sparkassenbuch abhanden gekommen ist, muß, wenn er an dessen Stelle ein anderes zu haben wünscht, den Verlust sofort nach dessen Entdeckung dem Rechner des Vereins anzeigen, welcher dies, ohne sich um die Legitimation des angeblichen Besitzers zu kümmern, auf dem bezüglichen Conto vermerkt.

9. Vermag derselbe die gänzliche Vernichtung des Sparkassenbuches auf eine nach dem Ermessen des Vorstandes überzeugende Weise darzuthun, so wird ohne Weiteres ein neues Buch mit der Bezeichnung „Duplikat" auf Grund der Kassenbücher ausgefertigt. In allen übrigen Fällen muß das Eigenthum an den Einlagen, worauf das verloren gegangene Spar kassenbuch lautet, durch gerichtliches Urtheil festgestellt werden. Die Herbeiführung dieses Urtheils bleibt dem angeblichen Besitzer des verloren gegangenen Sparkassenbuches überlassen.

10. Der Verein zahlt zurückgeforderte Beträge von 30 Mark und darunter sofort auf Verlangen aus. Bei höheren Beträgen behält derselbe sich eine besonders von ihm festzu setzende und nachstehend bei den einzelnen Einlagen nebst dem Prozentsatze angegebene Kün digungsfrist vor, wohingegen ihm das Recht zusteht, die Zurückzahlungen der Einlagen jeder zeit zu bewirken. Die Einleger sind alsdann verpflichtet, solche Zahlungen anzunehmen, widrigenfalls die Einlagen vom Tage der angebotenen Rückzahlung an nicht mehr ver zinst werden.

11. Rückzahlungen von Kapital und Zinsen können nur gegen Vorzeigung des Spar kassenbuches geschehen, und muß in demselben die abgetragene Summe durch den Rechner vermerkt werden. Wird die Forderung ausgezahlt, so wird das darüber ausgestellte Buch vom Rechner vermittels Durchstreichens bei der einen Seite sowie der einzelnen Eintragungen mit Tinte kassirt und als Kassenbeleg zurückbehalten. Die Quittungen der Einleger über zu rückerhaltene Sparkassengelder dienen als Rechnungsbelege für die Rückzahlung.

12. Der Inhaber dieses Sparkassenbuches ist verpflichtet, dasselbe bei Revision dem Revisor der General-Anwaltschaft auf Verlangen vorzulegen.

Der Einleger hat die Kosten des Sparkassenbuches mit 10 Pfennig zu entrichten.

Wiederholung des Betrages in Worten	Unterschriften der Vorstandsmitglieder und des Rechners bei Einlagen, des Sparers bei Auszahlungen
Einhundert ℳ	Schulz, Groß, Klinker, Fuchs
Fünfhundert ℳ	Schulz, Groß, Klinker, Fuchs
Einhundert ℳ	Peter Schulz
Dreitausendsechshundert ℳ	Schulz, Groß, Klinker, Fuchs
Viertausend ℳ	Schulz, Groß, Klinker, Fuchs
Dreizehn ℳ 72 ₰	Peter Schulz

Contobuch der Darlehn.

—

Anmerkung: Die in Spalte Darlehn der Ausgabe des Journals erscheinenden Beträge werden in diesem Contobuch unter „Soll" und die Rückzahlungen darauf nebst Zinsen aus den Spalten „Darlehen" und „Zinsen" der Einnahme des Journals unter „Haben" eingetragen. Es empfiehlt sich bei einer Abschlagszahlung auch sofort die Zinsen von derselben zu berechnen, damit am Jahresschlusse nur mehr von dem Rest des Kapitals die Zinsen festzustellen sind.

Conto Nr. 1   Name: **Fuchs, Heinrich.**   Wohnort: **Kirchberg**
Sicherstellung: Bürge: **Müller, Johannes zu Kirchberg**
bei Bürgschaft Namen und Wohnort der Bürgen.

Soll											Haben					
Des Schuldtitels				Zinien sind zu berechnen					Vorgelegte und zurückerstattete Gerichtskosten, Porto ꝛc.		Der Zahlung					
Datum	Journal-Nummer	Kapital Betrag	Dauer in Jahren	Fälligkeits-Termin	von	vom	bis	Betrag	Provision			Datum	Journal-Nummer	Betrag	Zinien	Provision	Zurückerstattete Gerichtskosten, Porto ꝛc.
		ℳ ₰			ℳ ₰			ℳ ₰	ℳ ₰	ℳ ₰				ℳ ₰	ℳ ₰	ℳ ₰	ℳ ₰
1892 15/10	10	100	3/4 31/12	1893	50 50	1892 15/10 15/10	1892 12/11 20/12	19 46	60			1892 15/10 12/11 20/12	10 39 52	50 50	- 19 46		60

Conto Nr. 2   Name: **Lindemann, Heinrich.**   Wohnort: **Kirchberg.**
Sicherstellung: 1. Hypothek. (jährliche Rückzahlung für Kapital und 4 1/2 % Zinien 136,50 ℳ)
bei Bürgschaft Namen und Wohnort der Bürgen.)   In 27 Jahren ist das Kapital abgetragen

1892 15/10	11	2100	31/12	2100	1892 15/10	1892 31/12	19 95	21			1892 15/10 31/12	11 70	8 75	19 95	21	
1893				2091 25	1893 1/1	1893 31/12	94 10				1893 31/12	142	42 10	94 10		
1894				2018 85	1894 1/1	1894 31/12	92 16									
1895				2004 51	1895 1/1	1895 31/12	90 18									
1896				1958 19	1896 1/1	1896 31/12	88 11									

Conto Nr. 3   Name: **Bruns, Peter.**   Wohnort: **Kirchberg.**
Sicherstellung: Versteigerungsprotokoll der Erben **Schmitz** vom 1.12.1892.
bei Bürgschaft Namen und Wohnort der Bürgen.

1892 5/12	50	1350	6 11/11	1350	1892 1/12	1893 15/12	63 94	56 70			1892 5/12	50			56 70	
5 % Aufgeld		67 50		67 50	1893 11/11	1893 11/11	32				1893 15/12	114	292 50	64 26		
				1125 —	1893 11/11											

Conto-Nr. 4   Name: **Krüger, Gerhard.**   Wohnort: **Kirchberg**
Sicherstellung: Wie vorstehend.
bei Bürgschaft Namen und Wohnort der Bürgen

1892 5/12	50	1350	6 11/11	1350	1892 1/12	1893 11/11	63 94	Con.3			1893 1/12	94	292 50	64 13		
5 % Aufgeld		67 50		67 50	1893 11/11	1893 1/12	19									
				1125	1893 11/11	1894 11/11										

Conto Nr. 5   Name: **Kreuer, Gerhard**   Wohnort: Kirchberg
Sicherstellung: Bürge: **Schneider, Gerhard. Kirchberg**
bei Bürgschaft Namen und Wohnort der Bürgen

Soll									Haben					
Des Schuldtitels				Zinsen sind zu berechnen						Der Zahlung				
Datum	Journal Nummer	Kapital-Betrag	Dauer in Jahren	Fälligkeits Termin	von	vom	bis	Betrag	Provision	Vorgelegte und zurück zurückstehende Gerichts- kosten, Porto ꝛc.	Datum	Journal Nummer	Betrag	Zinsen	Provision	Zurückerstattete Gerichtskosten, Porto ꝛc.
		ℳ ₰			ℳ ₰			ℳ ₰	ℳ ₰	ℳ ₰			ℳ ₰	ℳ ₰	ℳ ₰	ℳ ₰
1892 ²²/₁₂	61	500	5	1893 ³¹/₁₂	500						1892 ²²/₁₂	61			11	
1893 ⁸/₂	46				500	¹/₁	¹/₁₂	63	14	1 90	1893 ¹/₁₂	97	500	23 55		1 90
								22·92								

Conto Nr. 6   Name: **Schmitz, Friedrich**   Wohnort: Kirchberg
Sicherstellung: Bürge: **Lang, Christian. Kirchberg** Rückzahlung in monatl. Raten von 10 ℳ
(bei Bürgschaft Namen und Wohnort der Bürgen)

1893 ²/₁	3	100	5/6	1893 ²/₂	10	1893 ²/₁	1893 ²/₂	05	80		1893 ²/₁	3			80
				²/₃	10	„	²/₃	08			²/₂	37	10	05	
				²/₄	10	„	²/₄	13			²/₃	69	10	08	
				usw.	10	„	²/₅	17			²/₄		10	13	
					10	„	³/₆	21			²/₅		10	17	
					10 —	„	²/₇	25			²/₆		10	21	
					10	„	²/₈	29			²/₇	99	10	25	
					10	„	²/₉	33			²/₈		10	29	
					10	„	²/₁₀	38			²/₉		10	33	
					10	„	²/₁₁	46			³/₁₀		10	38	
											³/₁₂		10	46	

Conto Nr. 7   Name: **Sturm, Heinrich**   Wohnort: Kirchberg
Sicherstellung: Werthpapiere 300 ℳ 4°/₀ ige Deutsche Reichsanleihe. Rückzahlung in monat-
bei Bürgschaft Namen und Wohnort der Bürgen) lichen Raten von 15 Mark.

1893 ⁶/₁	10	150	5/6	1893 ⁶/₂	15	1893 ⁶/₁	1893 ⁶/₂	07	1 20		1893 ⁶/₁	10			1 20
				⁶/₃	15	„	⁶/₃	13			⁶/₂	15	15	07	
				⁶/₄	15	„	⁶/₄	19			⁷/₃	71	15	13	
				⁶/₅	15	„	⁶/₅	25			⁶/₄		15	19	
				usw.	15	„	⁶/₆	31			⁶/₅		15	25	
					15	„	⁶/₇	38			⁶/₆		15	31	
					15	„	⁶/₈	44			⁶/₇		15	38	
					15	„	⁶/₉	50			⁶/₈	99	15	44	
					15	„	⁶/₁₀	56			⁶/₉		15	50	
					15	„	⁶/₁₁	63			⁶/₁₀		15	56	
											⁶/₁₁		15 —	63	

Conto-Nr. 8 Name: **Fuchs, Heinrich** Wohnort **Kirchberg**
  Sicherstellung: Bürge: **Schnitzler, Friedrich. Neuroth.**
(bei Bürgschaft Namen und Wohnort der Bürgen.)

Soll											Haben					
Des Schuldtitels					Zinsen sind zu berechnen					Vorgelegte und zurückerstattende Gerichtskosten, Porto ꝛc.			Der Zahlung			Zurückerstattete Gerichtskosten, Porto ꝛc.
Datum	Journal-Nummer	Kapital-Betrag	Dauer in Jahren	Fälligkeits-Termin	von	vom	bis	Betrag	Provision		Datum	Journal-Nummer	Betrag	Zinsen	Provision	
		ℳ. ₰			ℳ. ₰			ℳ. ₰	ℳ. ₰	ℳ. ₰			ℳ. ₰	ℳ. ₰	ℳ. ₰	ℳ. ₰
1893 ¹⁵/₃	76	600 —	6	³¹/₁₂	100 — 500 —	¹⁵/₃ ¹⁵/₃	¹⁵/₁₂ ³¹/₁₂	3 75 19 86	18 —		1893 ¹⁵/₃ ¹⁵/₁₂	76 117	100 —	23 61	18 —	

Conto-Nr. 9 Name: **Fuchs, Anton** Wohnort: **Kirchberg.**
  Sicherstellung: Bürge: **Kappes, Max. Kirchberg.**
(bei Bürgschaft Namen und Wohnort der Bürgen.)

Datum	Journal-Nummer	Kapital-Betrag	Dauer	Fälligkeits-Termin				Betrag			Datum	Journal-Nummer	Betrag			
1893 ³¹/₁₂	133	180 —	1	1894 ³¹/₁₂				1 44			1893 ³¹/₁₂	133	1 44			

Conto-Nr. 10

Name: **Groß, Karl und 12 Ansteigerer.** Wohnort: **Kirchberg.** Der Zollbetrag jedes
  einzelnen Ansteigerers ist für sich vollständig zu contiren und zu behandeln.

Datum	Journal-Nummer	Kapital-Betrag	Dauer	Fälligkeits-Termin												
1893 ²⁸/₁₂	129	12400 —	6	1894 ³¹/₁₂												

Verzeichniß

der

Schuldner und Bürgen.

— ·›‹·◦›•‹◦·‹· —

Anmerkung: Die Namen der Schuldner und Bürgen sind nach der Buchstabenfolge in dieses Verzeichniß einzutragen und für jeden Namen je 2 Linien frei zu lassen. Es empfiehlt sich, dieses Verzeichniß nebst dem Contobuch der Darlehn für die Vorstands- und Aufsichtsrathssitzungen stets bereit zu halten.

| Namen | Wohnort | Schuldet selbst | | Ist Bürge | |
		für Darlehn und Kaufgelder gemäß folgenden Conto-Nummern		für Darlehn gemäß folgenden Conto Nummern	für laufende Rechnung
			A		
			B		
			C		
			D		
			E		
Fuchs, Heinrich	Kirchberg	1	F	10	
Groß, Carl	Kirchberg	2	G		

Schuldschein

(Conto Nr. 1)   bei Sicherstellung von Darlehn auf kürzere Fristen durch Bürgschaft.

Der unterschriebene *Heinrich Fuchs* und seine von ihm hierzu ermächtigte Ehefrau *Gertrud Fuchs*, geborene *Müller*,*) beide wohnhaft zu *Kirchberg*, bekennen hierdurch unter solidarischer Haftung für nachstehend bezeichnete Schuld und Verzichtleistung auf die Einrede der nicht erfolgten Baarzahlung von dem *Kirchberger Spar- und Darlehnskassen-Verein*, eingetragene Genossenschaft mit unbeschränkter Haftpflicht, die Summe von

Einhundert Mark

heute als Darlehn baar und richtig erhalten zu haben.

Dieselben verpflichten sich zugleich:

1. die Summe innerhalb der nächstfolgenden *neun* **Monate**, von heute ab gerechnet, zurückzuzahlen;
2. zur Bestreitung der Vereinsunkosten eine Provision von ⅘ Prozent, also im Ganzen *achtzig Pfennig* baar zu zahlen und außerdem das Kapital mit *fünf* pCt. jährlich zu verzinsen;
3. die ganze schuldige Summe innerhalb vier Wochen nach der seitens des Vereinsvorstandes erfolgten Kündigung zurückzuzahlen;
4. diese Zurückzahlung auch sofort ohne Kündigung zu bewirken, wenn der Termin zur Zahlung nicht eingehalten wird oder die fälligen Zinsen nicht pünktlich bezahlt werden;
5. alle Zahlungen des Kapitals wie der Zinsen baar, kostenfrei und mit Ausschluß jeglicher sonstigen Ausgleichung zu Händen und in der Wohnung des jeweiligen Rechners des Vereins zu leisten.

Der unterzeichnete *Johannes Müller*, *Landwirth zu Kirchberg* verbürgt sich hierdurch für oben bezeichnete Schuld nebst Zinsen, Schäden und Kosten als Selbstschuldner und zwar unter Solidarhaft, indem derselbe auf die Einrede der Vorausklage gegen obengenannte Schuldner, ferner auch auf die Einrede der Theilung sowie für den Fall, daß der vorbenannte Gläubiger seine Rechte gegen den Hauptschuldner auf irgend eine Weise verloren haben sollte, auf die Rechtswohlthat der Klageabtretung Verzicht leistet.

Schuldner und Bürgen machen für alle aus vorstehenden Verbindlichkeiten sich etwa ergebenden Klagen sachlich wie örtlich das Amtsgericht des Sitzes des Vereins zuständig.

Kirchberg, den 15. Oktober 1892.

Heinrich Fuchs.   *Johannes Müller.*

Gertrud Fuchs geb. Müller.

Die Richtigkeit vorstehender **eigenhändiger** Unterschriften, welche in Gegenwart des Unterzeichneten erfolgt sind, wird hierdurch beglaubigt.

Kirchberg, den 15. Oktober 1892.

Carl Gross, *Vereinsvorsteher.*

Gesehen und zur Zahlung angewiesen

Kirchberg, den 15. Oktober 1892.

Nr. 10 des Journals.

Der Vereinsvorsteher

Gross.

Seite . . . . des Protokollbuches.

*) Im Falle das Darlehn nicht an Eheleute gezahlt wird, sind die Worte, welche die Ehefrau betreffen, zu streichen.

8*

Schuldschein

Form. 9a
Vergl. Seite 49 ff.

(Conto Nr. . . . .) bei Sicherstellung von Darlehn auf längere Fristen durch Bürgschaft und eventuell auch Hypothek.

Der unterschriebene *Gerhard Breuer* und seine von ihm hierzu ermächtigte Ehefrau . . . . geborene . . . . *) beide wohnhaft zu *Kirchberg*, bekennt hierdurch, unter solidarischer Haftung für nachstehend bezeichnete Schuld und Verzichtleistung auf die Einrede der nicht erfolgten Baarzahlung von dem *Kirchberger Spar- und Darlehnskassen-Verein*, eing. Genossenschaft mit unbeschränkter Haftpflicht, die Summe von

Fünfhundert *Mark*

heute als Darlehn baar und richtig erhalten zu haben.

Derselbe verpflichtet sich zugleich:

1. die Summe in *fünf* aufeinander folgenden Jahren zu gleichen Theilen und zwar jedesmal am *31. Dezember* zurückzuzahlen, so daß die Zahlung des ersten Theiles am *31. Dezember 1893*, die des letzten Theiles am *31. Dezember 1897* erfolgen muß,
2. zur Bestreitung der Vereinsunkosten eine Provision von 2⅘ Prozent, also im Ganzen *vierzehn Mark* baar zu zahlen und außerdem das Kapital, soweit solches nicht zurückgezahlt ist, mit *fünf* pCt. jährlich zu verzinsen.
3. die ganze noch schuldige Summe innerhalb vier Wochen nach der seitens des Vereinsvorstandes erfolgten Kündigung zurückzuzahlen,
4. diese Rückzahlung auch sofort ohne Kündigung zu bewirken, wenn ein Termin der Theilzahlung nicht pünktlich eingehalten wird oder die fälligen jährlichen Zinsen nicht pünktlich bezahlt werden,
5. alle Zahlungen des Kapitals wie der Zinsen baar, kostenfrei und mit Ausschluß jeglicher sonstigen Ausgleichung zu Händen und in der Wohnung des jeweiligen Rechners des Vereins zu leisten.

Der mitunterzeichnete *Gerhard Schneider, Landwirth zu Kirchberg* verbürgt sich hierdurch für oben bezeichnete Schuld nebst Zinsen, Schäden und Kosten als Selbstschuldner und zwar unter Solidarhaft, indem derselbe auf die Einrede der Vorausklage gegen oben genannten Schuldner, ferner auch auf die Einrede der Theilung, sowie für den Fall, daß der vorbenannte Gläubiger seine Rechte gegen den Hauptschuldner auf irgend eine Weise verloren haben sollte, auf die Rechtswohlthat der Klageabtretung Verzicht leistet. **)

Schuldner und Bürgen machen für alle aus vorstehenden Verbindlichkeiten etwa sich ergebenden Klagen sachlich wie örtlich das Amtsgericht des Sitzes des Vereins zuständig.

Die Sicherstellung des vorbezeichneten Darlehns erfolgt außerdem durch die angeheftete Hypotheken-Urkunde vom *22. Dezember 1892*, zu welcher der gesetzliche Stempel verwendet worden ist. **)

Kirchberg, den *22. Dezember 1892*.

Gerhard Breuer.   *Gerhard Schneider.*

Die Richtigkeit vorstehender eigenhändiger Unterschriften, welche in Gegenwart des Unterzeichneten erfolgt sind, wird hierdurch beglaubigt.

Kirchberg, den *22. Dezember 1892*.   *Gross, Vereinsvorsteher.*

Gesehen und zur Zahlung angewiesen.

Kirchberg, den *22. Dezember 1892*.

Nr. 61 des Journals.   Der Vereinsvorsteher

                                        Carl Gross.

Seite . . des Protokollbuches.

---

*) Die Worte, welche die Ehefrau betreffen, sind zu streichen, im Falle das Darlehn nicht an Eheleute gezahlt wird.

** Im Falle nur Hypothek errichtet worden ist, ist die Bürgschaftsverhandlung, im Falle nur Bürgschaft gestellt wird, der Vermerk bezüglich Errichtung einer Hypothek zu durchstreichen.

Schuld-Urkunde

(Conto-Nr.   ) bei Sicherstellung durch Hypothek am Grundvermögen im Bereich der preußischen Grundbuchgesetze.

Die unterzeichneten *Eheleute Heinrich Lindemann und Lina geb. Feldkötter* wohnhaft zu *Kirchberg* und zwar die Ehefrau mit Ermächtigung des Ehemannes urkunden und bekennen hiermit von dem *Kirchberger Spar- und Darlehnskassen Vereine* eing. Genossenschaft mit unbeschränkter Haftpflicht zu *Kirchberg* ein baares Darlehn von

2100 Mark,

in Worten: *Zweitausendeinhundert Mark*

heute richtig erhalten zu haben.

Dieselben versprechen:

1. das Darlehen unter solidarischer Haftung für dasselbe und unter Verzichtleistung auf die Einrede der nicht erfolgten Baarzahlung bis zum 1. *Januar 1919* zurückzuzahlen — mit jährlich *136,50 M. für Kapital und Zinsen und zwar an Zinsen 4½ % jährlich,* bei nicht pünktlicher Rückzahlung oder Kapitalabtragungs= und Zinszahlung 5%, und zwar sind Zinsen und Kapitalabtrag am 31. Dezember jeden Jahres zu zahlen, *zum ersten Male am 31. Dezember des Jahres 18 . .*

2. auf Verlangen auch die ganze noch schuldige Summe innerhalb vier Wochen nach der seitens des Vereinsvorstandes erfolgten Kündigung, sowie auch sofort ohne Kündigung zurückzuzahlen, sofern die für Zinsen und Kapital festgesetzten Zahlungstermine nicht pünktlich innegehalten werden;

3. zur Bestreitung der Vereinsunkosten eine Provision von *ein Prozent,* also im Ganzen *einundzwanzig Mark* baar zu zahlen;

4. alle Zahlungen an Kapital, Zinsen und Provision baar, kostenfrei und mit Ausschluß jeglicher sonstiger Ausgleichung zu Händen und in der Wohnung des jeweiligen Rechners des Vereins zu bewirken;

5. für alle gerichtlichen und außergerichtlichen Kosten, welche dem Vereine in Folge dieses Darlehens, insbesondere auch durch dessen Kündigung oder in Folge von Zwangsversteigerungen der zu dessen Sicherheit verpfändeten Immobilien verursacht werden, sowie wegen aller Portokosten Ersatz zu leisten.

Wir verzichten ferner auf das Recht vor vollständiger Rückzahlung des Darlehens die Hypothek hinsichtlich der abgetragenen Theilbeträge nach den §§ 63 64 des Preuß. Ges. vom 5. Mai 1872 über den Eigenthumserwerb auf *unsern Namen* umschreiben zu lassen oder sonst darüber zu verfügen, sofern die Gläubigerin nicht die Genehmigung dazu ertheilt, *ebenfalls räumen wir* auch der jeweiligen Restforderung des Gläubigers das Vorzugsrecht vor der Hypothek des abgetragenen Theiles des Darlehens hiermit ein.

Zur Sicherheit für Kapital, Zinsen und Kosten bewilligen und beantragen wir auf das im Grundbuche von . . . . Art. . . . . . Abt. I unter Nro.

eingetragene Grundvermögen in Abt. III einzutragen:

2100 Mark, in Worten:

Zweitausendeinhundert Mark.

verlesen, mit 4½ Prozent, bei nicht pünktlicher Rückzahlung bezw. Zins- und Kapitalabtragungszahlung mit 5 Prozent, — am 31. Dezember jeden Jahres fälligen — Jahreszinsen von heute ab, in jährigen, am 31. Dezember jeden Jahres fälligen Raten, — rückzahlbar nach Maßgabe der Schuldurkunde vom *15. November* 1892 unter Ausschluß des Verfügungsrechtes des Eigenthümers über den abgetragenen Theil, sofern Gläubigerin nicht die Genehmigung dazu ertheilt, und unter Bestellung des Vorzugsrechtes der Restforderung zu Gunsten des *Kirchberger Spar- und Darlehnskassenvereines* eing. Genossenschaft mit unbeschränkter Haftpflicht zu *Kirchberg.*

Um Aushändigung des Hypothekenbriefes an die Gläubigerin wird gebeten.

Kirchberg, den *15. November* 1892.

Heinrich Lindemann.

Lina Lindemann geb. Feldkötter.

Die vorstehende . . Namensunterschrift . . d . . . .

wohnhaft zu . . . . w . . . . auf Grund der vor dem unterzeichneten erfolgten . . . . hiermit beglaubigt.

. . den . . . 18 . .

(Notarielle Beglaubigung)

Abrechnung

betreffend einen dem *Kirchberger Spar- und Darlehnskassen Verein*, einge-
tragene Genossenschaft mit unbeschränkter Haftpflicht zu *Kirchberg* cedirten
Immobilarverkauf von *Erben Anton Schmitz* zu *Kirchberg* gethätigt von Herrn
Notar *Mering* zu *Steinheim* am 1. *Dezember* 1892. Rep.-No. 1562.

Z.-Nr			ℳ	₰	ℳ	₰
50	Kaufpreis				2700	—
50	Aufgeld				135	—
50	2 Prozent verabredete Provision von ℳ. 2835		56	70		
	Notarkosten, Stempel, Transscription ꝛc.		112			
	Geleistete resp. noch zu leistende Zahlungen:					
	a. *S. Löwenberg, Steinheim, Hypothek*		400	—		
	b. *6%ige Zinsen von 400 ℳ. vom ¹/₁—¹/₁₂*		22	—		
	c. *Kirchberger Spar- und Darlehnskassenverein*		250	—		
	d. *4¹/₂%ige Zinsen vom ¹/₁—¹/₁₂*		10	31		
	e.					
	f.					
	g.					
	h.					
	Zinsvergütung von ℳ. 1983,99 vom ¹/₁₂ bis ⁵/₁₂ = 4 Tage	verzichtet				
	desgleichen von ℳ. vom bis = Tage					
	desgleichen von ℳ. vom bis = Tage					
	desgleichen von ℳ. vom bis = Tage					
	Vorgelegtes Porto					
	Bezahlte Vormundschaftsgerichtskosten					
	An Baar Kaufpreis und Aufgeld ℳ.					
	An Baar obige Zinsvergütung ℳ.		1983	99		
			2835	—	2835	—

Indem die unterschriebenen *Erben, Anton Schmitz jr. und Margaretha
Schmitz, Nicolaus Pinzel und Maria Pinzel und Heinrich Schmitz* die vorstehende Abrechnung für richtig anerkennen, bescheinigen sie gleichzeitig quittirend
die obige Baarsumme von *Neunzehnhundertdreiundachtzig ℳ. 99 ₰ zur gänzlichen Ausgleichung des oben genannten und cedirten *Immobilar-Verkaufs* von dem *Kirchberger Spar- u. Darlehnskassen-Verein* eingetragene Genossenschaft mit unbeschränkter Haftpflicht zu *Kirchberg* heute baar und richtig ausbezahlt erhalten zu haben.

Gleichzeitig verpflichten sie sich solidarisch den genannten Verein schadlos
zu halten, von allen auf den verkauften, vorstehend verrechneten etwa noch
ruhenden Lasten.

Kirchberg, den 5. *Dezember* 1892.

gez.: *Anton Schmitz jr.*   gez.: *Margaretha Schmitz.*   gez.: *Nicolaus Pinzel.*

gez.: *Maria Pinzel.*   gez.: *Heinrich Schmitz.*

Quittungsbuch über Rückzahlung auf Darlehn

Form. 10
Vgl. S. 49 fl.

Conto-Nro. 1

für *Fuchs, Heinrich zu Kirchberg.*

Ausstellung: *Bürge: Müller Joh. Kirchberg*

(bei ausgelasft Namen und Wohnort der Bürgen.)

Kapitalbetrag: *100* M. Journal-Nummer *10* pro *1892.*

Zinsfuß 5 Prozent.

Zeitdauer des Darlehns in Jahren ³/₄

Jährlicher Kapitalabtrag . . . . . M.

Zahlungstermin *15/7. 93.*

Datum	Journal-Nro.	Kapital-Abtrag M. | ₰	Zinsen vom bis	M. | ₰	Provision M. | ₰	Summa M. | ₰	Gezahlter Betrag in Worten nebst Unterschriften der Vorstandsmitglieder und des Rechners als Quittung	Verbleibender Kapital-Rest M. | ₰
1892							Wichtig: Pfennig. Schulz.	
15/10	10	50.—	15/10—15/12		50	50	E. Groß. — Gottlieb Winter. — Fr. Schmitz.	100.—
12/11	22	50.—		19		50 19	Fünfzig Mark 19 Pfg. Schulz. E. Groß. — Gottlieb Winter. — Fr. Schmitz.	50.—
20/12	32	50.—	15.12—20/12	46		50 46	Fünfzig Mark 46 Pfg. Schulz. E. Groß. — Gottlieb Winter. — Fr. Schmitz.	

Form. 11
Vergl. Seite 49.

Quittungsbuch über Zahlungen auf Immobilien-Kaufgelder.

Conto-Nr. 3

Bei der Güterversteigerung der Erben Schmitz zu Kirchberg laut Akt durch Notar Brunst vom 1. 12. 1892 kaufte Peter Bruns zu Kirchberg die umstehend verzeichneten Immobilien zu folgenden Preisen.

Anmerkung

Die Zahlungen auf Kaufgelder haben an den vorgeschriebenen Zeitpunkten pünktlich in dem Lokale des Vereinsvorstehers stattzufinden. Dieses Quittungsbuch ist bei jeder Theilzahlung vorzulegen, um die weitere Ausfüllung bewirken und die Quittung des Rechners bewirken zu lassen. Mitgliedern, welche sich mit der Quittung des Rechners nicht begnügen wollen, steht es frei, die Unterschrift zweier Vorstandsmitglieder (einschl. des Vorstehers) einzuholen.

Nr. des Protok.	Bezeichnung			Nummer der Größe		des Matrikels		Steigpreis		Zeitdauer Zahlung der jährl. Termine	Zahlungstermin	Betrag jeder zu leistenden Terminzahlung
	Gemeinde	der Flur	Der Culturart	Nr	Meter	Flur	Nro.	M.	₰			
1	Kirchberg	Kirchberg	Acker	54	12	1	46	1350	—	6	1/11	225 —

Der Zahlung Zinsen

Datum	Journal-Nro.	Steig-preis M. ₰	von	bis	Summa M. ₰	Gezahlter Betrag in Worten nebst Unterschrift der Vorstandsmitglieder und des Rechners statt Quittung	Verbleiben der der Kapitalrest M. ₰
1893 5/12	111 Aufgeld	225 — 67 50	1892 15/12	1893 1/12	64 26	356 76	Dreihundertsechsundfünfzig M. 76 ₰ J. Schulz. C. Groß. Gottfr. Minkler. Fr. Schmitz.	1125

Verlängerungs-Gesuch.

Form. 12
Vergl. Seite 50.

Ich beantrage eine Verlängerung des am 31. Dezember 1893 fälligen Darlehns Termins von 50 Mark auf weitere drei Monate. Die in dem Schuldschein vom (Datum des Schuldscheines) aufgestellte Kündigungsfrist von . . Monaten wird aufrecht erhalten.

Kirchberg, den 15. Dezember 1893.

Gustav Keller.

Als Bürge erkläre ich mich damit einverstanden.

Kirchberg, den 15. Dezember 1893.

Hubert Flink.

Die Provision mit 0,25 Mark
unter Journal-Nro. . . verrechnet.
Seite . . . des Protokollbuches.

Mahnung.

Form. 13.
Vergl. Seite 50.

Kirchberger Spar- und Darlehnskassen-Verein,
eingetr. Genossenschaft mit unbeschränkter Haftpflicht.

Sie werden hierdurch aufgefordert die für erhaltene Darlehn Kaufgelder mit dem . . . 11. November 1893 fällig gewordenen Beträge an Kapital und Zinsen von 156,44 Mark spätestens bis zum 1. Dezember an die hiesige Vereinskasse zu zahlen, widrigenfalls gerichtliche Klage gegen Sie erfolgen wird.

Kirchberg, den 15. November 1893.

Der Vereinsvorstand:

Gross. Klinker. Schmitz.

An

Herrn Peter Kreuter zu Kirchberg.

Contobuch
für laufende Rechnung

Anmerkung: Die in Spalte „laufende Rechnung" der Einnahme des Journals bezeichneten Beträge sind in das Contobuch der laufenden Rechnung unter „Haben" und diejenigen aus Spalte „laufende Rechnung" der Ausgabe des Journals unter „Soll" einzutragen. Die Zinsberechnung kann nach Belieben entweder in der Weise geschehen, daß bei der Verbuchung der einzelnen Posten, je nachdem Vorschüsse oder Guthaben auszugleichen sind, die eingezahlten Beträge in „Rückzahlung und Darlehn" oder „Rückzahlung und Guthaben" zerlegt und die Zinsen sofort bei den Zahlungen für die Zeit bis Ende des Jahres auf beiden Seiten berechnet werden — oder sie geschieht mit Anwendung der Zinszahlen, worüber das Nähere im Anhange I gesagt ist. Vgl. nachstehend das erste Beispiel für beide Berechnungsarten. In den Kopf der vorgedruckten Spalte, welche keine nähere Bezeichnung besitzt, wird je nach Wahl der Berechnung „Tage" oder „Zinszahlen" eingesetzt.

Name und Wohnort: Landwirthschaftliche Central-Darlehnskasse für Deutschland, Neuwied.

Soll										Haben									
Der Auszahlung			Kapital		Der Zinsen und Provision					Der Einzahlung			Kapital		Der Zinsen und Provision				
Datum	Journal-Nummer	Nähere Bezeichnung	M.	₰	% sat	Zeitdauer in Tagen vom bis	also Tage	Betrag M.	₰	Datum	Journal-Nummer	Nähere Bezeichnung	M.	₰	% sat	Zeitdauer in Tagen vom bis	also Tage	Betrag M.	₰

Dasselbe Beispiel unter Anwendung der Zinszahlen.

Soll

Datum	Journal-Nummer	Der Auszahlung Nähere Bezeichnung	Kapital ℳ S	Der Zinsen und Provision % Satz	Zeitbauer in Tagen vom	bis	Zinszahlen	Betrag ℳ S
1892 22 12	55	Rückzahlung	4000	4¼	1892 25/12	1892 31/12	850	
24 12	62	"	1000	4¼	27/12	31/12	128	
"	"	Einlage	2300	3¾		31 12	260	
"		Differenz der Zinszahlen Prov. Autschreib.					10780	7 30
31 12		Saldovortrag	2262 72				12828	7 30
1893 1 1								

Haben

Datum	Journal-Nummer	Der Einzahlung Nähere Bezeichnung	Kapital ℳ S	Der Zinsen und Provision % Satz	Zeitbauer in Tagen vom	bis	Zinszahlen	Betrag ℳ S
1892 20 10	12	Einlage	3000	4¼	1892 17/10	1892 31 12	9308	
1 12	48	Darlehn	2000	"	28 11	31/12	2720	
31/12	69	1 10% Prov. aus 7300 ℳ Zinsen und Provision Saldo	37 28 2262 72			32 Tg.	42	7 30
			7300				12828	7 30

Name und Wohnort: **Landwirthschaftliche Central-Darlehnskasse für Deutschland, Neuwied.** (Aktienconto)

Soll

Datum	Journal-Nummer	Nähere Bezeichnung	Kapital (ℳ ₰)	°/₀	Zeitdauer vom bis	also Tage	Betrag (ℳ ₰)
1892 20/10	12	25°/₀ Einzahlung auf 1 Aktie	250 —	3½	20/10 31/12	70	1 70
1893 21/1	27	2°/₀ Einzahlung auf 4 Aktien	1000 —	3½	21/1 31/12	339	32 96

Haben

Datum	Journal-Nummer	Nähere Bezeichnung	Kapital (ℳ ₰)	°/₀	Zeitdauer vom bis	also Tage	Betrag (ℳ ₰)
1893 31/3	96	Dividende	—				1 70

Name und Wohnort: **Schmitz Friedrich, Kirchberg.** Credit laut Vertrag vom . . . . Seite . . . . des Protokollbuches.

Datum	Journal-Nummer	Nähere Bezeichnung	Kapital (ℳ ₰)	°/₀	Zeitdauer vom bis	also Tage	Betrag (ℳ ₰)
1892 20/10	13	Darlehn Prov. v. 1500 ℳ	1500 —	5 ½	20/10 31/12	71	14 79 — 3 75
1893 1/1	18	Saldovortrag	750 —	5	1/1 31/12	365	37 50
13/1	61	Darlehn	1000 —	5	13/1	348	48 33
29/2	61	Rückzahlung	750 —	5 ½	29/2	308	22 16
25/9	85	Darlehn	1250 —	5	25/9	270	19 68
31/3	85	Rückzahlung	1750 —	3½	31/3		63 63
2/12	96	Prov. v. 6750 ℳ	3000 —	2 12	2/12		2 91
1894 1/1		Prov. Zahlung					16 88
		Saldovortrag	6750 —				265 96

Datum	Journal-Nummer	Nähere Bezeichnung	Kapital (ℳ ₰)	°/₀	Zeitdauer vom bis	also Tage	Betrag (ℳ ₰)
1892 31/12	71	Rückzahlung Zinszahlung Prov. Zahlung Saldo	750 —	5	22/12 31/12	x	3 75
1893 25/1 31/12	29	Rückzahlung Einlage	1750 — 250 —	5 3½	25/1 31/12	365	81 42 8 14
13/1	49	Rückzahlung Einlage	500 —	11 ½	13/1	339	15 51 9 44
25/3	80	Rückzahlung Zinszahlung Einlage	1250 — 750 — 2000 —	5 3½ 2 12	25/3	279	20 34 9 57
2/12	130 152	Rückzahlung Prov. Zahlung Zinszahlung Salbo	250 —	20/12 12		1 —	74 95 16 88
			6750 —				265 96

Name und Wohnort: **Mobilien-Conto.** Credit lt. Vertrag vom . . . . Protokollbuch Seite . . . . . .

Soll

Der Auszahlung

Journal-Nummer	Datum	Nähere Bezeichnung	Kapital ℳ ₰	Der Zinsen und Provision				
				% sag	Zeitbauer in Tagen vom — bis	alle Tage	Betrag ℳ ₰	
46	1892 30/11	1 Geldschrant	380 —				—	
33	31/12	1 Trieur Für Benutzung des Trieurs	115 —				12 35	
			565 —				12 35	
Saldo vortr.	1893 1/1	1 Geldschrant 1 Trieur	380 —				—	
139	31/12	Für Benutzung des Trieurs	115 —				25 40	
			565 —				25 40	
Saldo vortr.	1894 1/1	1 Geldschrant 1 Trieur	565 50 103 50					

Haben

Der Einzahlung

Datum	Journal-Nummer	Nähere Bezeichnung	Kapital ℳ ₰	Der Zinsen und Provision				
				% sag	Zeitbauer in Tagen vom — bis	alle Tage	Betrag ℳ ₰	
1892 31/12	72	Für Benutzung des Trieurs	565 —			—	12 35	
		Saldo	565 —				12 35	
1893 31/12	139	Für Benutzung des Trieurs Trieur 11⁰⁰	11 50				25 40	
"	140	Abschreibung Geldschrant 5⁰⁰ Abschreib.	19 50 474 —					
"	"	Saldo	565 —				25 40	

Name und Wohnort: **Klinker, Gerhard, Kirchberg**   Credit lt. Vertrag vom . . . .   Protokollbuch-Seite . . . . .

Soll

Der Auszahlung		Nähere Bezeichnung	Kapital M ₰	% inkl	Der Zinsen und Provision Zeitdauer vom — bis	in Tagen also Tage	Betrag M ₰
Datum	Journal-Nummer						
1892 31/12	68	Einzahlung Saldo	600 —				35 —
1893 14/2	57	Rückzahlung Darlehn	600 —	3½	1893 14/2 31/12	317	18 49
14/2	57	„	400 —	5			17 61
21/2	59	„	500 —	5	21/2	310	7 58
11/12	109	Prov. v. 3500 ℳ	700 —	1¼	11/12	20	1 94
31/12		Saldo	1300 —				8 75
			3500 —				68 32

Name und Wohnort: **Immobilien-Conto.**   Credit lt. Vertrag vom . . . .   Protokollbuch Seite . . . .

			Grebit lt. Vertrag vom				
1893 1/12	15	Ankauf des Steuer'schen Anwesens	11140 —	5	1893 1/12 28/12	27	42 76
1/12	96	Gerichtskosten	368 —	5	21/2 28/12	27	456 32
28/12	129	Provision		1¼			
			11408 —				499 10

Haben

Der Einzahlung		Nähere Bezeichnung	Kapital M ₰	% inkl	Der Zinsen und Provision Zeitdauer vom — bis	in Tagen also Tage	Betrag M ₰
Datum	Journal-Nummer						
1892 24/12	63	Einlage	600 —	3½	1892 24/12 31/12	6	35 —
1893 31/12		Saldovortrag Rückzahlung	600 —	3½	1893 1/1 31/12	360	21 —
1/3	66	Einlage	300 —	5	1/3	300	12 50
29/12	182	Prov. Zahlung Zinszahlung	1300 —	5	29/12	1	18 —
1/1	153	Einzahlung	1300 —	3½		1	13 —
							8 75
							25 76
			3500 —				68 32

1894 1/1		Saldovortrag	1300 —				
1893 28/12	129	Kaufpreis Provision	11408 —	5	1893 1/12 28/12	27	42 76
							456 32
			11408 —				499 10

Antrag auf laufende Rechnung mit Sicherstellung durch Bürgschaft.

An den *Kirchberger Spar- und* Darlehnskassen-Verein,
eingetragene Genossenschaft mit unbeschränkter Haftpflicht,
zu *Kirchberg.*

Der unterzeichnete . . [1] *Friedrich Schmitz und seine von ihm hierzu ermächtigte Ehefrau Katharina Schmitz geb. Dinkel* beantragen bei Ihnen einen Credit in laufender Rechnung in Höhe von 3000 Mark unter folgenden Bedingungen:

1. Die empfangenen Beträge werden beiderseits durch besondere Quittungen festgestellt, bezw. belegt. [2] *Für die an den Ehemann erfolgten und von diesem zu quittirenden Zahlungen haften die unterzeichneten Eheleute solidarisch.*

2. Die Verzinsung beginnt bezw. endigt mit dem Datum der betreffenden Quittung. Für Ihr Guthaben erhalten Sie 4 Prozent, während Sie andererseits 'als Schuldner 3 Prozent zu zahlen haben. Außer den Zinsen erhalten Sie am Schlusse jedes Jahres von der Seite [3] *unseres* Contos, welche die höchste Gesammtsumme nachweist, 1/4 Prozent Provision.

3. Beiden Theilen steht eine Kündigungsfrist von *drei* Monaten zu und müssen nach erfolgter Kündigung innerhalb dieser Frist die Rückzahlungen erfolgen.

4. Alle Zahlungen an und durch den Verein sind baar, kostenfrei und mit Ausschluß jeglicher sonstigen Ausgleichung in der Wohnung des jeweiligen Rechners des Vereins zu leisten. Auf die Einrede nicht erfolgter Baarzahlung wird beiderseits verzichtet.

5. Bezüglich aller Klagen, welche der Verein in Folge des *uns* bewilligten Credites in laufender Rechnung für nothwendig erkennen sollte, haben *wir* die dabei dem Vereine erwachsenden Vertretungskosten zu entrichten und wird sachlich wie örtlich das Amtsgericht des Sitzes des Vereins als zuständig erklärt.

6. Zur Sicherstellung des Eingangs erwähnten Credits stelle*n wir* den *Mühlenbesitzer Gottfried Dinkel zu Kirchberg* als Bürgen. Dieser verbürgt sich durch eigenhändige Namensunterschrift hierunter solidarisch für die auf Grund gegenwärtigen Antrags von oben genannt*en* Hauptschuldner*n* ein-zugehenden Verbindlichkeiten und zwar sowohl bezüglich der Hauptschuld, als auch der Zinsen, Schäden und Kosten als Selbstschuldner, indem der-selbe auf die Einrede der Vorausklage gegen obengenannte Schuldner, ferner auch auf die Einrede der Theilung sowie für den Fall, daß der obengenannte Verein seine Rechte gegen d*en* Hauptschuldner auf irgend eine Weise verloren haben sollte, auf die Rechtswohlthat der Klageabtretung hierdurch ausdrücklich Verzicht leiste*t.*

Kirchberg, den 1. Oktober 1892.

Friedrich Schmitz.   *Gottfried Dinkel.*
Katharina Schmitz geb. Dinkel.

Seite . . . . . des Protokollbuches.

[1] Im Falle Eheleute Schuldner sind, wird ausgefüllt: „A. R. und seine von ihm hierzu ermächtigte Ehefrau B. R., beide wohnhaft in W."

[2] Bei Eheleuten wird hinzugesetzt. „Für die an den Ehemann erfolgten und von diesem zu quittirenden Zahlungen haften die unterzeichneten Eheleute solidarisch."

[3] An dieser sowie an den folgenden betr. freien Stellen ist, je nachdem der Antrag von einem Schuldner oder, wie bei Eheleuten, von mehreren Personen ausgeht, durch: „meines" oder „unseres" oder an den nächsten Stellen durch: „mir" oder „uns" bezw. „ich" oder „wir" u. s. w. auszufüllen.

(Konto-Nr. . . . .) **Schuldurkunde** Form. 15a
Vergl. S. 50

bei laufender Rechnung und Sicherstellung durch Cautionshypothek.

Dem unterzeichneten *) *Friedrich Schmitz* zu *Kirchberg* ist von dem *Kirchberger Spar- und* Darlehnskassenverein, eingetragene Genossenschaft mit unbeschränkter Haftpflicht zu *Kirchberg* ein Credit in laufender Rechnung in Höhe von *5000* Mark unter folgenden Bedingungen gewährt worden:

1. Die empfangenen Beträge werden beiderseits durch besondere Quittungen festgestellt bezw. belegt. **)

2. Die Verzinsung beginnt bezw. endigt mit dem Datum der betreffenden Quittung. Für *mein* Guthaben erhalte *ich 3* Prozent, während *ich* andererseits als Schuldner *4* pCt. zu zahlen habe. Außer den Zinsen zahle ich am Schlusse jedes Jahres von der Seite †) meines Contos, welche die höchste Gesammtsumme nachweist, ¹/₄ Prozent Provision.

3. Beiden Theilen steht eine Kündigungsfrist von *drei* Monaten zu. Nach erfolgter Kündigung muß innerhalb dieser Frist zurückgezahlt werden.

4. Alle Zahlungen an und durch den Verein sind baar, kostenfrei und mit Ausschluß jeglicher sonstigen Ausgleichung in der Wohnung des jeweiligen Rechners des Vereins zu leisten. Auf die Einrede nicht erfolgter Baarzahlung wird beiderseits verzichtet.

5. Bezüglich aller Klagen, welche der Verein in Folge des *mir* bewilligten Credites in laufender Rechnung für nothwendig erkennen sollte, habe *ich* die dabei dem Vereine erwachsenden Vertretungskosten zu entrichten und wird sachlich wie örtlich das Amtsgericht des Sitzes des Vereins als zuständig erklärt.

6. Zur Sicherstellung dieses Credites bewillige und beantrage *ich* auf das im Grundbuche von *Kirchberg* Art. . . . Abt. . . . . unter Nr. . . . . eingetragene Grundvermögen, nämlich: Flur . . Nr. . . . . . der Gemarkung . . . . in Abt. . . . folgende Cautionshypothek einzutragen:

5000 Mark in Worten: *Fünftausend Mark*

Caution für den *Kirchberger Spar- u.* Darlehnskassenverein, eingetragene Genossenschaft mit unbeschränkter Haftpflicht zu *Kirchberg* wegen aller der Gläubigerin gegen *mich* aus dem inhaltlich dieser Urkunde in laufender Rechnung gewährten Credite und der damit im Zusammenhange stehenden Geschäftsverbindung erwachsenen und noch erwachsenden Ansprüche.

Um Aushändigung des Hypothekenbriefes an Gläubigerin wird gebeten.

. . . . den . . . ten 18

Friedrich Schmitz.

Die vorstehende Namensunterschrift *des Herrn Friedrich Schmitz* zu *Kirchberg* wird auf Grund der vor dem unterzeichneten *Notar* erfolgten . . . . hiermit beglaubigt.

. . . . den . . . ten 18

(Notarielle Beglaubigung)

*) Im Falle Eheleute Schuldner sind, wird ausgefüllt: A. N. und seiner von ihm hierzu ermächtigte Ehefrau B. N., beide wohnhaft in M.

**) Bei Eheleuten wird hinzugesetzt: Für die an den Ehemann erfolgten und von diesem zu quittirenden Zahlungen haften die unterzeichneten Eheleute solidarisch.

† An dieser, sowie an den folgenden betr. freien Stellen ist, je nachdem der Antrag von einem Schuldner oder, wie bei Eheleuten, von mehreren Personen ausgeht, durch: „meines" oder „unseres" oder an den nächsten Stellen durch: „mir" oder „uns" bezw. „ich" oder „wir" u. s. w. auszufüllen.

Konto Nr. ┊ **Schuldurkunde** Form 15b
Vergl. Seite 20 u. 51.

für Consumbezüge bei laufender Rechnung und Sicherstellung
durch Cautionshypothek.

Der Unterzeichnete . . *) *Heinrich Fuchs und seine von ihm hierzu ermächtigte Ehefrau Anna Fuchs geb. Klinker beide wohnhaft zu Kirchberg* ist
von dem *Kirchberger* Spar- und Darlehnskassenvereine eingetragene Genossenschaft mit unbeschränkter Haftpflicht zu *Kirchberg* für den Bezug von Consum
gegenständen ein Credit in laufender Rechnung in Höhe von *500* Mark unter
folgenden Bedingungen gewährt worden:

1. Der Credit dient nur zur Sicherstellung und Deckung der von dem Verein für mich (uns) bezahlten Consumgegenstände.
2. Für die an den jeweiligen Zahlungsterminen nicht bezahlten Beträge
   sind Verzugszinsen und außerdem eine Provision nach dem bei dem
   Vereine üblichen Procentsatze in Ansatz zu bringen.
3. Beiden Theilen steht eine Kündigungsfrist von *einem* Monat . . . .
   zu. Nach erfolgter Kündigung muß innerhalb dieser Frist zurückgezahlt
   werden.
4. Alle Zahlungen an den Verein sind baar, kostenfrei und mit Ausschluß
   jeglicher sonstigen Ausgleichung in der Wohnung des jeweiligen Rechners
   des Vereins zu leisten. Auf die Einrede nicht erfolgter Baarzahlung
   wird beiderseits verzichtet.
5. Bezüglich aller Klagen, welche der Verein in Folge des uns bewilligten Credits in laufender Rechnung für nothwendig erkennen sollte,
   haben wir (ich) die dabei dem Vereine erwachsenden Vertretungskosten
   zu entrichten und wird sachlich wie örtlich das Amtsgericht des Sitzes des
   Vereins als zuständig erklärt.
6. Zur Sicherstellung dieses Credites bewilligen und beantragen wir
   auf das im Grundbuche von _____ Art._____
   Abt. *I.* unter Nr._____

   _____

*) Im Falle Eheleute Schuldner sind, wird ausgefüllt: „A. N. und seine von ihm hierzu
ermächtigte Ehefrau B. N., beide Wohnhaft in M."

9*

eingetragene Grundvermögen, nämlich:

der Gemarkung .... in Abt. .... folgende
Cautionshypothek einzutragen:

500 Mark, in Worten:

fünfhundert Mark

Caution für den *Kirchberger Spar-* und Darlehnskassenverein eingetragene Genossenschaft mit unbeschränkter Haftpflicht zu *Kirchberg* wegen aller der Gläubigerin gegen *uns*

aus dem inhaltlich dieser Schuldurkunde für den Bezug von Consumgegenständen gewährten Kredit erwachsenen und noch erwachsenden Ansprüche.

Um Aushändigung des Hypothekenbriefes an die Gläubigerin wird gebeten.

, den .... ten 18

Heinrich Fuchs. Anna Fuchs geb. Klinker.

Die vorstehende .. Namensunterschrift . .

zu . w . . auf Grund der vor dem unterzeichneten . . . .
erfolgten hiermit beglaubigt.

, den ten 18

(Notarielle Beglaubigung)

Nach einer Entscheidung des Herrn Finanzministers sind die Quittungsbücher über Zahlungen in laufender Rechnung (Form. 16), sobald die in dieselben gemachten Eintragungen in der letzten Spalte durch Unterschriften quittirt sind, stempelpflichtig. Um jedoch den betr. Conto-Inhabern die Uebersicht über ihren Geldverkehr mit der Darlehnskasse zu erleichtern, den Stempel jedoch zu vermeiden, empfiehlt es sich, die vorbezeichneten Quittungsbücher (Form. 16) den betr. Mitgliedern auszuhändigen, so daß sie, unter Weglassung der gegenseitigen Bescheinigungen, sich selbst die nöthigen Aufzeichnungen gleich den Eintragungen ihres Contos machen können

Form. 16.
Bergl. Z. 50.

Quittungsbuch
über
Zahlungen in laufender Rechnung
für *Gottfried Klinker in Kirchberg.*
Conto-Nr. 5.

1	2	3	4	5		6	7	8	9	10	11	12
Datum	Journal-Nr.	Benennung der Einlagen u. zugeschriebene Zinsen	Einzahlung						Auszahlung		Wiederholung der Ein- u. Auszahlungen in Worten	Bescheinigung der erfolgten Einzahlungen durch Unterschriften des Rechners und zweier Vorstandsmitglieder *
			Betrag ℳ ₰	Zur Berechnung der Zinsen % Satz	Zinstage oder Monat		Zinsbetrag ℳ ₰		an Kapital ℳ ₰	an Zinsen ℳ ₰		
1892 ⁷⁴/₁₂	63	Einlagen	600 —	3½	6						Sechshundert ℳ	Schulz, Groß, Kr. Schmitz.
³¹/₁₂	68	Zinszahlung					35			35	35 ₰	Rechner.
1893 14/2	57	Rückzahlung	3½						600		Eintausend ℳ	Rechner.
„	57	Darlehn	5						400			

*) Die Unterschriften können auf einer Linie nebeneinander vollzogen werden.

Abrechnungsbuch
für Consumbezüge.

Anmerkung: Behufs Feststellung der „Soll"-Posten für das Conto-
buch der Consumbezüge sind sämmtliche Ausgaben nebst der Provision für den
Verein aus der Spalte „Consumbezüge" der Ausgabe des Journals hier in
Spalte 4 in Ansatz zu bringen und der von den betr. Mitgliedern zu zahlende
Betrag in Spalte 13 zu berechnen. Von hier erfolgt alsdann die Uebertragung
der einzelnen „Soll"-Posten auf die bezüglichen Contos des Contobuches für
Consumbezüge. Die verschiedenen Consumbezüge sind nach ihrer Art in den
dafür bestimmten Buchabschnitten, welche mit der betreffenden Bezeichnung „Kohlen,"
„Kleie," „Chilisalpeter,", „Thomasmehl" ꝛc. zu versehen sind, abzuwickeln.

Für Lager haltende Vereine ist das Abrechnungsbuch monatlich abzuschließen und sind die verbleibenden Waarenbestände bei Beginn des nächsten
Monats wieder vorzutragen. Die Kosten und die erlösten Preise werden jedoch
bis zum Schlusse des Jahres zusammen addirt.

In Vereinen, wo ein besonderer Lagerhalter angestellt ist, hat dieser
nur die Waaren-Einnahme und Ausgabe mit Namen und Wohnort der Empfänger zu buchen, während alle übrigen Berechnungen und Eintragungen vom
Vereinsrechner zu bewirken sind. Zu diesem Zwecke ist das Abrechnungsbuch
von Zeit zu Zeit und zwar in möglichst kurzen Zwischenräumen dem Vereinsrechner zur Vervollständigung und Eintragung der „Soll" Posten in das Contobuch für Consumbezüge zu übergeben.

1. Beispiel für Vereine, welche **kein Lager** halten.

Buchabschnitt: **Ammoniak Superphosphat** 1

1	2	3	4	5	6	7	8	9	10	11	12	13	14
		Waaren-Einnahme								**Waaren-Ausgabe**			
Datum	Quantum	Der Waaren Kosten			Datum		Namen und Wohnort der Mitglieder	Quantum	Fälligkeitstermin	im Einzelnen	im Ganzen	Uebertr. i. d. Contrb.	
		Benennung	Betrag	Conr.-Nr.				Stück	Ctr.				
	Ctr.		ℳ ₰					(?)		ℳ ₰	ℳ ₰		
1892 26 10	200	Fracht	36 50	16	1892 26 10		Fuchs, Heinr. „	10 10	1/12	8 20	82 —		1
„		Botenlohn	1 —	17	„		Schulz, Peter „	20 20	„	8 20	164 —		2
		Auswiegen	3	18	„		Groß, Carl „	20 20	„	8 20	164 —		3
		Rechnung	1569	19	„		Schmitz, Fr. „	40 40	„	„ „	328		4
		Prov. f. d. Verein	39 50	20	„		Klinker, G. „	50 50	„	„ „	410 —		5
	200	Centner	1640		„		Martini, Pet. „	50 50	„	„ „	410 —		6
	1		8 20		„		Fuchs, Ant. „	10 10	„	· „	82		7
								200			1640 —		

Buchabschnitt: **Kohlen.** 2

1893 6 1	200	Fracht	35	6	1893 6 1		Groß, Carl „	10	1/2	- 74	7 40		3
		Botenlohn und	—		„		Schulz, Peter „	15	„	„ „	11 10		2
		Auswiegen	7 —	7	„		Schmitz, Fr. „	20	„	· „	14 80		4
		Rechnung	98 —	8	„		Klinker, G. „	20	„	„ „	14 80		5
		Prov. f. d. Verein	8 ·	9	„		Martini Pet. „	25	„	„ „	18 50		6
	200	Centner =	148 ·		„		Fuchs, Anton „	50	„	„ „	37 ·		7
		oder 1 Centner =	74		„		Fuchs, Heinr. „	60	„	„ „	44 40		1
								200			148		

Buchabschnitt: **Weizenkleie** 3

1893 10 12	200	Fracht	36 50	107	1893 12 12		Groß, Carl „	10 10	30/12	4 80	48		3
		Ausladen und	— —		„		Schulz, Peter „	10 10	„	„ „	48 ·		2
		Abfahren	9	108	„		Schmitz, Fr. „	15 15	„	„ „	72		4
		Rechnung	900 —	111	„		Martini, Pet. „	15 15	„	„ „	72		6
		Prov. f. d. Verein	14 50	112	„		Fuchs, Anton „	30 30	„	„ „	144 —		7
	200	Centner	960		„		Fuchs, Heinr. „	30 30	„	„ „	144 ·		1
	1		1 80		„		Klinker, G. „	30 30	„	„ „	144		5
					„		Lindemann, „	60 60	„	„ „	288 —		8
								200			960 —		

2. Beispiel für Lager haltende Vereine.

Buchabschnitt: Kohlen.

1	2	3	4	5	6	7	8	9	10	11	12	13	14
Waaren-Einnahme					**Waaren-Ausgabe**								
Datum	Quantum (Ctr.)	Der Waaren Kosten — Benennung	Betrag (M. ₰)	Cont.-Nr.	Datum		Namen und Wohnort der Mitgleider	Jahre	Quantum Ctr.	Fälligkeitstermin	im Einzelnen (M. ₰)	im Ganzen (M. ₰)	Uebertr. c. d. Contobl. Consumbezüge Zeile
1893 3 2	400	Fracht	84 —	41	1893 3/2		Kirchberg Gottlieb, J. „		10		75	7 50	*)
11/2		Abfahren	12 —	42	6/2		Sturm, B. „		20			15	
		Rechnung	190 —	51	„		Mauer, H. „		30			22 50	
					10/2		Schröder, B. „		50			37 50	
					15/2		Schnell, Fr. „		20			15 ·	
	400		286 —				Summe pro Febr.		130			97 50	
Ausg. 130													
270			286 —				Bestand und Vortrag für März					97 50	
Der Vereinsvorsteher A.					Der Rechner B.				Der Lagerhalter C.				
1893 1 3	270		286 —		1893 1/3		Best. u. Vortr. f. März Kirchberg					97 50	
					2 3		Grün, Jakob „		50		75	37 50	
					4 3		Schild, Gottfr. „		50		„ „	37 50	
					6 3		Sturm, B. „		75		„ „	56 25	
					10/3		Berger, W. „		50		„ „	37 50	
12/3	200	Fracht	12 —	73	11/3		Schneider, A. „		20		„ „	15 ·	
		Abfahren	6 —	74	15/3		Miller, Fr. „		25		„ „	18 75	
20/3		Kohlen Rechn.	95 —	79	16/3		Gottlieb, J. „		20		80	16 -	
					18/3		Kirch, Math. „		10		„ „	32 —	
					20/3		Schmitz, Ant. „		10		„ „	8	
					25/3		Lindemann, „		15		„ „	12 —	
					27/3		Krey, Gerh. „		20		„ „	16	
					30/3		Schumacher, „		20		„ „	16 —	
							Weilkirch, F. „		10		„ „	8 —	
	470		429 -				Summe pro März		405			408 —	
Ausg. 405													
1·4	65		429 —				Bestand und Vortrag für April					408 —	
Der Vereinsvorsteher A.					Der Rechner B.				Der Lagerhalter C.				
1/12 93	65		429 —		1893		Best. u. Vortr. f. Dez. Kirchberg					408 —	berechn. Fr. Nr.
					1/12		Mauer, H. „		15		80	12 —	
					6/12		Schröder, B. „		10		„ „	8 —	
6/12	209	Fracht.	42 —	105	„		Jung, Fr. „		20		„ „	16 —	
		Abfahr. d. Kohl.	6 —	106			Schier, Heinr. „		15		„ „	12 —	
15/12		Rechnung	87 —	115	10/12		Sturm, B. „		10		70	7 —	
					11/12		Schnell u. Ci. „		165		„ „	115 50	
	274		564 —						235				155
Ausg. 235											Ausgabe	564 —	
											Baargewinn	14 50	154
39							Bestand und Vortrag für Januar 1894.						
Der Vereinsvorsteher A.					Der Rechner B.				Der Lagerhalter C.				

*) Die Verbuchung in das Conto-buch für Consumbezüge erfolgt in gleicher Weise wie bei den vorher gegangenen Beispielen.

Contobuch für Consumbezüge.

Anmerkung: In das Contobuch für Consumbezüge sind alle aus dem Abrechnungsbuch für Consumbezüge sich ergebenden Forderungen in Spalte 13 unter „Soll" zu buchen, während die in Spalte „Consumbezüge" des Journals erfolgenden Einnahmen in das „Haben" gutzuschreiben sind.

Conto-Nr. 1   Name: **Fuchs, Heinrich.**   Wohnort: **Kirchberg.**

Datum	Nr. des Abrechnungsbuches	Quantum		Gegenstand		Datum	Nummer des Journals	Säcke	Bezeichnung der Waare	Betrag	Zinsen

Soll — Der Abgabe bezw. des Empfanges — Zinsen sind zu berechnen — Betrag von — vom bis

Haben — Die Zahlung

		Säcke	Ctr.							

1892 6. 1 | 1 | 30 | 30 | Kohlen Klee | | 1893 12.12 | 44 | 30 | Kohlen Klee | 44 40

1892 26.10 | 10 | 10 | 10 | Ammoniat-Superphosphat | | 1892 2.11 | 34 | 10 | A. S. | 82 —

Conto-Nr. 2   Name: **Schulz, Peter.**   Wohnort: **Kirchberg.**

1892 26.10 | 1 | 20 | 20 | Ammoniat-Superphosphat | | 1892 12.12 | 34 | 20 | A. S. | 161 —

1892 12.12 | 10 | 15 | 10 | Kohlen Klee | | 1893 1.1 | 44 | 10 | Kohlen Klee | 11 10

Conto-Nr. 3   Name: **Groß, Carl.**   Wohnort: **Kirchberg.**

1892 26.10 | 1 | 20 | 20 | Ammoniat-Superphosphat | | 1892 12.12 | 34 | 20 | A. S. | 161 —

1892 1.1 | 10 | 10 | 10 | Kohlen Klee | | 1893 1.1 | | 10 | Kohlen Salbo | 7 40

1892 12.12 | | | | | | 1893 | | | | 35 40

1893 1.1 | | | | Saldovortrag | | | | | |

Conto-Nr. 4 — Name: Schmitz, Friedrich. — Wohnort: Kirchberg.

Soll

Datum	Nr. des Abrechnungsbuches	Quantum Stück	Quantum Gtr.	Gegenstand	Fälligkeitstermin	Betrag ℳ ₰	Zinsen sind zu berechnen von ℳ ₰	vom	bis	Betrag ℳ ₰
1892 26.10	1	40	40	Ammoniat-Super-phosphat	1892 1/12	328 —	328	1892 1/12	1892 31/12	1 37
1893 1.1 6.1 12.12	1 2.1 4	15	20 15	Kohlen Kleie	1893 1.2 31.12	14 80 72 —	328	1893 1.1	1893 16.1	73

Haben — Der Zahlung

Datum	Nummer des Journals	Sack	Bezeichnung der Waare	Betrag ℳ ₰	Zinsen ℳ ₰
1893 16.1	74	40	A. S.	328 —	1 37
1893 16.1 2.2 12.12	19 39 113	15	Kohlen Kleie	14 80 72 —	73

Conto-Nr. 5 — Name: Klinker, Gottfried. — Wohnort: Kirchberg.

Soll

Datum	Nr. des Abrechnungsbuches	Quantum Stück	Quantum Gtr.	Gegenstand	Fälligkeitstermin	Betrag ℳ ₰	Zinsen sind zu berechnen von ℳ ₰	vom	bis	Betrag ℳ ₰
1892 26.10	1	50	50	Ammoniat-Super-phosphat	1892 1/12	410 —	410	1892 1/12	1892 31/12	1 71
1893 1.1 6.1 12.12	1 2.1 4	30	20 30	Kohlen Kleie	1893 1.2 31.12	14 80 144	410 11 80 68	1893 1/1 1/2	1893 20/1 31.12	1 14 68
1894 1.1				Saldovortrag		138 80	144			1 82

Haben — Der Zahlung

Datum	Nummer des Journals	Sack	Bezeichnung der Waare	Betrag ℳ ₰	Zinsen ℳ ₰
1893 16.1	75	50	A. S.	410 —	1 71
1893 20/1 31.12	26 143		Kohlen Saldo	14 80 144	1 14 68
				138 80	1 82

Conto-Nr. 6   Name: **Martini, Peter.**   Wohnort: **Kirchberg.**

		Soll				**Haben**		

Der Abgabe bezw. des Empfanges

Datum	Nr. des Abrechnungsbuches	Quantum Säcke	Quantum Ctr.	Gegenstand	Fälligkeitstermin	Betrag M. Pf.	Zinsen sind zu berechnen von	vom bis	Betrag M. Pf.
1892 26/10	1		30	Ammoniak-Super-phosphat	1/12	410 —	1892 1/12	1892 1892 1/12 31/12	1 71
1893 1/1	30	30	Salpetervortrag	1/2	410 —	1/2	1/1 1/2		
6/1 12/12	2 4	25 15	Kohlen Kleie	1/2 31/12	18 50 72 —	18 50	16/12		
1894 1/1	15	30	Salpetervortrag	31/12	300 50 72 —				4 57

Der Zahlung

Datum	Nummer des Journals	Säcke	Bezeichnung der Waare	Betrag M. Pf.	Zinsen M. Pf.
1892 31/12	47	30	Salvo	410 —	1 71
1893 6/2 16/12	48 77	A. S. Kohlen Kleie	410 — 18 50	3,76 81
31/12	133		Salvo	72 —	
"	"	30	10 { A. S. A. S. Kohlen Kleie	300 50 72 —	4 57

Conto-Nr. 7.   Name: **Fuchs, Anton.**   Wohnort: **Kirchberg.**

Datum	Nr. des Abrechnungsbuches	Säcke	Ctr.	Gegenstand	Fälligkeitstermin	Betrag M. Pf.			
1892 26/10	1	10	10	Ammoniak-Super-phosphat	1/12	82 —	82 —	1892 1/12	— 34
1893 1/1				Salpetervortrag	1/2	82 —	40 — 42 — 37 —	1/1 1/1 1/2	10 22 2
6/1 12/12	2 4	30	30 50	Kohlen Kleie	1/2 31/12	144 —	144 —	16/3 31/12	1 70

1892 31/12			Salvo	82 —	— 34
1893 10/2 16/3 31/12	45 77 133		A. S. Kohlen Kleie	40 — 42 — 37 —	— 34 44 2
"		30	Salvo	144 —	1 70

Conto-Nr. 8. Name: **Lindemann, Heinrich.** Wohnort: **Kirchberg.**

Soll | **Haben**

Der Abgabe bezw. des Empfanges — Der Zahlung

Datum	Nr. des Abrechnungsbuches	Quantum Säcke	Quantum Ctr.	Gegenstand	Fälligkeitstermin	Betrag ℳ ₰	Zinsen sind zu berechnen von	vom	bis	Betrag ℳ ₰	Datum	Nummer des Journals	Bezeichnung der Waare Säcke	Betrag ℳ ₰	Zinsen ℳ ₰
1883 12/12	4	60	60	Kleie	1883 31/12	288 —	—	—	—	—	1883 31/12	141	60 Kleie	288 —	—

Conto-Nr. 9. Name: **Gottlieb, Joh. u. Conf.** Wohnort: **Kirchberg.**

1883 31/12	3		274	Kohlen	1883 31/12	578 50					1883 31/12	155	Kohlen	578 50	

NB. Die Buchungen erfolgen hier nur der Kürze halber summarisch. In der Wirklichkeit ist nach Maßgabe der vorangeführten Beispiele zu verfahren und für jeden Waarenempfänger ein besonderes Conto einzurichten.

Magazin-Tagebuch.

Form. 19.
Vergl. Seite 51

Datum	Namen der Empfänger	Gewicht oder Stückzahl	Bezeichnung der Waare	Bemerkungen
1893 3/2	Gottlieb F.	10 Ctr	Kohlen	à 75 ₰
6 2	Sturm B.	20 „	„	„ „ „
„	Schneider Gottfried	10 „	Kleie	„ 1.80 ℳ

Anmerkung: Dieses Buch kommt nur bei Lager haltenden Vereinen in Betracht und ist von dem Lagerhalter nur als Notizbuch zu führen. Die vom Lager abgegebenen Waaren werden hier zunächst notirt und alsdann in das Abrechnungsbuch für Consumbezüge übertragen.

Ueberſichtstabelle
über das Waarenlager.

Form 19a.
Vergl. Seite 51.

Waaren-Einnahme bezw. -Ausgabe laut Abrechnungsbuch			Bezeichnung der Consumartitel						
	Jahr	Monat	Kohlen	Kleie	Viehſalz	Mehl	Reismehl		
Einnahme	1892	Dezember	400	600	400	600			
Ausgabe	"	"	350	490	340	560			
Mith. Beſtand		Ende Dezember	·50	110	—60	40			
Einnahme	1893	Januar	200	400	200	200			
		Summe	250	510	260	240	600		
Ausgabe	1893	Januar	150	390	250	190	510		
Mith. Beſtand		Ende Januar	100	120	10	50	90		

Anmerkung: Der beſſeren Ueberſicht halber können zur Feſtſetzung der verſchiedenen Waarenbeſtände die Einnahmen und Ausgaben an Waaren nach dem Abrechnungsbuch monatlich ſummariſch in dieſes Verzeichniß ein geſetzt werden. Die verſchiedenen Arten der Waaren werden in den Kopf der vorgedruckten Colonnen verzeichnet. Zu den am Monatsſchluſſe nach Abzug der Waarenausgabe von den Waareneinnahmen verbleibenden Beſtänden werden die monatlichen Zu= und Abgänge wieder zugerechnet und alsdann die Beſtände wieder feſtgeſtellt. In gleicher Weiſe wird für jeden Monat verfahren.

10

Quittungsbuch

für das Vereinsmitglied

Heinrich Fuchs zu Kirchberg

des

Kirchberger Spar- und Darlehnskassen-Vereins,

eingetr. Genossenschaft mit unbeschränkter Haftpflicht.

zu Conto-Nro. 1.

über

Zahlungen für Consumgegenstände

| Der Abgabe und des Empfanges | | | | | Der Zahlung | | | | Etwaige Zinsen | | | Betrag in Worten |
Datum	Nro. des Abrechnungsb.	Quantum	Gegenstand	Zu zahlender Betrag M / Pf	Datum	Jour.-Nr.	Betrag M / Pf		vom bis M / Pf			nebst Unterschriften der Vorstandsmitglieder und des Rechners als Quittung
1892 26/10	1	Ctr. 10	Ammon.-Sup.	82 —	1892 2/11	29	82 —					Zweiundachtzig Mark. Schulz. Groß. Schulz. Kinter. Kinter.
1893 6/1	2	40	Kohlen	44 10	22	35	44 10					Vierundvierzig Mark 40 Pfg. Schulz. Groß. Schulz. Kinter. Kinter.
12/12	3	30	Weizen-Kleie	144 —	12/12	106	144					Einhundertvierundvierzig Mark. Schulz. Groß. Schulz. Kinter.

Empfangsbescheinigungsbuch.

· ⁘ ·

Der Unterzeichnete bescheinigt hierdurch den Empfang der nachstehend bezeichneten Waaren:

Quantum	Gegenstand
30 Centner	Ammoniak-Superphosphat

Kirchberg, den *20. Oktober 1894.*

Anton Fuchs.

Anmerkung: In diesem Buche haben die Mitglieder, welche sich an den gemeinsamen Bezügen von Consumgegenständen betheiligen, den Empfang der Waaren zu bescheinigen. Das Buch bietet für den Vorstand das Controlbuch über die verabfolgten Waaren.

Abrechnungsbuch

für den Vertrieb von Wirthschafts-Erzeugnissen.

––– ⁂ –––

Anmerkung: Bei gemeinschaftlichem Verkauf von Wirthschaftserzeugnissen sind nach den Spalten 1—7 die näheren Bestimmungen der Lieferung festzustellen. Die Berechnung der den Mitgliedern für gelieferte Wirthschaftserzeugnisse zu zahlenden Beträge ist nach Eingang des Kaufpreises in Spalte 10 vorzunehmen unter Hinzufügung der Nummer aus dem Contobuch für Vertrieb von Wirthschaftserzeugnissen. Die beim Verkaufe entstehenden Unkosten sind dabei in Abzug zu bringen und die Auszahlung der Beträge alsdann in Spalte 8 und mit Angabe der Journalnummer in Spalte 9 zu notiren.

1	2	3	4	5	6	7	8		9	10	11
Laufende Nummer	Namen und Wohnort der Mitglieder	\multicolumn{7}{}{Es wurden}								Preisberechnung	Uebertr. in das Controbuch? b. Verl. u. Wirthschafterei.
		3. Lieferung angemeldet		Nr. des Anmeldungsbuches	geliefert		Betrag		berechnet bei Journal-Nummer		
		am	Quantum		am	Quantum	ℳ	₰			

Block 1

		1892	Ctr.		1892	Ctr.				An den Schönberger	1
1	Groß Carl, Kirchberg	20/10	10		22/10	10	34	—	38	Darlhst.-B. 1 Dwg.	
2	Breuer Gerhard, „	„	50		„	50	170	—	39	Heu zu ℳ 700.—	
3	Klinker Gottfr., „	„	100		„	100	340	—	42	Davon sind in Ab-	
4	Fuchs Anton, „	„	10		„	10	34	—	40	zug zu bringen a) für	
5	Schneider Math., „	„	30		„	30	102	—	41	Abwiegen und Ein-	
	(a und b)								43	laden ℳ 6.— b) für	
						200	680	—		Prov. f. d. Verein 2% = 14 ℳ zus. 20 ℳ bleiben ℳ 680.— oder per Centner ℳ 3.40	

Block 2

		1892	Ctr.		1892	Ctr.				Verk. an den Sand-	2
1	Groß, Carl Kirchberg	4/11	20		7/11	20	48	40	25	hofen. Darlhst.-B.	
2	Schmitz, Friedr. „	„	50		„	50	121	—	26	2 Dwg. Kartoffeln	
3	Breuer, Gerh. „	„	50		„	50	121	—	31	zu ℳ 1000. Davon	
4	Klinker, Gottfr. „	„	100		„	100	242	—	32	sind in Abzug zu	
5	Fuchs, Heinrich „	6/11	25		„	50	121	—	27	bringen a) für Ab-	
6	Schulz, Peter „	„	50		„	50	121	—	33	wieg. u. Einl. ℳ 12	
7	Fuchs, Heinrich „	„	25			—	—	—	28	b) für Prov. 2% =	
8	Martini, Peter „	„	30		„	30	72	60	29	ℳ 20, zus. ℳ 32,	
9	Schneider, Math. „	„	50		„	50	121	—	33/34	bleiben ℳ 968.—	
	(a und b)					400	968	—		oder per Centner ℳ 2.42	

Block 3

		1893	Ctr.		1893	Ctr.				An den Gundhelmer	3
1	Schneider, M. Kirchberg	13/12	20		16/12	20	196	40	121	Darlehnst.-Verein	
2	Fuchs, Anton „	„	20		„	20	196	40	122	1 Waggon Hafer zu	
3	Breuer, Gerh. „	„	40		„	40	392	80	123	ℳ 2000.— Davon	
4	Klinker, Gottfr. „	15/12	20		„	20	196	40	125	sind in Abzug zu	
5	Martini, Peter „	„	70		„	70	687	40	126	bringen a) für Ab-	
6	Schulz, Peter „	„	30		„	30	294	60	127	wiegen und Einlad.	
	(a und b)								124/128	ℳ 6.— b) 1½% Prov. f. d. Verein = ℳ 30 zus. ℳ 36, bleibt also ℳ 1964, also für 1 Centner 1964 : 200 = 9.82 ℳ	
						200	1964	—			

Lieferungs-Bescheinigung.

Form. 21 a.
Vgl. Seite 52.

Der Unterzeichnete bescheinigt hiermit, daß Herr *Friedrich Schmitz* aus *Kirchberg* behufs gemeinschaftlichen Verkaufes dem *Kirchberger Spar- und Darlehnskassen-Verein* geliefert hat

Quantum	Gegenstand
50 Centner	*Kartoffeln*

Kirchberg, den 7. *November* 1894.

Der Vereinsrechner:

Schulz.

Anmerkung. Jedes Mitglied, welches für den gemeinsamen Absatz Erzeugnisse seiner Wirthschaft liefert, erhält darüber eine Bescheinigung nach vorstehendem Entwurfe, auf Grund deren ihm später Zahlung geleistet wird.

Contobuch

für den Vertrieb von Wirthschafts-Erzeugnissen.

⸺❖⸺

Anmerkung: Die nach dem Abrechnungsbuch für den Vertrieb von Wirthschaftserzeugnissen Colonne 10 sich ergebenden „Zoll" Posten sind in dieses Conto im „Zoll" vorzutragen. Die Zahlungen darauf sind aus Spalte „Vertrieb von Wirthschaftserzeugnissen" der Einnahme des Journals hier in das „Haben" zu übertragen.

Name: **Schönberger Spar- und Darlehnskassen-Verein.** Wohnort: **Schönberg.**

Datum	Nr. des Abrechnungsbuches	Gegenstand Quantum		Betrag ℳ ℔	Zahlungstermin	Etwaige Zinsen für Tage	ℳ ℔	Datum	Journal-Nro.	Betrag ℳ ℔	Zinsen ℳ ℔
		Soll						Haben			
1892 22/10	1	Centner 200	Heu	700 —	sofort	30	2 92	1892 21/11	37	700 —	2 92

Name: **Sandhofener Spar- und Darlehnskassen-Verein.** Wohnort: **Sandhofen.**

1892 7/11	1	Centner 400	Kartoffeln	1000 —	sofort			1892 9/11	23	1000 —	

Name: **Hundhelmer Spar- und Darlehnskassen-Verein.** Wohnort: **Hundhelm.**

1893 16/12	1	Centner 400	Hafer	2000 —	sofort			1893 20/12	120	2000 —	

Belag I
zur Rechnung und Bilanz pro 1892.

Auszug

aus dem Contobuche der Anlehn und dem Contobuche der Geschäftsantheile.

———————

Aufgestellt und als richtig bescheinigt sowie abgeschlossen des Vereines Schuld auf *elftausend einhundert sechs und achtzig Mark 60 Pfg.*

Kirchberg, den *31. Dezember* 1892.

Der Vereinsvorsteher: Der Vereinsrechner:
Gross.   *Schulz*

Anmerkung: Der Auszug I ist richtig aufgestellt, wenn die Summe der Spalte 2 dieses Formulars mit den bei Beginn des Jahres vorgetragenen Beständen des Journals und Spalte 4 mit Spalte „Geschäftsantheile" und „Anlehn" der Einnahme des Journals sowie Spalte 5 mit den gleichnamigen Spalten der Ausgabe des Journals übereinstimmen. Spalte 3 ergibt die Jahreseinnahme, Spalte 5 die Jahresausgabe und Spalte 6 ergibt wieder den verbleibenden Bestand am Jahresschlusse. Die Spalte 7a weist die Jahresausgabe an Zinsen gemäß der hierfür bestimmten Spalte des Journals unter Berücksichtigung eines etwa bei Beginn des Jahres vorgetragenen Vorschusses nach.

1	2	3	4	5	6	7	8	9	10
Seite d. Kontobuches	Kapitalguthaben bei Beginn des Rechnungsjahres ℳ ₰	Im Rechnungsjahre wurden hinzugelegt einschl. der zugeschriebenen Zinsen	Summa ℳ ₰	Im Rechnungsjahre wurden zurückgenommen	Mithin Kapitalguthaben am Schlusse des Rechnungsjahres	An Zinsen sind a zu zahlen ℳ ₰	b baar gezahlt ℳ ₰	c dem Kapitale zugeschrieben ℳ ₰	Für unter Provision berechnete Sparkassenbücher ℳ ₰
			1. Geschäftsantheile						
1	70 —		70 —		70 —				
			2. Sparkassengelder (Anlehn)						
1	8200 —		8200 —	100 —	8100 —	13 72	13 72		— 10
2	2011 67		2011 67		2011 67	11 67		11 67	— 10
3	2 01		2 01		2 01	— 01		— 01	— 10
4	1002 92		1002 92		1002 92	2 92		2 92	— 10
	11216 60		11216 60	100 —	11116 60	28 32 / 30 33	13 72	14 60	— 40
	Hierzu aus Belag III				30 33		30 33		
	Für Geschäftsantheile				70 —				
	Also Schuld des Vereins				11186 60	58 65	44 05	14 60	— 40

Belag II
zur Rechnung und Bilanz pro 1892.

Auszug

aus dem Contobuche der Darlehn.

— —

Aufgestellt und als richtig bescheinigt sowie abgeschlossen des Vereines Kapitalguthaben auf *fünftausend vierhundert sechs und zwanzig Mark 25 Pfg.*

Kirchberg, den 31. Dezember 1892.

Der Vereinsvorsteher: Der Vereinsrechner:

Gross.   *Schulz.*

Anmerkung: Bei richtiger Aufstellung des Auszuges II ergibt sich folgendes: Die Summe der Spalte 2 muß den bei Beginn des Jahres im Journal vorgetragenen Vorschuß nachweisen. Spalte 3 enthält die Jahresausgabe. Die Summe der Spalte 2 und 3 zusammengenommen muß alsdann mit der Spalte „Darlehn" der Ausgabe des Journals übereinstimmen. Die Summe der Spalte 4 weist die Jahreseinnahmen nach und muß sich decken mit der Spalte „Darlehn" der Einnahme des Journals. Spalte 5 ergibt den verbleibenden Vorschuß am Jahresschlusse. Die Summe der Spalte 7 muß die Jahreseinnahme an Zinsen, die Summe der Spalte 9 die Jahreseinnahme an Provision enthalten und mit den bezüglichen Spalten „Zinsen und Provision" der Einnahme des Journals unter Berücksichtigung etwa bei Beginn des Jahres vorgetragener Bestände übereinstimmen. Die aus den Belägen I. III. IV. und V. sich ergebenden Beträge sind in diesem Auszuge mit in Ansatz zu bringen.

Seite des Contobuches	Kapitalschuld aus früheren Jahren	aus dem laufenden Jahre	Im Rechnungs-jahre wurden zurückgezahlt	Mithin Kapital-schuld am Schlusse d. Rechnungsjahres	An Zinsen sind			An Prov. sind		Rückzinsen (am 31. Dez. aus-stehende u. noch nicht fällige Zinsen)	Bemerkungen bezüglich Rückzahlung und Sicherstellung der Ausstände
					zu zahlen	gezahlt	Rest	gezahlt	Rest		
	M. St.	M. St.	M. St.	M. St.	M. St.	M. St.	M. St.	M. St.	M. St.	M. St.	
1	100 —	100 —			— 65	— 65		— 60			
2	2100 —		8.75	2091.25	19.95	19.95		21 —			
3	1417.50			1417.50				56.70		¹/₁₂ 5.63	
4	1417.50			1417.50						¹/₁₂ 5.63	
5	500 —			500 —	— 63		63	14 —			
	5535 —	108.75	5426.25		21.23	20.60	— 63	92.30		11.26	
Hierzu aus Belag I. Prov.:								— 40			
" " " III.					13.96	13.96		16.10			
" " " IV.					5.81	3.76	2.05	39.50			
" " " V.					2.92	2.92		34 —			
	5535 —	108.75	5426.25		43.92	41.24	2.68	182.30		11.26	

Belag III
zur Rechnung und Bilanz pro 1892.

Auszug

aus dem Contobuche der laufenden Rechnung.

Aufgestellt und als richtig bescheinigt sowie abgeschlossen
des Vereines Kapitalguthaben auf *dreitausend sieben-
hundert sieben und sechzig Mk. 72 Pfg.* bezw. Kapital-
schuld auf: *sechshundert Mark*

Kirchberg, den *31. Dezember* 1892.

Der Vereinsvorsteher: **Der Vereinsrechner:**

Gross.   *Schulz.*

Anmerkung: Die Spalten 2 und 3 dieses Belags III geben den Stand
der laufenden Rechnung bei Beginn des Jahres an und muß der Unterschied
zwischen beiden Spalten den im Journal eingetragenen Bestand oder Vorschuß nachweisen. Die Spalten 4 und 5 enthalten die Jahreseinnahmen bezw.
-Ausgaben und müssen sich die Summen derselben mit den Spalten „laufende
Rechnung" der Einnahme bezw. Ausgabe des Journals unter Berücksichtigung
des bei Beginn des Jahres vorgetragenen Bestandes oder Vorschusses decken.
Die in der Spalte 8 und 10 sich ergebenden Beträge sind in Belag II und die
Summe der Spalte 9 in Belag I in Ansatz zu bringen.

1	2	3	4	5	6	7	8	9	10	11
Seite d. Contobuches	Des Vereins		Im Rechnungsjahre wurden		Des Vereins		An Zinsen sind		An Provision sind	
	Guthaben bei Beginn des Rechnungsjahres Vorschuß (Mehrausgabe)	Schuld bei Beginn des Rechnungsjahres Bestand (Mehreinnahme)	eingezahlt (Einnahme)	ausgezahlt (Ausgabe)	Guthaben am Schlusse des Rechnungsjahres Vorschuß (Mehrausgabe)	Schuld Bestand (Mehreinnahme)	eingezahlt	ausgezahlt	eingezahlt	ausgezahlt
	ℳ Sᵖ	ℳ Sᵖ	ℳ Sᵖ	ℳ Sᵖ	ℳ Sᵖ	ℳ Sᵖ	ℳ Sᵖ	ℳ Sᵖ	ℳ Sᵖ	ℳ Sᵖ
1	— —	— —	5037 28	7300 —	2262 72	— —	— —	29 98	— —	7 30
2	— —	— —	— —	250 —	250 —	— —	— —	— —	— —	— —
3	— —	— —	750 —	1500 —	750 —	— —	13 96	— —	3 75	— —
4	— —	— —	— —	505 —	505 —	— —	— —	— —	12 35	— —
5	— —	— —	600 —	— —	— —	600 —	— —	35	— —	— —
	— —	— —	6387 28	9555 —	3767 72	600 —	13 96	30 33	16 10	7 30

Belag IV
zur Rechnung und Bilanz pro 1892.

Auszug

aus dem Contobuche der Consumbezüge.

———

Aufgestellt und als richtig bescheinigt sowie abgeschlossen des Vereines Kapitalguthaben auf *vierhundert zwei und neunzig Mark.*

Kirchberg, den *31. Dezember* 1892.

Der Vereinsvorsteher: Der Vereinsrechner:
Gross.   *Schulz.*

Anmerkung: In Spalte 2 des Belags IV ist der Vorschuß bei Beginn des Jahres nachzuweisen. Die Spalte 3 enthält die Jahresausgabe. Die Summe der Spalte 4 entspricht der Summe der Spalte „Consumbezüge" der Ausgabe des Journals und muß mit dieser übereinstimmen. Die Spalte 5 enthält die Jahreseinnahmen und muß sich die Summe derselben mit der Summe der Spalte „Consumbezüge" der Einnahme des Journals decken. Die Spalte 6 ergibt den am Jahresschlusse verbleibenden Vorschuß. Die sich in den Spalten 7, 8, und 11 ergebenden Beträge sind in Belag II in Ansatz zu bringen.

11

1	2	3	4	5	6	7	8	9	10	11
Seite d. Contobuches	Restschuld aus dem Vorjahre	Im Rechnungs-jahre wurden weiter vorgelegt	Summa	Darauf wurden zurückgezahlt	Mithin Rest-schuld am Schluße des Jahres	An Zinsen sind		An Gewinn resp. Provision wurden verrechnet		
						gezahlt	Rest	Seite des Ab-rechnungsbuches	Journal-Nummer	
	ℳ ₰	ℳ ₰	ℳ ₰	ℳ ₰	ℳ ₰	ℳ ₰	ℳ ₰			ℳ ₰
1	— —	82 —	82 —	82 —	— —	— —	— —	1	20	39 50
2	— —	164 —	164 —	164 —	— —	— —	— —			— —
3	— —	164 —	164 —	164 —	— —	— 68	— —			— —
4	— —	328 —	328 —	328 —	— —	1 37	— —			— —
5	— —	410 —	410 —	410 —	— —	1 71	— —			— —
6	— —	410 —	410 —	— —	410 —	— —	1 71			— —
7	— —	82 —	82 —	— —	82 —	— —	— 34			— —
	— —	1640 —	1640 —	1148 —	492 —	3 76	2 05			39 50

Belag V
zur Rechnung und Bilanz pro 1892.

Auszug

aus dem Contobuche für den Vertrieb von Wirthschaftserzeugnissen.

——— • ———

Aufgestellt und als richtig bescheinigt sowie abgeschlossen des Vereines
Kapitalguthaben auf

Kirchberg, den 31. Dezember 1892.

Der Vereinsvorsteher: Der Vereinsrechner:
    Gross.   *Schulz.*

Anmerkung: In dem Belag V gibt die Spalte 2 die etwa bei
Beginn des Jahres noch vorhandenen Vorschüsse. Spalte 3 ergibt die Jahresausgabe, die Spalten 2 und 3 zusammengenommen ergeben die Spalte 4,
welche mit Spalte „Vertrieb von Wirthschaftserzeugnissen" der Ausgabe des
Journals übereinstimmen muß. Die sich in den Spalten 7, 8 und 11 ergebenden Beträge sind in Belag II in Ansatz zu bringen.

11*

1	2	3	4	5	6	7	8	9	10	11
Seite b. Contobuches	Restguthaben aus b. Vorjahre	Im Rechnungsjahre wurde angekauft für	Summa	Hierauf wurden im Rechnungsjahre eingezahlt	Mithin Restguth. am Schluße des Jahres	An Zinsen sind		An Gewinn resp. Provision wurden verrechnet		
						gezahlt	Rest	Seite des Ab-rechnungsbuches	Journal Nummer	Betrag
	ℳ ℐ	ℳ ℐ	ℳ ℐ	ℳ ℐ	ℳ ℐ	ℳ ℐ	ℳ ℐ			ℳ ℐ
1	— —	1000 —	1000 —	1000 —	— —	— —	— —	2	35	20 —
2	— —	700 —	700 —	700 —	— —	2 92	— —	1	43	14 —
	— —	1700 —	1700 —	1700 —	— —	3 95	— —			34 —

Rechnung und Bilanz

des

Kirchberger Spar- und Darlehnskassen-Vereins,

eingetragene Genossenschaft mit unbeschränkter Haftpflicht

zu *Kirchberg*

für das Jahr 1892.

———•♦•———

Aufgestellt und als richtig bescheinigt

Kirchberg, **den** *31. Januar* **1893.**

Der Vereinsrechner:

Schulz.

Cautions=Vermerk: *Bürgschaft laut Vertrag vom 1. Oktober 1892.*

Rechnung

Lfde. Nr.	Benennung der Einnahme und Ausgabe	Betrag			Hinweis auf Belag und Colonnen
		im Einzelnen ℳ ₰	im Ganzen ℳ ₰	Rest geg. das Soll ℳ ₰	
	Einnahme				
1	Kassenbestand nach der vorigjähr. Rechnung				
2	Anlehn (a) Geschäftsantheile d. Mitglieder	70 —			} I 3
	(b) Anlehn (Sparkassen-Einlagen)	11216 60	11286 60		
3	Darlehn a) zurückgezahlte Darl. u. Kautg.	108 75			} II 4
	b) „ Gerichtskosten		108 75		
4	Lausende a) Verkehr mit der Centralkasse	5037 28			III 4
	Rechnung b) Verkehr mit Mitgliedern	1350			
	Mobil. u. c) verkaufte Werthpapiere				
	Immobil. d) verkaufte Mobilien u. Immob.		6387 28		
5	Consumbezüge	1148 —	1148 —		IV 5
6	Vertrieb von Wirthschaftserzeugnissen	1700 —	1700 —		V 5
7	Sonstige (a) Zinsen	41 24		2 68	II 7
	Einnahmen (b) Provision 2c.	182 30	223 54		II 9
	Summa der Einnahme		20854 17	2 68	
	Ausgabe				
8	Vorschuß nach der vorigjährigen Rechnung				
9	Anlehn (a) zurückgezahlte Geschäftsantheile				I 5
	(b) „ Anlehn	100	100		I 5
10	Darlehn a) Darlehn und Kaufgelder	5535 —			} II 3
	b) Gerichtskosten		5535		
11	Laufende a) Verkehr mit der Centralkasse	7550 —			III 5
	Rechnung b) Verkehr mit Mitgliedern	1500 —			
	Mob. u. c) angekaufte Werthpapiere				
	Immob. d) „ Mobil. u. Immob.	505	9555 —		
12	Consumbezüge	1640	1640		IV 3
13	Vertrieb von Wirthschaftserzeugnissen	1700	1700		V 3
14	Sonstige a) Zinsen	58 65			I 7
	Ausgaben b) Verwaltungskosten	103 64	162 29		Form. 3 10 11
	Summa der Ausgabe		18692 29		
	Die Einnahme beträgt		20854 17		
	Die Ausgabe beträgt		18692 29		
	Mithin { Kassenbestand / Vorschuß		2161 88		

Bilanz

Aktiva

Lfd.-Nr.	Benennung	Betrag ℳ ₰	Gewinn auf Rechnung und Colonne
1	Kassenbestand am Jahresschlusse	2161.88	
2	Bestand in der Vereinsspartasse		
3	Ausstehende Darlehn und Kaufgelder	5426.25	II 5
4	Zurückzuerstattende Gerichtskosten		
5	Guthaben b. Ebr. Cr. Darlehnst. f. Deutschl. (einschl. Einzahlung auf 1 Aktie)	2512.72	III 6
6	Werthpapiere		
7	Immobilien-Conto		
8	Mobilien-Conto	505.—	
9	Guthaben bei b. Mitgliedern in lauf. Rechnung	750.—	
10	a) Ausstehende Forderungen a. Consumvorschüsse	432.—	IV 6
11	b) Werth der auf Lager befindl. Consumgegenst.		
12	Ausstehende Forderungen für Wirthschaftsverw.		V 6
13	Einnahmereste an Zinsen, Provision ꝛc.	2.68	II 8 10
14	Stückzinsen	11.26	II 11
15	Kursdifferenz d. Werthp., wenn über Nennwerth (aber nicht über den Anschaffungswerth)		
	Summa der Aktiva	11861.79	

Passiva

Lfd.-Nr.	Benennung	Betrag ℳ ₰	Gewinn auf Rechnung und Colonne
16	Vortrag am Jahresschlusse		
17	Ausgegebene, aber nicht verrechn. Mitgliedermark.	70.—	I 6
18	Geschäftsguthaben d. Mitglieder (Geschäftsantth.)		
19	Anlehn (Spartasengelder)	11116.60	
20	Guthab. d. Ebr. Centr.-Darlehnst. f. Deutschl.		
21	sonstiger Inhaber laufender Rechnung	600.—	III 2
22	Ausgabereste auf Zinsen, Verwaltungskosten ꝛc.		
23	Stückzinsen		
24	Kursdifferenz, d. Werthpap. (wenn unter Nennw.)		
25	Stiftungsfonds nach der vorjährigen Bilanz		
26	Reservekapital nach der vorjährigen Bilanz		
	Summa der Passiva	11786.60	
	Die Aktiva betragen	11861.79	
	Die Passiva betragen	11786.60	
	Mithin { Gewinn pro 1892 { Verlust pro 18..	75.19	

Für die Richtigkeit:

Kirchberg, den 31. Januar 1893.

Der Vereinsvorsteher:
Gross.

Der Vereinsrechner:
Schulz.

Sonstige Mitheilungen.

Darlehn werden gewährt auf Monate 1
„ „ „ „ Jahr 4
über vielleicht 10 Jahre „ „ 5426
über 10 Jahre „ „ „ „
auf Amortisation zu pCt. „ „
Summa 5426

Von diesen erhielten:
a) auf Meliorationen ℳ 200
b) zu Bürgerbani „ 100
c) zu „ Bürgschaft „
d) „ Bauten „
e) „ Auszahlung „ 2835
f) zur Bestreitung anderer Bedürfnisse „ 500
rechnet an Darlehn seit Bestehen des Vereins „

Darlehn bis einschl. 1 Jahr mit ℳ 100

Darlehen wurden gewährt auf Monate 1
„ „ „ „ Jahr 4
Erfolgte die Gewährung von Darlehn nach erkannter persönlicher Creditwürdigkeit oder durch Bürgschaft? Es wurde beid. berücksichtigt.

Jede betreffenden Klagen (für das Rechnungsjahr)
Die vierzehen unter Aktiva aufgeführten Darlehn zerfallen in:

Die Gesammtzahl d. Darlehnskontoen beträgt
bei Beträgen unter 100 ℳ
„ „ „ von 100—300 „
„ „ „ „ 300—500 „
„ „ „ „ 500—1000 „
„ „ „ „ 1000—2000 „
„ „ „ „ 2000—5000 „
„ „ „ „ über 5000 ℳ

Zeichenzahl des Vereinsbezirks ca. 1000
Die Mitgliederzahl betrug am Ende
des Vorjahres
Zugang pro 1892
Summa
Davon Abgang pro 1892
Also Ende 1892
Der Zinsfuß für Anlehn (Spartasengelder) beträgt drei ein halb pCt.
Der Zinsfuß für Darlehn beträgt 5 pCt.
Der Zinsfuß für Ihr. Rechnung beträgt drei ein halb n.5 pCt. Prov. ein viertel pCt.
Betrag des größten Darlehns ℳ 2100
schließen
(überhaupt seit Bestehen des Vereins)

Im Rechnungsjahre vertheilten mit dem Verein in laufender Rechnung:
3 Inhaber — Gesammtschlag ℳ 15444.05
Im Rechnungsjahre wurden an gemeinschaftlich besorgen an:

1. Düngemitteln 200 Ctr. für ℳ 1640.—
2. Saatfrüchten „ „ „ „ —.—
3. Futtermitteln „ „ „ „ —.—
4. Kohlen u. sonst. „ „ „ „ —.—
5. Consumartikeln „ „ „ „ —.—
Summa ℳ 1640.—

Im Rechnungsjahre an Mitglieder vertheilt und im Ganzen verkauft:
400 Ctr. Kartoffeln für ℳ 1000.—
200 „ Heu „ 200.—

Zur Controle der Bilanz

				ℳ	₰
			Uebertrag	92	60

	ℳ	₰		ℳ	₰
Mehreinnahme an Zins. am Jahresschlusse laut Journal			Mehrausgabe an Zinsen am Jahresschlusse laut Journal	17	41
Mehreinnahme an Provision am Jahresschlusse laut Journal . .	78	66	Mehrausgabe an Verwaltungskosten am Jahresschlusse laut Journal . . .		
Einnahmereste auf Zins. Prov. :c.	2	68	Ausgabereste a. Zins., Verwaltungsk. :c.		
Kursdifferenz bei Werthpapieren (wenn über dem Nennwerth) .			Kursdifferenz der Werthpapiere (wenn unter dem Nennwerth) .		
Werth der noch auf Lager befindlichen Consumgegenstände . .			Stückzinsen		
Stückzinsen	11	26	Stiftungsfonds nach d. vorigjähr. Bilanz		
Verlust nach d. vorigjähr. Bilanz			Reservekapital nach d. vorigjähr. Bilanz	17	41
Uebertrag	92	20	Mithin, wie umstehend angegeben, Gewinn*)	75	19
			Davon entfallen nach Maßgabe des Statuts auf den Stiftungsfonds	50	13
			Von den verbleibenden	25	06
			sind alsdann dem Reservef. zuzuschr. . . .	5	01
			Die verbleibenden	20	05
			wurden durch Generalversammlungsbeschl. v. 3. Febr. 1893 ebenfalls d. Stiftungsf. zugeschr.		
			Demnach in die nächste Bilanz aufzunehmen Stiftungsfonds	70	18
			Reservefonds	5	01

Abschluß.

Nachdem die gegenwärtige Rechnung und Bilanz sorgfältig geprüt und darüber das beiliegende Protokoll aufgenommen worden ist, wird vorläufig festgestellt bezüglich:

a) der Rechnung:

	ℳ	₰
die Einnahme auf	20851	17
die Ausgabe auf	18692	29
Mithin (der Kassenbestand auf . .	2161	88
(der Vorschuß auf . . .		

b) der Bilanz:

	ℳ	₰
die Aktiva auf	11861	79
die Passiva auf	11786	60
Mithin (der Gewinn auf . .	75	19
(der Verlust auf		

Kirchberg, den 28. Januar 1893.

Der Vorstand:

Groß. Klinker. Fuchs. Schmitz. Müller.

Gegenwärtige Rechnung und Bilanz wird mit Bezug auf die anliegende Verhandlung hiermit definitiv festgestellt und zwar bezüglich:

a) der Rechnung:

	ℳ	₰
die Einnahme auf	20851	17
die Ausgabe auf	18692	29
mithin (der Kassenbestand auf . .	2161	88
(der Vorschuß auf . . .		

b) der Bilanz:

	ℳ	₰
die Aktiva auf	11861	79
die Passiva auf	11786	60
mithin (der Gewinn auf . .	75	19
(der Verlust auf		

Kirchberg, den 1. Februar 1893.

Der Aufsichtsrath:

Renter. Schneider. Friedrich. Weiß. Schreiner. Schmitt. Stoll. Halm. Kaufmann.

---

* Im Falle sich ein Verlust ergeben sollte, wird das Wort „Gewinn" gestrichen und das Wort „Verlust" darüber gesetzt. In gleicher Weise wird nöthigenfalls bezüglich der nachfolgenden Bezeichnungen verfahren.

Belag **I**
zur Rechnung und Bilanz pro 1893.

Auszug
aus dem Contobuche der Anlehn und dem Contobuche der Geschäftsantheile.

Aufgestellt und als richtig bescheinigt sowie abgeschlossen des Vereines Schuld auf *elftausend fünfzig Mark 79 Pfg.*

Kirchberg, den *31. December 1893.*

Der Vereinsvorsteher: Der Vereinsrechner:
Gross.   *Schulz.*

1	2	3	4	5	6	7	8	9	10
Seite d. Contobuches	Kapital-guthaben bei Beginn des Rechnungs-jahres M. Pf.	Im Rechnungsjahre wurden hinzugelegt einschl. der zu-geschriebenen Zinsen	Summa M. Pf.	Im Rechnungsjahre wurden zurückgenommen	Within Kapital-guthaben am Schlusse des Rechnungsjahres	An Zinsen sind a zu zahlen M. Pf.	b baar gezahlt M. Pf.	c dem Kapitale zugeschrieben M. Pf.	Für unter Provision berechnete Spar-kassenbücher
			1 Geschäftsantheile						
1	70 —	45 50	115 50	10 —	105 50			Geschenk	10 —
			2 Sparkassengelder (Anlehn)						
1	8100 —	2700 —	10800 —	4250'	6550 —	221 44	221 44		
2	2011 67	70 39	2082 06		2082 06	70 39		70 39	
3	2 01	100 78	102 79	5 —	97,79	2 78		2 78	
4	1002 92	1530 —	2532 92	870 —	1662 92	53 45	53 45		
5		46 27	46 27		46 27	1 27		1·27	— 10
6		7 23	7 23		7 23	— 23		— 23	— 10
7		6 12	6 12		6 12	— 12		— 12	— 10
8		492 90	492 90		492 90				
	11116 60	4953 69	16070 29	5125 —	10945 29	349,68 59,39	274 89	74 79 59 39	— 30
		Hierzu aus Belag III							
		Für Geschäftsantheile			105 50				10 —
		Also Gesammtschuld d. Vereins			11050 79	409 07	274 89	134 18	10 30

Belag **II**
zur Rechnung und Bilanz pro 1893.

Auszug

aus dem Contobuche der Darlehn.

Aufgestellt und als richtig bescheinigt sowie abgeschlossen des Vereines Kapitalguthaben auf *siebzehntausend dreihundert achtundsiebenzig Mark 85 Pfg.*

Kirchberg, den *31. December* 1893.

Der Vereinsvorsteher:
Gross.

Der Vereinsrechner:
Schulz.

1	2	3	4	5	6	7	8	9	10	11	12
Seite des Contobuches	Kapitalschuld aus früheren Jahren	aus dem laufenden Jahre	Zur Rechnungs-jahre vorbei zurückgezahlt	Mithin Kapital-schuld am Schlusse b. Rechnungsjahres	An Zinsen sind zu zahlen	gezahlt	Rest	An Prov. sind gezahlt	Rest	Stückzinsen am 31. Dez. aus-stehende u. noch nicht fällige Zinsen	Bemerkungen bezüglich Rückzahlung und Sicherstellung der Ausstände
	ℳ 𝔖	ℳ 𝔖	ℳ 𝔖	ℳ 𝔖	ℳ 𝔖	ℳ 𝔖	ℳ 𝔖	ℳ 𝔖	ℳ 𝔖	ℳ 𝔖	
2	2091 25		42 40	2048 85	94 10	94 10					
3	1417 50		292 50	1125 —	64 26	64 26				¹¹/₁₁ 7 66	
4	1417 50		292 50	1125 —	64 13	64 13				¹¹/₁₁ 7 66	
5	500 —	1 90	501 90		23 55	23 55					
6		100 —	100 —		2 35	2 35		— 80			
7		150 —	150 —		3 46	3 46		1 20			
8		600 —	100 —	500 —	23 61	23 61		18 —			
9		180 —		180				1 44			
10		12400 —		12400 —						²⁸ ₂ 3 44	
	5426 25	13431 90	1479 30	17378 85	275 46	275 46		21 44		18 76	

Hierzu aus Belag I Provision:

	III					115 19	115 19		10 30		— —
	IV					9 91	9 91		507 35		
	V								37 —		
									30 —		
						430 56	430 56		606 09		18 76

Belag **III**
zur Rechnung und Bilanz pro 1893.

Auszug

aus dem Contobuche der laufenden Rechnung.

—✕—

Aufgestellt und als richtig bescheinigt sowie abgeschlossen des Vereines
Kapitalguthaben auf *eintausend neunhundert vierundsiebenzig Mark* bezw. Kapital
schuld auf: *neuntausend dreihundert sechsundsechzig Mark 42 Pfg.*

Kirchberg, den 31. *December* 1893.

Der Vereinsvorsteher: Der Vereinsrechner:
Gross.   *Schulz.*

1	2	3	4	5	6	7	8	9	10	11
Seite d. Contobuches	Des Vereins — Guthaben bei Beginn des Rechnungsjahres Vorschuß (Mehr-ausgabe) ℳ ₰	Schuld bei Beginn des Rechnungsjahres Bestand (Mehr-einnahme) ℳ ₰	Im Rechnungsjahre wurden eingezahlt (Einnahme) ℳ ₰	ausgezahlt (Ausgabe) ℳ ₰	Des Vereins — Guthaben am Schlusse des Rechnungsjahres Vorschuß (Mehr-ausgabe) ℳ ₰	Schuld am Schlusse des Rechnungsjahres Bestand (Mehr-einnahme) ℳ ₰	An Zinsen sind eingezahlt ℳ ₰	ausgezahlt ℳ ₰	An Provision sind eingezahlt ℳ ₰	ausgezahlt ℳ ₰
1	2262 72		19829 14	9500 —		8066 42		59 39		19 75
2	250 -			1000 -	1250		1 70			
3	750 —		6500 -	600 —	250 —		7 95		16 88	
4	505 —			31 —	174		25 76		25 40	
5		600 -	2900 —	2200 —		1300 -		8 75		
6			11408	11408			42 78		456 32	
	3767 72	600 —	40668 14	30108	1974 —	9366 42	145 19	59 39	507 35	19 75

Belag IV
zur Rechnung und Bilanz pro 1893.

Auszug

aus dem Contobuche der Consumbezüge.

Aufgestellt und als richtig bescheinigt sowie abgeschlossen des Vereines Kapitalguthaben auf *zweihundert vierundsechzig Mark*

Kirchberg, den 31. *December* 1893.

Der Vereinsvorsteher: Der Vereinsrechner:
Gross.   Schulz.

1 Seite d. Contobuches	2 Restschuld aus dem Vorjahre	3 Im Rechnungsjahre wurden weiter vorgelegt	4 Summa	5 Darauf wurden zurückgezahlt	6 Mithin Restschuld am Schluße des Jahres	7 An Zinsen sind gezahlt	8 Rest	9 Seite des Abrechnungsbuches	10 An Gewinn resp. Provision wurden berrechnet Journal-Nummer	11
	ℳ ₰	ℳ ₰	ℳ ₰	ℳ ₰	ℳ ₰	ℳ ₰	ℳ ₰			ℳ ₰
1		188 40	188 40	188 40				2	9	8 —
2		59 10	59 10	59 10				4	112	14 50
3		55 40	55 40	7 40	48 —	— 09				
4		86 80	86 80	86 80		— 73				
5		158 80	158 80	14 80	144 —	1 82				
6	410 —	90 50	500 50	428 50	72 —	4 57				
7	82 —	181 —	263 —	263		2 70				
8		288 —	288 —	288 —						
9		578 50	578 50	578 50				3	154	14 50
	492 —	1686 50	2178 50	1914 50	264 —	9 91				37 —

Bilanzwerth des Lagerbestandes an Kohlen 39 Centner à 70 ₰ = 27,30 ℳ.

Belag V

zur Rechnung und Bilanz pro 1893.

Auszug

aus dem Contobuch für den Vertrieb von Wirthschaftserzeugnissen.

Aufgestellt und als richtig bescheinigt sowie abgeschlossen des Vereines Kapitalguthaben auf

Kirchberg, den *31. December* 1893.

Der Vereinsvorsteher: Der Vereinsrechner:
Gross. *Schulz.*

1	2	3	4	5	6	7	8	9	10	11
Seite d. Contobuches	Restguthaben aus dem Vorjahre	Im Rechnungs- jahre wurde an- gekauft für	Summa	Hierauf wurden im Rechnungs- jahre eingezahlt	Mithin Restgut haben am Schluss des Jahres	An Zinsen sind gezahlt	Rest	Seite des Ab- rechnungs- buches	An Gewinn resp. Provision wurden verrechnet Journal- Nummer	Betrag
	M. S.	*M. S.*	*M. S.*	*M. S.*	*M. S.*	*M. S.*	*M. S.*			
—	—	2000 —	2000 —	2000 —	—	—	—	3	128	30

Beleg
zur Rechnung und
Quittungs-
sämmtlicher
mit Ausnahme von
pro

1	2	3	4		5	6	7	8
Laufende Nummer	Datum	Journal-Nummer	Der Geldempfänger		Geschäftsantheile	Anlehn (Spar-kassen-gelder)	Laufende Rechnung (mit d. Bank u. mit Mit-gliedern angekaufte Werthpap.) Mobilien u Immobil.	Consum-bezüge (Dünge-, Futter-mittel, Sämereien Kohlen ꝛc.
			a Namen	b Wohnort	ℳ. ₰.	ℳ. ₰.	ℳ. ₰.	ℳ. ₰.
1	2/1	4	Lbw. Centr. Darlehnst.	Neuwied			4000 —	
2	6/1	6	Güter-Expedition	Kirchberg				35 —
3	"	7	Schulz, Peter	"				7 —
4	"	8	Raiffeisen u. Conf.	Neuwied				98 —
5	"	9	Vereins-Provision	Kirchberg				8 —
6	13/1	18	Schmitz, Friedrich	"			1000 —	
			Zu gleicher Weise werden die unter Journal-Nro. 27, 35, 41, 42, 50, 51, 52, 53, 57, 59, 61, 62, 63, 64, 65, 73, 74, 79, 81, 82, 83, 85, 90, 92, 95, 96, 98, 100, 101, 105, 106, 107, 108, 109, 111, 112, 115, 121, 122, 123, 124, 125, 126, 127, 128, 134, 135, 136, 137, 138, 140, 144, 145, 146, 147, 148, 149, 150, 151, 154, gebuchten Posten hier eingetragen.					
			Die Gesammtsumme derselben beträgt		10 —	5125 —	25108 —	1538 50
					10 —	5125 —	30108 —	1686 50

VI

Bilanz pro 1893.

Nachweisung

Ausgaben

Darlehn und Kaufgeldern

1893.

9 Vertrieb v. Wirthschafts Erzeugnissen (Roggen, Weizen, Gerste, Hafer, Kartoffeln, Weiden ꝛc.)	10 Zinsen	11 Verwaltungskosten	12 Summa		13 Unterschrift des Empfängers als Quittung	14 Nro. der Unterbelege
ℳ ₰	ℳ ₰	ℳ ₰	a in Zahlen ℳ ₰	b in Worten		
			4000 —	Viertausend ℳ.	besond. Quittung	1
			35 —	Fünfunddreißig ℳ.	quitt. Frachtbrief	2
			7 —	Sieben ℳ.	Peter Schulz	
			98 —	Achtundneunzig ℳ.	besond. Quittung	3
			8 —	Acht ℳ.	Gutgeschrieben	
			1000 —	Eintausend ℳ.	Friedrich Schmitz	
2000 —	409 07	232 85	47855 32			
2000 —	409 07	232 85	53003 32			

Rechnung und Bilanz

des

Kirchberger Spar- und Darlehnskassen-Vereins,

eingetragene Genossenschaft mit unbeschränkter Haftpflicht

zu *Kirchberg*

für das Jahr 1893.

Aufgestellt und als richtig bescheinigt

Kirchberg, den *30. Januar* 1894.

Der Vereinsrechner:

Schulz.

Cautions-Vermerk: *Bürgschaft laut Vertrag vom 1. Oktober 1892.*

12

Rechnung

Lfd. Nr.	Benennung der Einnahme und Ausgabe	Betrag im Einzelnen ℳ ₰	Betrag im Ganzen ℳ ₰	Rest geg. das Soll ℳ ₰	Hinweis auf Belag und Colonnen
	Einnahme				
1	Kassenbestand nach der vorigjähr Rechnung	2161 88	2161 88		
2	Anlehn a) Geschäftsantheile d. Mitglieder	45 50			} I 3
	b) Anlehn (Sparkassen Einlagen)	4953 69	4999 19		
3	Darlehn a) zurückgezahlte Darl. u. Kautg.	1477 40			} II 4
	b) Gerichtskosten	1 90	1479 30		
4	Laufende a) Verkehr mit der Centralkasse	19829 14			} III 4
	Rechnung b) Verkehr mit Mitgliedern	9400			
	Mobil. u. c) verkaufte Werthpapiere				
	Immobil. d) verkaufte Mobilien u. Immob.	11439 —	40668 14		
5	Consumbezüge	1914 50	1914 50		IV 5
6	Vertrieb von Wirthschaftserzeugnissen	2000 —	2000 —		V 5
7	Sonstige a) Zinsen	430 56			II 7
	Einnahmen b) Provision 2c.	606 09	1036 65		II 9
	Summa der Einnahme		54259 66		
	Ausgabe				
8	Vorschuß nach der vorigjährigen Rechnung				I 5
9	Anlehn a) zurückgezahlte Geschäftsantheile	10			I 5
	b) Anlehn	5125	5135		
10	Darlehn a) Darlehn und Kautgelder	13430 —			} II 3
	b) Gerichtskosten	1 90	13431 90		
11	Laufende a) Verkehr mit der Centralkasse	9500 —			} III 5
	Rechnung b) Verkehr mit Mitgliedern	8200			
	Mob. u. c) angekaufte Werthpapiere	1000 —			
	Immob. d) Mobil. u. Immobil.	11408 —	30108 —		
12	Consumbezüge	1686 50	1686 50		IV 3
13	Vertrieb von Wirthschaftserzeugnissen	2000 —	2000 —		V 3
14	Sonstige a) Zinsen	409 07			I 7
	Ausgaben b) Verwaltungskosten	232 85	641 92		Form. 3 10 u. 11
	Summa der Ausgabe		53003 32		
	Die Einnahme beträgt		54259 66		
	Die Ausgabe beträgt		53003 32		
	Mithin { Kassenbestand / Vorschuß		1256 34		

Bilanz

Aktiva

Lfde.Nr.	Benennung	Betrag ℳ ₰	Hinweis auf Rechnung und Colonne
1	Kassenbestand am Jahresschlusse	1256 34	II 5
2	Bestand in der Pfennigsparkasse		
3	Ausstehende Darlehn und Zinsgelder	17378 85	
4	Zurück,zurückstehende Gerichtskosten		
5	Guthaben b. d. Pom. Centr.-Darlehnsk. f. Deutschl. (einschl. Einzahlung auf 5 Aktien)		III 6
6	Werthpapiere	1250 —	
7	Immobilien-Conto	474 —	
8	Mobilien-Conto	250 —	
9	Guthaben bei d. Mitgliedern in lauf. Rechnung	264 —	IV 6
10	a) Ausstehende Forderungen a. Consumbezügen b) Werth der auf Lager befindl. Consumgegenst.	27 30	V 6
11	Ausstehende Forderungen für Wirthschaftsartk.		II 8 10
12	Einnahmreste auf Zinsen, Provision ꝛc.	18 76	II 11
13	Stückzinsen		
14	Kursdifferenz, b. Werthp., (wenn über Nennwerth) aber nicht über den Anschaffungswerth)		
15	Verlust nach der vorjährigen Bilanz		
	Summe der Aktiva	20919 25	

Passiva

Lfde.Nr.	Benennung	Betrag ℳ ₰	Hinweis auf Rechnung und Colonne
16	Vorschuß am Jahresschlusse		
17	Ausgegebene, aber nicht verr. Pfgsparmarken		
18	Geschäftsguthaben d. Mitglieder (Geschäftsantl.)	105 50	I 6
19	Anlehn (Sparkassengelder)	10845 25	
20	Guthab. b. Pom. Centr.-Darlehnsk. f. Deutschl.	8066 42	III 7
21	sonstiger Inhaber laufender Rechnung	1300 —	
22	Ausgaberests auf Zinsen, Verwaltungskosten ꝛc.		
23	Stückzinsen		
24	Kursdifferenz, b. Werthpap. (wenn unter Nennw.)		
25	Stiftungsfonds (wenn der vorjährigen Bilanz	70 18	
26	Reservekapital nach der vorjährigen Bilanz	5 01	
	Summe der Passiva	20492 40	
	Die Aktiva betragen	20919 25	
	Die Passiva betragen	20492 40	
	Gewinn pro 1893	426 85	

Mithin { Gewinn pro 1893 } Verlust pro 18 ..

Für die Richtigkeit:

Kirchberg, den *30. Januar 1894.*

Der Vereinsvorsteher: Der Vereinsrechner:
Gross.   Schulz.

Sonstige Mittheilungen.

Seelenzahl des Vereinsbezirks ca. 1160
Die Mitgliederzahl betrug am Ende des Vorjahres: 33
Zugang pro 1893: ....

Summe 36

Davon Abgang pro 1893 ....

Mithin Ende 1893 (Sparkassenmitgl.) .....

Der Zinsfuß für Anlehn (Sparkassengelder) betrug drei bis ein halb pСt.
Der Zinsfuß für Darlehn betrug 5 pСt.
Der Zinsfuß für übr. Rechnung betrug drei bis halb 5 pСt., Prov. einviertel pСt.
Der Geschäftsantheil beträgt ℳ 100
Betrag des größten Darlehns ℳ 2100
(überhaupt seit Bestehen des Vereins

Darlehn wurden gewährt auf Monate 2 Jahr 3

Darlehn wurden auf Monate oder Jahr

Erfolgte die Gewährung von Darlehn nach erkannter persönlicher Creditwürdigkeit oder durch Bürgschaft oder wurden gemeinschaftlich Darlehn wurden gewährt:

a) zu Ameliorationen ℳ 700
b) zu Vieheinkauf ....
c) Bauten 180
d) Abzahlung 12400
e) Manufgelder 150
f) zur Abtragung an Wucherbanken,

Zahl der gerichtlich klagen (für des Vereins) 1
Die hierunter unter Aktiva aufgeführten
Die hierunter unter Aktiva zerfallen in:

Darlehn bis einschl. 1 Jahr mit ℳ 1470
über 1 bis einschl. 10 Jahre ℳ 13408 85
über 10 Jahre zu pСt. 2500 —

Summe ℳ 17378 85

Von diesen erhielten:
11 Schuldner ℳ 14178 85 gegen Bürgschaft
3000 Hypothek
Die Gesammtzahl d. Darlehnsconten beträgt
bei Beträgen unter 100 ℳ 5
„ von 100—300 „ 2
„ „ 300—500 „ 2
„ „ 500—1000 „ 1
„ „ 1000—2000 „
„ „ 2000—3000 „ 1
„ „ über 3000 „

Im Rechnungsjahre verstorben mit dem Verein in laufender Rechnung

6 Inhaber - Guthabenbetrag ℳ 1760,—
Im Rechnungsjahre wurden gemeinschaftlich bezogen an:
1. Düngemittel — Ctr. für ℳ —
2. Saatfrüchte — „ „ 960,—
3. Futtermittel 200 „ „ 712,—
4. Kohlen u. sonst. Consumartikeln 1000 „

Summa ℳ 1672,—

Es wurden im Rechnungsjahre von den Mitgliedern an Wirthschaftsgegenständen geschafftsgenossen und im eigenen verkauft
angekauft und im eigenen verkauft

2m. Ctr. Hafer für ℳ 2500.

12*

Zur Controle der Bilanz

	ℳ. ₰		ℳ. ₰
		Uebertrag	502 04
	ℳ. ₰		ℳ. ₰
Mehreinnahme an Zins. am Jahres-schlusse laut Journal . . .	4 08	Mehrausgabe an Zinsen am Jahres-schlusse laut Journal	
Mehreinnahme an Provision am Jahresschlusse laut Journal . .	451 90	Mehrausgabe an Verwaltungskosten am Jahresschlusse laut Journal . . .	
Einnahmereste auf Zins. Prov. ꝛc.		Ausgabereste auf Zins., Verwaltungsk. ꝛc.	
Kursdifferenz bei Werthpapieren (wenn über dem Nennwerth) .	27 30	Kursdifferenz der Werthpapiere (wenn unter dem Nennwerth) .	
Werth der noch auf Lager befind-lichen Consumgegenstände . .	18 76	Stückzinsen	
Stückzinsen		Stiftungsfonds nach d. vorigjähr. Bilanz	70 18
Verlust nach d. vorigjähr. Bilanz		Reservekapital nach d. vorigjähr. Bilanz	5 01	75 19
Uebertrag	502 04	Mithin, wie umstehend angegeben, Gewinn*)	426 85
		Davon entfallen nach Maßgabe des Statuts auf den Stiftungsfonds	284 57
		Von den verbleibenden	142 28
		sind alsdann dem Reservefonds zuzuschr. .	28 46
		Die verbleibenden	113 82
		wurden durch Generalversammlungsbeschl. v. 5. Febr. 1894 ebenfalls d. Stiftungsf. zugeschr.	
		Demnach in die nächste Bilanz aufzunehmen Stiftungsfonds	468 57
		Reservefonds	33 47

Abschluß.

Nachdem die gegenwärtige Rechnung und Bilanz sorgfältig geprüft und darüber das bei-liegende Protokoll aufgenommen worden ist, wird vorläufig festgestellt bezüglich:

a) der Rechnung:

	ℳ. ₰
die Einnahme auf	54259 66
die Ausgabe auf	53003 32
Mithin (der Kassenbestand auf . .	1256 34
(der Vorschuß auf . . .	

b) der Bilanz:

	ℳ. ₰
die Aktiva auf	20919 25
die Passiva auf	20492 40
Mithin (der Gewinn auf . . .	426 85
(der Verlust auf	

Kirchberg, den 7. *Februar* 1894.

Der Vorstand:

Groß. Klinker. Fuchs. Schmitz. Müller.

Gegenwärtige Rechnung und Bilanz wird mit Bezug auf die anliegende Verhandlung hiermit definitiv festgestellt und zwar be-züglich:

a) der Rechnung:

	ℳ. ₰
die Einnahme auf	54259 66
die Ausgabe auf	53003 32
mithin (der Kassenbestand auf .	1256 34
(der Vorschuß auf . . .	

b) der Bilanz:

	ℳ. ₰
die Aktiva auf	20919 25
die Passiva auf	20492 40
mithin (der Gewinn auf . . .	426 85
(der Verlust auf	

Kirchberg, den 15. *Februar* 1894.

Der Aufsichtsrath:

Kenter. Schneider. Friedrich. Weiß. Schreiner. Schmitt. Stoll. Halm. Kaufmann.

---

*) Im Falle sich ein Verlust ergeben sollte, wird das Wort „Gewinn" gestrichen und das Wort „Verlust" darüber gesetzt. In gleicher Weise wird nöthigenfalls bezüglich der nach-folgenden Bezeichnungen verfahren.

Anhang I.

Anleitung zur Zinsenberechnung.

Die Zinsen, welche von einem dargeliehenen Kapital zu zahlen sind, werden nach Prozenten, d. h. nach der Vergütung vom Hundert bemessen. Diesen Prozentsatz nennt man Zinsfuß, welcher sich immer für die Dauer eines Jahres versteht. Hiervon ausgehend sind die zu zahlenden Zinsbeträge für die verschiedenen Zahlungsfristen zu berechnen. Bei der Zeitbemessung wird im kaufmännischen und Bank-Verkehr das Jahr zu 360 Tagen und der Monat zu 30 Tagen angenommen. Bei der Ermittelung der Zinstage wird bei den vom Verein bewilligten Darlehn der Tag der Auszahlung sowie der Tag der Rückzahlung, in laufender Rechnung der Zahlungstag bei Auszahlungen, aber nicht bei Einzahlungen mitgerechnet, also alles zu Gunsten des Vereins gestellt. Bei der Ausrechnung der Zinsen werden Bruchpfennige bis einschließlich ½ Pfennig unberücksichtigt gelassen, über ½ Pfennig für voll gerechnet.

Zur Ermittelung von Zinsbeträgen ist die Benutzung sog. „Zinstabellen" oder „Rechenknechte" nicht zu empfehlen, da bei dem Nachschlagen der Zeiten und dem Aufsuchen der senkrechten und wagerechten Rubriken sich leicht Irrthümer ergeben können. Am zuverlässigsten ist folgendes Verfahren:

1. Berechnung der Zinsen nach Jahren.

Wie viel betragen die jährlichen Zinsen von 5642 ℳ. bei 4 %?

Ansatz:

100 ℳ. tragen in 1 Jahr 4 ℳ. Zinsen,

1 ℳ. trägt „ „ „ 100 mal weniger $= \dfrac{4}{100}$

5642 ℳ. tragen „ „ „ so viel mal mehr, $= \dfrac{4 \cdot 5642}{100}$

Berechnung:

Zinsfuß — Kapital — für Hundert

$$1. \quad \frac{5642}{100} = 100\overline{)225(68}} \quad \text{mit} \quad \begin{array}{r} 5642 \\ 4 \\ \hline 225(68 \end{array} = 225{,}68 \, \text{M.} = 225 \, \text{M. } 68 \, ₰ \text{ Zinsen.}$$

Regel: Man findet den **Jahreszins** in Pfennigen durch Vervielfältigung des Kapitals mit dem Prozentsatz z. B. 425 M. zu 3⅕ % bringen in einem Jahre = $^{16}/_5 \times 425 = 1360$ Pfennige $= 13{,}60$ M. $= 13$ M. 60 ₰ Zinsen.

2. Berechnung der Zinsen nach Monaten.

Wie viel betragen die Zinsen von 893 M. zu 4½ % in 7 Monaten?

Ansatz:

100 M. tragen in 12 Monaten 4,5 M. Zinsen

$\quad$ 1 „ trägt „ 12 „ $\quad$ 100 mal weniger $= \dfrac{4{,}5}{100}$

$\quad$ 1 „ trägt „ 1 Monate $\quad$ 12 „ „ $= \dfrac{4{,}5}{100 \cdot 12}$

893 „ tragen „ 1 „ $\quad$ so viel mal mehr $= \dfrac{893 \cdot 4{,}5}{100 \cdot 12}$

893 „ „ „ 7 „ $\quad$ „ „ „ „ $= \dfrac{7 \cdot 893 \cdot 4{,}5}{100 \cdot 12}$

Berechnung:

Zinsfuß — Kapital — Monate — für Hundert — Jahr

$$\frac{4{,}5 \cdot 893 \cdot 7}{100 \cdot 12} = \begin{array}{r} 893 \\ 4{,}5 \\ \hline 4465 \\ 3572 \\ \hline 40185 \\ 7 \end{array}$$

$12\overline{)00\,'281(29{,}5}} = 22{,}14$ M. $= 23$ M. 44 ₰ Zinsen.
$$\begin{array}{r} 24 \\ \hline 41 \\ 36 \\ \hline 52 \\ 48 \\ \hline 49 \\ 48 \\ \hline 1 \end{array}$$

Regel: Man findet den **Monatszins** durch Zurückgehen auf den Jahreszins d. h. man berechnet zuerst den Jahreszins, wozu man sich der unter 1 stehenden Regel bedient und stellt von diesem Resultate aus den Zins für die Monate fest.

3. Berechnung der Zinsen nach Tage.

Wie viel betragen die Zinsen von 5000 ℳ. zu 6 % in 79 Tagen?

Ansatz:

100 ℳ. tragen in 360 Tagen 6 ℳ. Zinsen,

$$1 \text{ „ trägt in 360 Tagen 100 mal weniger} = \frac{6}{100}$$

$$5000 \text{ „ tragen in 360 Tagen so viel mal mehr} = \frac{5000 \cdot 6}{100}$$

$$5000 \text{ „ „ „ 1 Tage 360 mal weniger} = \frac{5000 \cdot 6}{100 \cdot 360}$$

$$5000 \text{ „ „ „ 79 Tagen 79 mal mehr} = \frac{5000 \cdot 6 \cdot 79}{100 \cdot 360}$$

Berechnung:

Zinsfuß (für Hundert)	Kapital	Tage (Jahr)
6.	5000.	79
100.		360

Da wir in dieser Weise mit großen Zahlen zu rechnen haben, suchen wir Dividend und Divisor gleichmäßig zu verringern, indem wir 6 im Dividend gegen 360 im Divisor heben und 100 gegen 5000. Auf diese Weise erhalten wir $\frac{50,00 \cdot 79}{60}$ Das Resultat, welches entsteht durch Vervielfältigung des Kapitals mit den Zinstagen, (d. h. mit der Anzahl von Tagen, für welche die Zinsen zu entrichten sind) nennt man **Zinszahlen.** Das Resultat, welches entsteht durch Heben des Zinsfußes gegen 360 (d. h. indem man mit dem Zinsfuß in 360 theilt), nennt man den **Zinszahlen-Divisor.** Wir erhalten demnach folgende Berechnung:

Kapital 50,00

Zinstage 79

Zinszahl 3950,00/60   Zinszahlendivisor = 65,83 ℳ. = 65 ℳ. 83 ₰ Zinsen.

$$
\begin{array}{r}
360 \\
350 \\
300 \\
500 \\
480 \\
200 \\
180 \\
20
\end{array}
$$

Regel: Man findet die Zinsen für eine Anzahl **Tage,** indem man das Kapital mit den Zinstagen vervielfältigt, die beiden letzten Stellen rechts abstreicht und die so gefundene Zahl, die sogenannte Zinszahl bei einem

Zinsfatz von 2 % pro Jahr durch (360 : 2 =) 180 als Zinszahlendivisor theilt
„ „ 2¼ % „ „ „ (360 : 2¼ =) 160 „ „ „
„ „ 2½ % „ „ „ (360 : 2½ =) 144 „ „ „
„ „ 3 % „ „ „ (360 : 3 =) 120 „ „ „
„ „ 3⅓ % „ „ „ (360 : 3⅓ =) 108 „ „ „
„ „ 3⅗ % „ „ „ (360 : 3⅗ =) 100 „ „ „
„ „ 3¾ % „ „ „ (360 : 3¾ =) 96 „ „ „
„ „ 4 % „ „ „ (360 : 4 =) 90 „ „ „
„ „ 4½ % „ „ „ (360 : 4½ =) 80 „ „ „
„ „ 5 % „ „ „ (360 : 5 =) 72 „ „ „
„ „ 6 % „ „ „ (360 : 6 =) 60 „ „ „

Die durch Division der Zinszahlen mit Ausschluß der abgestrichenen zwei Stellen gefundene Zahl ergibt Mark und durch
weitere Division der abgestrichenen Stellen ergeben sich die
Pfennige, und das Ganze sind die gesuchten Zinsen, z. B. 7384 ℳ.

zu 5 % bringen in 15 Tagen $= \dfrac{7384 \times 15}{72} = 15{,}38$ ℳ. = 15 ℳ. 38 ₰
Zinsen.

Ist der Zinsfuß ein solcher, daß sich ein bequemer Zinszahlendivisor
(durch Theilen in 360) nicht ermitteln läßt, so muß man entweder nach dem
allgemeinen Ansatz verfahren, d. h. man rechnet $\dfrac{\text{Kapital mal Tage} \times \text{Zinsfuß}}{360}$

z. B. 7384 ℳ. zu 4¾ oder ¹⁹/₄ % bringen in 15 Tagen =
$\dfrac{7384 \times 15 \times 19}{360 \times 4} = 14{,}61$ ℳ. = 14 ℳ. 61 ₰ Zinsen, oder man berechnet
zuerst die Zinsen nach einem bequemeren, höheren oder niedrigeren Zinsfuß
und berichtigt das Zinsergebniß durch Abziehen oder Zuzählen. So hat man
zum Beispiel:

bei:	zunächst zu berechnen von	und von dem Ergebniß
4¾ %	5 %	¹/₂₀ abzuziehen
4¼ %	4 %	¹/₁₆ zuzuzählen
3½ %	3 %	¹/₆ „
3¼ %	3 %	¹/₁₂ „
3⅛ %	3 %	¹/₂₄ „

Hat man die Zinsen von mehreren Posten zum gleichen Prozentsatz
zu berechnen, so ist es nicht nöthig, von jedem einzelnen Posten den Zins
aus den durch Vervielfältigung des Kapitals mit den Tagen gewonnenen Zins-

zahlen sofort zu ermitteln, sondern man kann auch von einer beliebigen Anzahl von Posten die Zinszahlen zusammenzählen und aus dem Gesammtbetrag derselben den Gesammtzins auf einmal nach obiger Regel festftellen. Hat man bei laufender Rechnung die Zinsen für eine Reihe von Kapitalien auf verschiedene Zeitdauer zu berechnen, und zwar theils in „Soll" und theils in „Haben", so zählt man die Zinszahlen der auf der Sollseite stehenden Posten zusammen und ebenso die Zinszahlen der unter Haben stehenden Posten, zieht sodann den Unterschied zwischen beiden Summen und berechnet von diesem Zinszahlen Unterschied (Zinszahlensaldo) die Zinsen nach obiger Regel, woraus sich Guthaben oder Schuld unmittelbar ergibt.

Anhang II.

Steuer-, Stempel- und Gebührenwesen

in seiner Anwendung
auf die
Spar- und Darlehnskassen-Vereine.

A. Stempel- und Gebühren.

I. **Im Königreich Preußen** sind a) laut Verfügung des Finanzministeriums vom 4. Febr. 1892 stempelpflichtig das Originalstatut bei der Gründung einer Genossenschaft mit 1,50 Mark; die später erfolgenden Beitrittserklärungen oder nachträglichen Unterzeichnungen der Statuten sind stempelfrei. Weiter erfordern beglaubigte Abschriften stempelpflichtiger Urkunden 1,50 Mark Urkundenstempel und 1,50 Mark Attestftempel. Mit dem letzteren sind auch alle amtlichen Beglaubigungen der Unterschriften von Anmeldungen zum Genossenschaftsregister zu versehen, gleichgültig ob die Beglaubigung von Gericht, Notar, Gemeindevorsteher oder Polizei erfolgt. Der Attestftempel von 1,50 Mark ift somit zu zahlen bei den in beglaubigter Form zu bewirkenden Anmeldungen:

1. des Statuts der Genossenschaft,
2. von Beschlüssen über Abänderung des Statuts,
3. der Bestellung, des Ausscheidens oder der vorläufigen Enthebung von Vorstandsmitgliedern,
4. der Auflösung einer Genossenschaft.

b) **Schuldscheine** über Darlehn unter 150 Mark sind ftempelfrei. Bei Schuldscheinen über Beträge von 150 Mark und mehr erfolgt die Feftsetzung des Stempels in der Weise, daß für je 300 Mark 25 Pfennige Stempel gebühr erhoben werden mit der Maßgabe, daß als niedrigster Stempelbetrag überhaupt nur 50 Pfennige in Ansatz kommen können. Es beträgt demnach der Stempel für Schuldverschreibungen über Beträge von

einschl. 150 Mark bis einschl. 600 Mark ... 0,50 Mark,
über 600 „ „ „ 1200 „ ... 1,00 „
„ 1200 „ „ „ 1800 „ ... 1,50 „

u. s. w., für jede angefangene 600 Mark 50 Pfennige Stempel mehr.

c) Schuldverschreibungen über Darlehn, welche innerhalb Jahresfrist oder in einem kürzeren Zeitraume zurückzuzahlen sind, beträgt der Stempel ¹⁄₂₀ vom Hundert der dargeliehenen Summen in Abstufungen von 20 Pfg. für je 1000 Mark oder einem Bruchtheil dieses Betrages, wenn der Werth der sichergestellten

Rechte 600 M. nicht übersteigt 0,50 M.
desgl. 1200 „ „ „ 1,— „
desgl. 10000 „ „ „ 1,50 „
bei einem höhern Betrage 5, „

d) Bürgschaften für Beträge unter 150 Mark sind ebenfalls stempelfrei. Darüber hinaus beträgt der Stempel für Bürgschaften:

von 150 Mark bis einschließlich 600 Mark ... 0,50 Mark,
„ 600 „ „ „ 1200 „ ... 1,00 „
über 1200 „ in jeder Höhe ... 1,50 „

wobei es gleichgültig ist, ob ein oder mehrere Bürgen für den betreffenden Betrag gutsagen.

Der Bürgschaftsstempel ist aber nochmals zu verwenden, wenn an Stelle eines ausgeschiedenen Bürgen ein neuer tritt.

e) Hiernach ist bei einem Darlehn gegen Bürgschaft für Schuldner und Bürgen zusammen an Stempel zu entrichten für:

einschl. 150 Mark bis einschl. 600 Mark ... 1 Mark,
über 600 „ „ „ 1200 „ ... 2 „
„ 1200 „ „ „ 1800 „ ... 3 „
„ 1800 „ „ „ 2400 „ ... 3,50 „
„ 2400 „ „ „ 3000 „ ... 4 „
„ 3000 „ „ „ 3600 „ ... 4,50 „
„ 3600 „ „ „ 4200 „ ... 5 „

während ein Darlehn auf Hypothek oder gegen Hinterlegung von Werthpapieren nur den oben erwähnten Schuldverschreibungsstempel, Anträge auf laufende Rechnung gegen Bürgschaft und Anträge auf laufende Rechnung ohne Creditanspruch und demnach auch ohne Sicherstellung keinen Stempel erfordern.

f) Abtretungen von Rechten (Cessionen), Beurkundungen über die Abtretung von Rechten, sowie Indossamente, sofern nicht nach § 5 Abs. II des Reichsstempelgesetzes vom 27. April 1894 Stempelfreiheit eintritt, oder die Bestimmungen der Tarifstelle „Kauf und Tauschverträge" zur Anwendung kommen, erfordern ¹/₃₀ vom Hundert, mindestens aber 1 Mark vom Geldbetrage oder dem Werthe des abgetretenen Rechtes. Ist der Werth des abgetretenen Rechtes nicht schätzbar 5 Mark. Cession über 150—5000 Mark einschl. kostet 1 Mark.

g) Um bezüglich der Stempelverwendung dem Gesetze zu entsprechen, ist ein dreifaches Verfahren möglich:

1. man läßt zu den Schuldscheinen durch die Steuerbehörde Marken in der betreffenden Höhe beikassiren, oder

2. wenn man den Schuldschein nicht aus der Hand geben, zugleich aber das Abschreiben desselben vermeiden will, so heftet man ihn in einen Stempelbogen und schreibt auf letzteren wie folgt:

„Die unterzeichneten N. N. bekennen hierdurch unter Bürgschaft der mitunterzeichneten N. N. von dem . . . . er Spar- und Darlehnskassen-Verein, eingetragene Genossenschaft mit unbeschränkter Haftpflicht, die Summe von . . . . Mark heute als Darlehn baar und richtig erhalten zu haben. Dieselben verpflichten sich zugleich, die Summe nach den in der angehefteten Anlage befindlichen Bedingungen, welche zu dem Ende von den Unterzeichneten unterschrieben wurden, zu verzinsen und zurückzuzahlen.

. . . . den . . . . . ten . . . . 189 . .

(Folgen Unterschriften der Schuldner und Bürgen.)

3) will man die Umständlichkeiten, welche das Beikassiren [des Stempels] verursacht, vermeiden und den Schuldnern die Stempelkosten ersparen, so theilt man das bewilligte Darlehn in stempelfreie Beträge, deren jeder unter 150 Mark bleibt und für jeden wird ein besonderer Schuldschein ausgestellt. Am besten ist es, man richtet die Höhe der Schuldscheine entsprechend der Höhe der einzelnen Ratenzahlungen ein, falls diese unter 150 Mark bleiben, so daß bei jeder Rückzahlungsfrist der Betrag eines Schuldscheines fällig wird.*) Erhält z. B. Jemand ein Darlehn von 800 Mark auf zehn Jahre, so werden zehn Schuldscheine von je 80 Mark ausgestellt und in jeden der Rückzahlungstermin eingetragen, an dem gerade er fällig ist. Wenn dieses Verfahren auch etwas mehr Mühe macht, so ist es doch zu empfehlen, weil den Leuten dadurch manche Kosten erspart werden.

h) die Allerhöchste Cabinetsordre vom 8. März 1847, nach welcher die Einlagen bei den Kreis- und Communalsparkassen stempelfrei sind, ist durch Reskript des Finanzministers auch auf die Spar- und Darlehnskassen-Vereine ausgedehnt worden, so daß „mit Rücksicht auf die Verhältnisse sowie auf die

---

*) Im Journal und in dem Contobuch kann das bewilligte Darlehn in einer ungetheilten Summa eingetragen werden.

gemeinnützigen Zwecke der Vereine" Sparkassenbücher über einzelne Einlagen bei den Spar- und Darlehnskassen=Vereinen, auch wenn dieselben auf 150 Mark und mehr lauten, von der Stempelsteuer befreit bleiben.

i) Der Stempel muß gelöst werden innerhalb vierzehn Tagen, gerechnet vom Datum der Urkunde, zu der er gehört. Geschieht dies nicht, so tritt außerdem, daß der Stempel später noch nachzubringen ist, eine Stempel=strafe ein, welche in Entrichtung des vierfachen Betrages des nachzubringenden Stempels besteht. Wo zwar ein Stempel, jedoch nur ein geringerer als der tarifmäßige, gebraucht worden, ist der fehlende Stempelbetrag zu ergänzen und auch von diesem nur die Strafe des vierfachen zu entrichten. In jedem Falle beträgt aber die mindeste Strafe drei Mark. Die Strafe trifft in der geschilderten Höhe aber jeden Theilnehmer einer Urkunde, also bei einem Schuldschein sowohl Bürgen als Schuldner und bei der Gründung eines Vereins jedes Mitglied, welches das Statut unterzeichnet hat. Nach § 31 des Stempelgesetzes vom 31. Juli 1895 haben die Spar- und Darlehnskassen=Vereine die Stempelrevision sich gefallen zu lassen und findet solche alle drei Jahre statt.

2) Für die übrigen deutschen Bundesstaaten ist es außerordentlich schwierig, bezüglich der Stempel- und Gebührenpflicht völlig zuverlässige Angaben zu machen. Was wir darüber in Erfahrung bringen konnten, ist folgendes:

a) **Im Großherzogthum Hessen** sind für die Beglaubigung einer Unterschrift oder eines Handzeichens durch den Richter oder Gerichtsschreiber, welche nicht von Amtswegen zu ertheilen ist, 50 Pfennige, im gleichen für eine Bescheinigung des Bürgermeisters 20 Pfennige an Gebühren zu entrichten. Die gleichzeitige Beglaubigung mehrerer Unterschriften in derselben Urkunde gilt als eine Bescheinigung.

b) **Im Königreich Würtemberg** wird für die Beglaubigung der Echtheit einer Urkunde von einer Bezirksstelle eine Sportel von 50 Pfennige angesetzt. Die Notare erhalten für die Beglaubigung von Urkunden, Abschriften, Auszügen 20 Pfennige vom Blatt, zum mindesten 30 Pfennige. Für Beglaubigungen von Urkunden und Unterschriften durch den Ortsvorsteher beträgt die Gebühr je 20 Pfennige.

c) **Im Großherzogthum Baden** ist für die Beglaubigung eine Gebühr von 20 Pfennigen beim Bürgermeister, von 50 Pfg. beim Bezirksamt zu entrichten.

d) **Im Königreich Bayern** besteht eine Schuldschein- und Bürgschaftsstempel=gebühr nicht. Dagegen unterliegen bei Darlehn gegen Hinterlegung von Werthpapieren oder Waaren die bezüglichen Schuldurkunden der Gebührenpflicht und beträgt letztere 2 vom Tausend der dargeliehenen Summe.

e) **In den Reichslanden Elsaß=Lothringen** sind die Originalstatuten einer Genossenschaft ebenfalls stempelpflichtig und deshalb vor der Eintragung beim Gericht dem Enregistrements Einnehmer behufs Abstempelung vorzulegen. Die

Abschrift der Statuten ist stempelfrei. Weiter ist jeder Schuldschein stempel=
pflichtig und zwar beträgt der Stempel bei Beträgen:

bis zu 80 Mark = 4 Pfennig, von 320—400 Mark = 20 Pfennig
von 80—160 „ = 8 „ „ 400 800 „ = 40 „
„ 160—240 „ = 12 „ „ 800—1600 „ = 80 „
„ 240—320 „ = 16 „

und dann jede angefangene 800 Mark 40 Pfg. mehr.

Für Bürgschaften besteht kein Stempel. Stempelmarken werden in den
Reichslanden nicht beikassirt, sondern es sind die Bedingungen der Schuldscheine
auf die reichsländischen Stempelbogen zu drucken.

f) Im **Großherzogthum Mecklenburg** beträgt der Stempel bei Schuldver=
schreibungen für Beträge:

bis zu 300 Mark = 15 Pfennig,
von 300—600 „ = 25 „
„ 600—900 „ = 40 „

und so fort. Für je 600 Mark sind 25 Pfennige und für überschießende Be=
träge bis zu 300 Mark 15 Pfennige und für überschießende Beträge über
300 Mark 25 Pfennige zu zahlen. Bürgschaften für Schuldverhältnisse, wenn
sie unter die betreffende Schuldverschreibung gesetzt oder derselben angeheftet,
sind stempelfrei. In Mecklenburg=Strelitz sind Dokumente und Schuldscheine
stempelfrei.

g) Im **Herzogthum Braunschweig** gelten folgende Bestimmungen: 1) das
Statut einer Sparkasse unterliegt einer Stempelabgabe nicht,

2) amtliche Unterschriftsbeglaubigungen unterliegen einem Stempel von
25 Pfg.,

3) Bürgschaftsverträge sind mit ⅛ % des Werthes also mit 12½ Pfg.
für je 100 Mark der verbürgten Summe stempelpflichtig (Abschriften solcher Ver=
träge unterliegen dem gewöhnlichen Stempel von 25 Pfg.),

4) Schuldscheine unterliegen demselben Stempel wie Bürgschaftsverträge.
Bei Schuldscheinen ist weder eine Grenze nach unten noch nach oben hin gesetzt.
Ist in dem Text des Schuldscheins die Bürgschaft nur als Nebenumstand er=
wähnt, so würde der Stempel von ⅛ % nur einmal zu berechnen sein; da=
gegen ist auch der Bürgschaftsvertrag noch besonders zur Versteuerung heran=
zuziehen, wenn dieser Vertrag etwa im Anschluß an dem Schuldschein besonders
ausgefertigt wird.

Der niedrigste Stempelbetrag beträgt 25 Pfg.

h) In den **Thüringischen Staaten** mit Ausnahme der Landestheile der
Preußischen Monarchie sind alle Schuldscheine stempelfrei.

B. Gewerbesteuer und Handelskammerbeitrag.

a) Im **Königreich Preußen** sind die Spar- und Darlehnskassen-Vereine nach einem Reskript des Finanzministeriums der Gewerbesteuer nicht unterworfen, wenn sie satzungsgemäß und thatsächlich ihren Verkehr auf ihre Mitglieder beschränken und keinen Gewinn unter die Mitglieder vertheilen, auch eine Vertheilung des aus dem Gewinn angesammelten Vermögens unter die Mitglieder für den Fall der Auflösung ausschließen. Ebenso sind die Spar- und Darlehnskassen-Vereine nach der Anweisung des Finanzministers zur Ausführung des preußischen Einkommensteuergesetzes vom 5. August 1891 steuerfrei, „so lange sie die ihrem Zwecke entsprechende Thätigkeit statutengemäß und thatsächlich auf den Kreis ihrer Mitglieder beschränken." — „Daß der Geschäftsbetrieb über den Kreis der Mitglieder hinausgeht, ist nicht schon dann anzunehmen, wenn die Genossenschaft mit Nichtmitgliedern überhaupt in Geschäftsverkehr tritt, sondern erst dann, wenn die Genossenschaft Nichtmitglieder an denjenigen Zwecken theilnehmen läßt, zu deren Erreichung sie gebildet worden ist." — Der Handelskammerbeitrag wird nach dem preußischen Handelskammergesetz in der Weise festgesetzt, daß die etatmäßigen Kosten auf die sämmtlichen Wahlberechtigten nach dem Fuße der Gewerbesteuer veranlagt und als Zuschlag zu dieser erhoben werden und die nicht zur Gewerbesteuer vom Handel veranlagten Wahlberechtigten von der Handelskammer alljährlich nach dem Umfange ihres Geschäftsbetriebes im vorhergehenden Jahre auf einen fingirten Satz der Gewerbesteuer eingeschätzt und in diesem Verhältniß zu den Kostenbeiträgen herangezogen werden. Nach § 1 des Gesetzes haben die Handelskammern den Zweck die Gesammtinteressen des Handels- und Gewerbetreibenden zu vertreten und dürften hiernach die Spar- und Darlehnskassen-Vereine gar nicht zur Mitgliedschaft der Handelskammern herangezogen werden können.

b) Im **Königreich Bayern** sind jene Erwerbs- und Wirthschaftsgenossenschaften der Gewerbesteuer nicht zu unterwerfen, welche auf dem Grundsatze der Selbsthilfe beruhen, die ihrem Zwecke entsprechende Thätigkeit nur auf den Kreis ihrer Mitglieder beschränken und nicht die Erzielung eines gewerblichen Gewinnes anstreben. Die Voraussetzungen müssen nicht nur statutenmäßig, sondern auch thatsächlich zutreffen.

c) Im **Königreich Würtemberg** können Genossenschaften nur dann zur Gewerbesteuer herangezogen werden, wenn sie ihren Geschäftsbetrieb über den Kreis ihrer Mitglieder hinaus ausdehnen.

d) Im **Großherzogthum Baden** sind Genossenschaften mit bankmäßigem Betrieb gewerbesteuer- und einkommensteuerpflichtig.

e) Im **Großherzogthum Hessen** sind Erwerbs- und Wirthschaftsgenossenschaften, welche, unbeschadet der Freiheit auch von Nichtmitgliedern Kapitalien oder Spareinlagen entgegennehmen, Wirthschaftsbedürfnisse einzukaufen und

Wirthschaftserzeugnisse ihren Mitgliedern an Dritte abzusetzen, die ihrem Zwecke entsprechende Thätigkeit statutenmäßig und thatsächlich auf den Kreis ihrer Vereinsgenossen beschränken.

f) Im Königreich Sachsen werden Creditgenossenschaften zur Gewerbe und Einkommensteuer herangezogen, welche aus den Ueberschüssen, die als Antheil zinsen oder Dividenden oder zur Bildung von Reservefonds verwendet werden, zu berechnen sind.

g) In Elsaß-Lothringen, Sachsen-Weimar und Sachsen-Altenburg und Schwarzburg-Sondershausen sind Genossenschaften, welche nur mit Mitgliedern Geschäfte machen, steuerfrei.

h) In Sachsen-Coburg-Gotha sind Genossenschaften überhaupt steuerfrei.

i) In Mecklenburg-Schwerin haben Creditvereine 2 % des Betrages von Dividenden und Zuweisung zum Reservefond nach dem Abschlusse des letzten Rechnungsjahres als Steuer zu zahlen. Genossenschaften, welche Wirthschaftsbedürfnisse für ihre Mitglieder beschaffen oder Wirthschaftserzeugnisse verkaufen, sind sämmtlich steuerpflichtig.

k) In Oldenburg sind die Dividendenbezüge der Genossenschaftsmitglieder und zwar bei letzteren selbst der Einkommensteuer unterworfen.

l) In Schwarzburg-Rudolstadt wird zur Einkommensteuer herangezogen diejenige Summe, welche im Vorjahre an die Mitglieder als Dividende zur Vertheilung gelangt oder zum Vereinsvermögen geschlagen worden ist.

m) In Sachsen-Meiningen werden alle Genossenschaften zur Einkommensteuer herangezogen, aber Consumvereine, welche nur mit Mitgliedern Geschäfte machen, von der Gewerbesteuer befreit.

n) In Anhalt werden Reingewinne von Genossenschaften, die mehr als 600 Mark im Jahre betragen, zur Einkommensteuer herangezogen.

Sachregister.

(Die Ziffern bezeichnen die Seitenzahlen).

————→•◦•←————